선생님이 강력 추천하는

개념 PLUS

단원평가

과학

5·2

5~6학년군

개념 PLUS 단원평가 와
내 교과서 비교하기

단원 찾는 방법

- 내 교과서 출판사명을 확인하고 공부할 범위의 페이지를 확인하세요.
- 다음 표에서 내 교과서의 공부할 페이지와 개념+단원평가 과학 페이지를 비교하면 됩니다.
  예를 들어 천재 교과서 24~49쪽이면 개념+단원평가 18~49쪽을 공부하시면 됩니다.

Search
단원찾기

단원	개념+ 단원평가	천재 교과서	아이스크림 미디어	지학사	비상 교과서	금성 출판사	동아 출판	김영사	천재교육	미래엔
과학 탐구	8~17	10~23	9~17	8~17		8~17	8~19	8~19	12~23	7~16
생물과 환경	18~49	24~49	18~45	18~41	10~35	18~39	20~43	20~43	24~47	17~42
날씨와 우리 생활	50~81	50~73	46~71	42~65	36~59	40~67	44~63	44~69	48~75	43~66
물체의 운동	82~111	74~95	72~97	66~89	60~85	68~89	64~87	70~93	76~99	67~92
산과 염기	112~139	96~121	98~121	90~111	86~109	90~109	88~109	94~117	100~123	93~114

여러분의 꿈을 응원합니다!!!

민들레에게는
하얀 씨앗을 더 멀리 퍼뜨리고 싶은 꿈이 있고,

연어에게는
고향으로 돌아가 알알이 붉은 알을 낳고 싶은 꿈이 있습니다.

여러분도 가지각색의 아름다운 꿈을 가지고 있지요?
꿈을 향한 마음으로
좋은 결과를 위해 힘껏 달려 보아요.

여러분의 아름답고 소중한 꿈을 응원합니다.

구성과 특징

교과서 종합평가
과학 9종 검정 교과서를 완벽 분석한 종합평가를 단원별로 구성하였습니다.

1. 교과서 핵심 요점
교과서 내용을 이해하기 쉽도록 사진 자료와 함께 꾸몄습니다.

2. 개념을 확인해요
교과서 개념과 관련된 주요 내용을 간단한 문제를 통하여 확인할 수 있습니다.

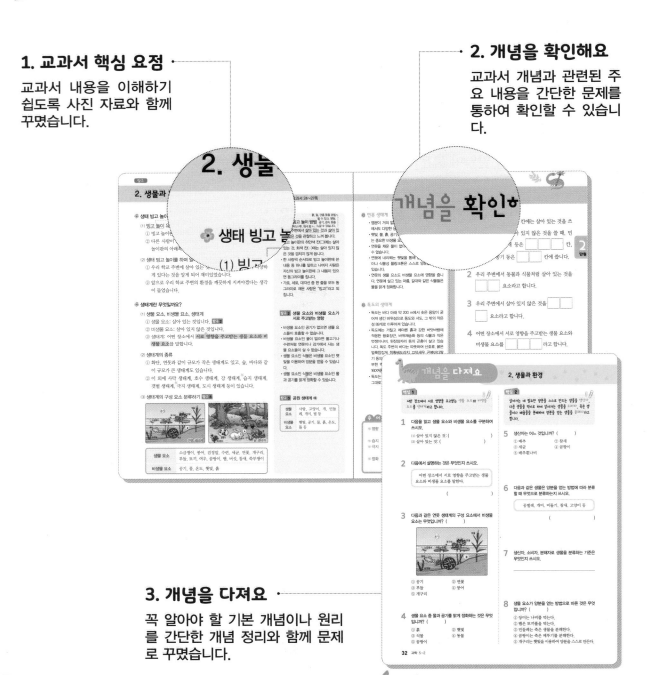

3. 개념을 다져요
꼭 알아야 할 기본 개념이나 원리를 간단한 개념 정리와 함께 문제로 꾸몄습니다.

4. 단원 평가 연습 도전 기출 실전

여러 가지 유형의 문제를 단원별로 구성
하고, 연습, 도전, 기출, 실전 으로 난이도를
구분하여 학습 목표를 이룰 수 있도록
하였습니다.

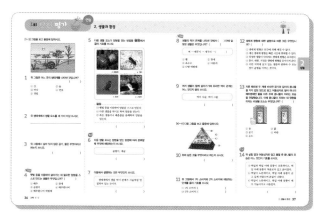

5. 탐구 서술형 평가

서술형 평가에 대비할 수 있도록 다양한
문제로 구성하였습니다.

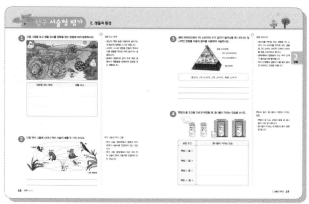

6. 100점 예상문제

핵심만 콕콕 짚어 단원별과 전체 범위로
구분하여 구성하였습니다.

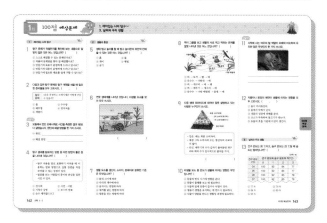

정답과 풀이

별책 부록

스스로 학습할 수 있도록 문제마다 자세한 풀이를 넣었으며 '더 알아볼까요'
코너를 두어 문제를 정확하고 쉽게 이해할 수 있도록 하였습니다.

이 책의 특징

- 단원 요점을 꼼꼼하게 정리하였습니다.
- 여러 유형의 평가 문제를 통하여 쉽게 학습 목표를 이룰 수 있습니다.
- 권말 부록(100점 예상문제)으로 학교 시험에 완벽하게 대비할 수 있습니다.
- 검정 교과서를 완벽 분석한 종합평가를 구성하였습니다.

차례

5·2

5~6학년군

요점 정리
+ 단원 평가

과학 5-2

5~6
학년군

1. 재미있는 나의 탐구

🌸 탐구 문제를 정해 볼까요?

(1) 다양한 모래시계를 관찰하기 탐구 1

① 다양한 모래시계의 공통점과 차이점

공통점	• 모래가 들어 있다. • 가운데 부분이 오목하다. • 모래시계마다 측정 시간이 일정하다. • 모래가 위에서 아래로 떨어진다. • 모래시계를 세울 수 있도록 양 끝이 평평하다. • 모래가 아래쪽으로 떨어져서 쌓인 모습이 언덕 같다.
차이점	• 모래의 색깔이 다르다. • 모래 알갱이의 크기가 다르다. • 떨어지는 모래의 양이 다르다. • 모래시계 안에 들어 있는 모래의 양이 다르다. • 모래시계마다 측정하는 시간이 다르다.

② 모래시계가 <u>작동하는 원리</u> → 일정량의 모래가 구멍으로 떨어지는 데 걸리는 시간이 항상 일정하다는 것을 이용하여 시간을 측정합니다.

• 모래가 아래로 떨어지는 것을 이용해 시간을 측정합니다.

• 모래가 모두 떨어지는 데 걸리는 시간이 일정한 것을 이용해 항상 같은 시간을 측정할 수 있습니다.

③ 우리 생활에서 모래시계를 활용할 수 있는 경우: 맥박 수를 잴 때, 줄넘기를 할 때, 양치질을 할 때, 라면을 끓일 때, 보드게 임을 할 때, 손을 씻을 때 등에 활용할 수 있습니다.

④ 모래시계를 관찰하고 탐구 문제를 정하기: 예 1분을 측정하는 모래시계를 어떻게 만들 수 있을까?

(2) 탐구 문제 정하기 탐구 2

생활용품의 작동 원리 알아보기	• 주변에서 여러 가지 생활용품이 작동하는 모습을 관찰한다. • 생활용품이 작동하는 원리를 책이나 인터넷에서 찾아본다.

⬇

탐구 문제 정하기	생활용품의 작동 원리를 바탕으로 만들고 싶은 것을 선택하여 탐구 문제로 정한다.

⬇

탐구 문제 점검하기	<u>스스로 만들 수 있는지</u> 등을 생각하며 탐구 문제가 적절한지 점검한다.

탐구 1 **다양한 모래시계**

탐구 2 **탐구 문제 정하기**

모래시계 가운데 부분은 왜 오목할까?

모래시계는 어떤 원리로 작동하는 걸까?

▲ 생활용품의 작동 원리 알아보기

오목을 두는 데 필요한 모래시계를 만들 수 있을까?

그럼 1분을 측정하는 모래시계를 만들어 보자.

▲ 탐구 문제 정하기

우리 스스로 만들 수 있을까?

필요한 재료와 도구를 쉽게 구할 수 있을까?

▲ 탐구 문제 점검하기

🌸 탐구 계획을 세워 볼까요? 탐구 3

(1) 탐구 문제를 해결할 방법 정하기

탐구 문제	1분을 측정하는 모래시계를 어떻게 만들 수 있을까?
만들려는 모래시계가 갖춰야 할 조건	• 측정하는 시간이 1분으로 일정해야 한다. • 세울 수 있어야 한다.
주변에 있는 재료를 이용해 모래시계를 만들 수 있는 방법	예 페트병에 모래를 넣고, 모래가 모두 떨어지는 데 일정한 시간이 걸리는 것을 이용한 모래시계를 만든다.
모래시계의 측정 시간에 영향을 주는 조건	• 페트병 안에 넣는 모래의 종류와 양 • 연결부의 구멍 크기

(2) 탐구 계획 세우기 예 → 탐구 기간과 장소 정하기 → 만들기에 필요한 준비물 정하기 → 만드는 순서 정하기 → 역할 분담하기 → 탐구할 때 주의할 점 쓰기

탐구 기간	○월 ○일~○월 ○일	탐구 장소	교실
준비물	두꺼운 종이, 가위, 구멍뚫이(펀치), 페트병 두 개, 모래, 전자저울, 흰 종이, 셀로판테이프, 초시계		
탐구 순서 (만드는 순서)	1. 두꺼운 종이를 페트병 입구 모양으로 자르고, 가운데 부분에 구멍을 뚫어 연결판을 만든다. 2. 페트병 하나에 모래 40 g을 넣고 1에서 만든 연결판을 병 입구에 붙인다. 3. 페트병 두 개를 마주 보게 한 다음, 셀로판테이프를 여러 번 감아 고정한다. 4. 완성된 모래시계로 시간을 측정해 본다.		
역할 분담	○○○, ◉◉◉, □□□: 모래시계 제작 △△△: 시간 측정, ◇◇◇: 준비물 준비 ●●●: 사진 촬영, ⑪⑪⑪: 탐구 결과 기록		
주의할 점	가위와 구멍뚫이(펀치)를 사용할 때에는 손을 다치지 않도록 주의한다.		

(3) 탐구 계획 발표하기

① 친구들의 질문에 대답합니다.

② 친구들의 탐구 계획을 듣고 궁금한 점을 질문합니다.

③ 친구들과 서로의 탐구 계획에서 잘한 점과 보완할 점을 이야기합니다.

탐구 3 탐구 계획 세우기

• 탐구 문제 해결 방법 정하기: 탐구 문제를 해결하는 데 필요한 여러 가지 조건을 찾은 다음, 만들고 싶은 작품에 맞는 조건을 정합니다.

> 모래시계를 만들 때 어떤 재료를 이용할 수 있을까?

> 우리 주변에서 쉽게 찾을 수 있는 재료를 이용하자.

• 탐구 계획 세우기: 만들려는 작품을 그림으로 나타내 봅니다. 그리고, 탐구 기간과 장소, 준비물, 탐구 순서, 역할 분담, 주의할 점 등이 들어간 탐구 계획을 세웁니다.

> 모래를 넣은 페트병 두 개를 연결해서 모래가 모두 떨어지는 데 걸리는 시간을 측정해 보자.

> 페트병에 모래를 어느 정도 넣어야 할까?

• 탐구 계획 발표하기: 탐구 계획을 발표하여 친구들의 의견을 듣고 부족한 부분이 있다면 보완합니다.

> 페트병에 모래를 넣고, 연결판 구멍의 지름이 5 mm인 모래시계를 만들 예정입니다.

1. 재미있는 나의 탐구

❀ **탐구를 실행해 볼까요?** 실험1

(1) 1분을 측정하는 모래시계 만들기

① 모래시계에 사용할 모래를 적당량 준비한 다음, 전자저울로 무게를 측정합니다.
→•모래 대신 색 모래, 좁쌀, 쌀 등을 사용할 수 있습니다.

② 알맞은 크기의 구멍이 있는 모래시계 연결판을 선택합니다.

③ 페트병 하나에 ①에서 준비한 모래를 넣고, ②에서 선택한 **연결판을 병 입구에 붙입니다.**

④ ③에서 만든 페트병과 새로운 페트병을 연결하고, 셀로판테이프로 여러 번 감습니다.

⑤ 초시계를 이용해 페트병 속 모래가 모두 떨어지는 데 **걸리는 시간을 측정합니다.**

(2) 모래시계 개선하기

① 모래시계로 1분을 측정하는 데 필요한 모래의 양 예상하기: 예 모래의 양이 40 g일 때 약 10초를 측정할 수 있으므로 1분(60초)을 측정하려면 240 g의 모래가 필요합니다.

② ①을 바탕으로 모래시계를 다시 만들고, 초시계로 모래가 모두 떨어지는 데 걸리는 시간 측정하기: 예 측정 시간이 57초입니다.

③ 탐구를 하면서 알게 된 것: 1분을 측정하는 모래시계를 만들려면 250 g의 모래가 필요합니다.
→모래의 양이 많아질수록 모래가 떨어지는 데 걸리는 시간은 길어집니다.

(3) 탐구 실행하기

작품 만들기	→	작품 점검하기
탐구 계획에 따라 작품을 만들고, 탐구 활동 중에는 사진이나 동영상을 찍어 활동 내용을 기록한다.		만든 작품이 탐구 문제를 해결할 수 있는지 확인한다.

↑ 문제점을 발견했을 때 ↓ | 탐구 문제를 해결했을 때 ↓

개선 방법 찾기	탐구 결과 정리하기
문제의 원인을 찾은 다음, 보완할 방법을 찾는다.	필요한 경우 표나 그래프를 사용하여 탐구 결과를 기록하고, 탐구를 하여 알게 된 것을 정리한다.

실험1 1분을 측정하는 모래시계 만들기

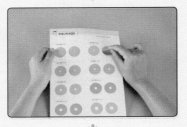

🌸 탐구 결과를 발표해 볼까요? [탐구 1]

(1) **발표 방법 정하기**: 발표 방법에는 시청각 설명, 포스터 발표, 전시회, 시연·시범, 손수 제작물[UCC] 등이 있습니다.

    • 중요한 내용만 간단하게 나타내도록 합니다.

(2) **발표 자료 만들기**: 발표 자료에는 탐구 문제, 탐구 기간, 탐구 장소, 탐구한 사람, 준비물, 탐구 순서, 역할 분담, 탐구 결과, 느낀 점과 더 탐구하고 싶은 것 등이 들어가야 합니다.

(3) **탐구 결과 발표하기**

    ① 발표 준비가 잘되었는지 확인합니다.

    ② 발표 연습을 합니다.

        • 천천히, 바르게, 분명하게 요점을 빠뜨리지 않고 말합니다.

    ③ 발표 자료를 이용하여 탐구 결과를 발표합니다.

    ④ 탐구 결과에 대한 친구들의 질문에 답해 봅니다.

    ⑤ 친구들의 발표를 듣고 궁금한 것을 질문해 봅니다.

🌸 새로운 탐구를 시작해 볼까요? [탐구 2]

(1) 주변에 있는 생활용품을 관찰하고 어떤 과학 원리와 관련이 있는지 알아보기 예

    ① 자석은 같은 극끼리는 서로 밀어 내고, 다른 극끼리는 서로 끌어당깁니다.

    ② 선풍기의 날개는 공기를 앞쪽으로 밀어 냅니다.

    ③ 호루라기는 공기의 진동을 이용해 소리를 냅니다.

    ④ 거울은 빛을 반사합니다.

    ⑤ 보온병은 단열재를 이용해 열의 이동을 줄입니다.

(2) (1)에서 알아본 것 가운데 직접 확인하고 싶은 과학 원리나 개선하고 싶은 기능 이야기하기 예

> • 자석의 성질을 이용해 장난감을 만들 수 있을지 궁금하다.
> • 강한 바람이 나오는 선풍기를 만들고 싶다.
> • 공기의 진동을 이용한 악기를 만들 수 있는지 궁금하다.
> • 거울에서 반사되는 빛의 방향을 다양하게 바꿀 수 있을지 궁금하다.
> • 따뜻한 물을 오랫동안 따뜻하게 보관하고 싶다.

(3) (2)에서 이야기한 것 중 하나를 선택하여 탐구 문제로 정하기 예

> 선풍기의 바람을 강하게 하려면 어떻게 만들어야 할까?

[탐구 1] **우리 모둠에서 잘한 점과 보완해야 할 점** 예

① 잘한 점

  • 탐구 순서를 구체적으로 제시했습니다.

  • 모래시계를 만드는 과정에서 생긴 문제를 모둠 구성원 간의 토의를 통해 슬기롭게 해결했습니다.

  • 모둠 구성원들과 역할 분담을 잘했습니다.

② 보완해야 할 점: 뒤에 앉은 친구들도 들을 수 있게 더 큰 소리로 발표해야겠습니다.

[탐구 2] **새로운 탐구 문제를 정하기 위해 주변 관찰하기**

• 우리 주변에 있는 생활용품을 관찰하고, 어떤 과학 원리가 숨어 있는지 알아봅니다.

• 학교에서 배웠거나 책이나 텔레비전, 인터넷 등에서 알게 된 과학 지식을 탐구하려면 어떻게 해야 할까요? 이러한 과학 지식을 응용하여 무엇을 만들 수 있을지 생각해 봅니다.

1 친구와 시간 제한이 있는 오목을 둘 때, 모래시계가 하는 일은 무엇인지 쓰시오.

_____

2 다음과 같은 모래시계의 특징으로 바르지 <u>않은</u> 것은 무엇입니까? (   )

① 모래가 들어 있다.
② 가운데 부분이 오목하다.
③ 모래가 위에서 아래로 떨어진다.
④ 모래시계마다 측정하는 시간이 같다.
⑤ 모래가 아래쪽으로 떨어져서 쌓인 모습이 언덕 같다.

3 모래시계가 작동하는 원리에 대한 설명입니다. (   ) 안에 알맞은 말을 쓰시오.

> 일정량의 모래가 구멍으로 모두 떨어지는 데 걸리는 (   )이 일정하다.

(   )

4 우리 생활에서 모래시계를 활용할 수 있는 경우가 <u>아닌</u> 것은 어느 것입니까? (   )

① 양치질을 할 때 활용한다.
② 보드게임을 할 때 활용한다.
③ 물건의 수를 셀 때 활용한다.
④ 1분 동안 맥박 수를 잴 때 활용한다.
⑤ 일정 시간 동안 줄넘기를 할 때 활용한다.

5 (   ) 안에 들어갈 탐구 과정은 무엇인지 쓰시오.

> 주변에서 관찰한 생활용품의 작동 원리를 바탕으로 만들고 싶은 것을 선택하여 (   )로 정한다.

(   )

6 다음 탐구 문제를 해결하기 위해 만들려는 모래시계가 갖춰야 할 조건은 무엇입니까? (   )

탐구 문제	1분을 측정하는 모래시계를 어떻게 만들 수 있을까?

① 모래가 떨어지는 속도가 느려야 한다.
② 모래가 떨어지는 속도가 빨라야 한다.
③ 측정하는 시간이 1분보다 짧아야 한다.
④ 측정하는 시간이 1분으로 일정해야 한다.
⑤ 모래가 층층이 쌓이는 모습이 나타나야 한다.

7 다음 조건들은 모래시계를 만들 때 어느 것에 영향을 주는 조건입니까? (   )

> 페트병 안에 넣는 재료의 종류, 재료의 양, 연결부의 구멍 크기

① 모래시계의 높이
② 모래시계의 크기
③ 모래시계의 색깔
④ 모래시계의 측정 시간
⑤ 모래시계가 이용되는 장소

서술형

8 다음과 같이 만들고 싶은 모래시계를 정해 그림으로 나타내는 탐구 과정은 무엇인지 쓰시오.

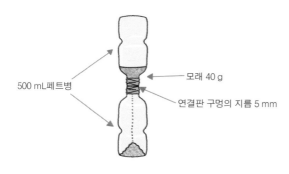

500 mL페트병 — 모래 40 g
연결판 구멍의 지름 5 mm

_____

9 모래시계를 만들기 위한 탐구 계획을 세우는 방법입니다. ( ) 안에 알맞은 말을 쓰시오.

> • 탐구 기간과 장소를 정한다.
> • 만들기에 필요한 준비물을 정한다.
> • ( )를 정한다.
> • 모둠 구성원끼리 역할을 분담한다.
> • 탐구할 때 주의할 점을 쓴다.

( )

[10~12] 1분을 측정하는 모래시계를 만드는 과정입니다.

> ㉠ 모래시계에 사용할 모래를 적당량 준비한 다음, 전자저울로 무게를 측정한다.
> ㉡ 모래를 넣은 페트병과 새로운 페트병을 연결하고, 셀로판테이프로 여러 번 감는다.
> ㉢ 알맞은 크기의 구멍이 있는 모래시계 연결판을 선택한다.
> ㉣ ( )로 페트병 속 모래가 모두 떨어지는 데 걸리는 시간을 측정한다.
> ㉤ 페트병 하나에 준비한 모래를 넣고, 선택한 연결판을 병 입구에 붙인다.

10 모래시계를 만드는 순서대로 기호를 쓰시오.

( )

11 앞 **10** 번 ㉣ 과정의 ( ) 안에 들어갈 준비물은 무엇인지 쓰시오.

( )

12 완성된 모래시계로 측정한 시간이 1분보다 짧아 탐구 문제를 해결할 수 없을 때, 새로운 해결 방법으로 바른 것은 무엇인지 기호를 쓰시오.

> ㉠ 페트병에 모래를 더 넣는다.
> ㉡ 연결판의 구멍을 더 크게 한다.

( )

13 모래시계의 페트병에 넣은 모래의 무게에 따라 모래가 떨어지는 데 걸린 시간입니다. 알 수 있는 사실은 무엇입니까? ( )

모래의 무게(g)		40	80	120	160
걸린 시간 (초)	1회	10	19	31	41
	2회	9	20	31	40
	3회	10	20	28	41

① 모래의 무게가 늘어날수록 모래가 떨어지는 데 걸린 시간이 짧아진다.
② 모래의 무게가 늘어날수록 모래가 떨어지는 데 걸린 시간이 길어진다.
③ 연결판의 구멍이 클수록 모래가 떨어지는 데 걸린 시간이 길어진다.
④ 연결판의 구멍이 작을수록 모래가 떨어지는 데 걸린 시간이 짧아진다.
⑤ 모래 알갱이의 크기가 클수록 모래가 떨어지는 데 걸린 시간이 짧아진다.

14 탐구 계획을 세운 다음 해야 할 탐구 과정은 무엇입니까? (   )

① 탐구 실행하기
② 탐구 문제 정하기
③ 탐구 계획 세우기
④ 탐구 결과 정리하기
⑤ 탐구 결과 발표하기

15 모래시계를 만든 탐구 결과를 발표하는 방법으로 알맞지 <u>않은</u> 것은 무엇입니까? (   )

① 모래시계를 전시해 놓는다.
② 모래시계의 설계도만 보여준다.
③ 모래시계가 작동하는 모습을 직접 보여준다.
④ 모래시계를 제작하는 과정을 동영상으로 보여준다.
⑤ 컴퓨터를 활용하여 그림, 표, 그래프, 사진 등을 넣어 발표한다.

주의

16 탐구 결과 발표 자료에 들어가야 할 내용이 <u>아닌</u> 것은 무엇입니까? (   )

① 탐구 문제
② 탐구 계획
③ 탐구 순서
④ 탐구 결과
⑤ 더 탐구하고 싶은 것

17 탐구 결과를 발표한 모습으로 바른 것은 ○표, 바르지 <u>않은</u> 것은 ×표를 하시오.

(1) 탐구 순서를 구체적으로 발표했습니다.
(   )

(2) 탐구 결과를 예상하여 발표했습니다.
(   )

(3) 뒤에 앉은 친구도 들을 수 있게 발표하였습니다.
(   )

18 새로운 탐구 문제를 정하기 위해 가장 먼저 해야 할 일은 무엇입니까? (   )

① 탐구를 실행한다.
② 탐구 문제를 정한다.
③ 탐구 계획을 세운다.
④ 탐구 결과를 발표한다.
⑤ 주변에 있는 생활용품을 관찰하고, 숨어 있는 과학 원리를 알아본다.

중요

19 탐구 문제를 탐구하는 과정에서 문제점을 발견했을 때 개선 방법을 찾는 과정은 어느 때인지 기호를 쓰시오.

┌─────────────────────────┐
│ ㉠ 탐구 실행하기   │
│ ㉡ 탐구 문제 정하기   │
│ ㉢ 탐구 계획 세우기   │
│ ㉣ 탐구 결과 발표하기   │
└─────────────────────────┘

(   )

20 새로운 탐구 문제가 적절한지를 확인해 보는 내용으로 알맞은 것을 모두 골라 기호를 쓰시오.

┌─────────────────────────────────┐
│ ㉠ 탐구 문제가 잘 해결되었나요?   │
│ ㉡ 만들기의 목표와 내용이 분명하게 드러나 │
│   있나요?   │
│ ㉢ 스스로 해결할 수 있는 문제인가요? │
└─────────────────────────────────┘

(   )

1
단원

서술형

1 친구와 시간 제한이 있는 오목을 두면서 사용하던 모래시계를 깨뜨렸을 때 생긴 문제점을 한 가지 쓰시오.

_____

2 위 **1**번의 문제점을 해결하기 위한 적절한 탐구 문제는 무엇입니까? (   )

① 가벼운 모래시계는 어떻게 만들 수 있을까?
② 크기가 큰 모래시계는 어떻게 만들 수 있을까?
③ 1분을 측정하는 모래시계를 어떻게 만들 수 있을까?
④ 시간을 빨리 측정하는 모래시계를 어떻게 만들 수 있을까?
⑤ 오랜 시간을 측정하는 모래시계를 어떻게 만들 수 있을까?

3 모래시계가 작동하는 원리는 무엇입니까?
(   )

① 모래의 양으로 시간을 측정한다.
② 모래시계마다 측정하는 시간이 같다.
③ 모래의 색깔에 따라 측정하는 시간이 다르다.
④ 모래시계마다 안에 들어 있는 모래의 양이 같다.
⑤ 모래가 모두 떨어지는 데 걸리는 시간이 일정하다.

4 우리 생활에서 모래시계를 활용할 수 있는 경우가 <u>아닌</u> 것은 무엇입니까? (   )

① 양치질을 할 때
② 보드게임을 할 때
③ 약속 시간을 정할 때
④ 1분 동안 맥박 수를 잴 때
⑤ 일정 시간 동안 줄넘기를 할 때

5 탐구 문제를 정하고 해야 할 탐구 과정은 무엇입니까? (   )

① 탐구 실행하기
② 탐구 계획 세우기
③ 탐구 결과 발표하기
④ 탐구 작품 개선하기
⑤ 탐구 작품 문제점 발견하기

6 다음 탐구 문제를 해결하기 위해 만드는 모래시계가 측정하는 시간은 얼마이어야 합니까?
(   )

탐구 문제	1분을 측정하는 모래시계를 어떻게 만들 수 있을까?

① 30초   ② 1분
③ 2분   ④ 30분
⑤ 1시간

7 모래시계의 측정 시간에 영향을 주는 조건이 <u>아닌</u> 것은 무엇입니까? (   )

① 재료의 양
② 페트병의 크기
③ 페트병의 기울기
④ 연결부의 구멍 크기
⑤ 페트병 안에 넣는 재료의 종류

8 탐구 문제를 해결하기에 적절한 탐구 계획인지 확인하는 질문으로 바르지 <u>않은</u> 것은 무엇입니까?
( )

① 작품의 문제점을 찾았나요?
② 작품을 스스로 만들 수 있나요?
③ 필요한 준비물을 빠짐없이 썼나요?
④ 준비물을 어떻게 준비할지 의논했나요?
⑤ 만들기를 위한 탐구 순서를 구체적으로 제시했나요?

9 다음과 같이 탐구할 때 필요한 실험 기구를 보기에서 바르게 골라 기호를 쓰시오.

보기
ㄱ 초시계   ㄴ 전자저울

(1) 모래시계에 사용할 모래를 적당량 준비합니다.
( )
(2) 페트병 속 모래가 모두 떨어지는 데 걸리는 시간을 측정합니다. ( )

🖊서술형
10 1분을 측정하는 모래시계를 만들고 초시계를 이용해 페트병 속 모래가 모두 떨어지는 데 걸리는 시간을 측정한 결과입니다. 완성된 모래시계의 문제점이 무엇인지 쓰시오.

> 페트병 속 모래가 모두 떨어지는 데 57초가 걸렸다.

11 위 10번 모래시계의 문제점을 개선하는 방법으로 알맞은 것을 골라 기호를 쓰시오.

> ㄱ 페트병에 넣는 모래의 양을 늘린다.
> ㄴ 페트병에 넣는 모래를 체로 거른다.

( )

12 모래시계를 만들 때 연결판의 구멍이 작아서 모래가 잘 떨어지지 않으면 어떻게 해야 합니까?
( )

① 모래를 체로 거른다.
② 페트병에 모래를 더 넣는다.
③ 연결판의 구멍을 더 작게 한다.
④ 연결판의 구멍을 더 크게 한다.
⑤ 페트병의 모래를 조금 덜어 낸다.

13 다음과 같이 시계를 만들었을 때 문제점은 무엇입니까? ( )

모래+팥+작은 돌 40 g

① 페트병 속 물질의 양이 매우 적다.
② 페트병 연결판의 구멍이 매우 크다.
③ 페트병 속 물질의 알갱이 크기가 같다.
④ 페트병 속 물질의 알갱이 크기가 다르다.
⑤ 페트병 속 물질의 알갱이 색깔이 다르다.

14 탐구를 실행하는 동안 발생할 수 있는 일에 대한 설명입니다. ( ) 안에 들어갈 말을 쓰시오.

> 탐구 결과가 탐구 문제를 해결하는 데 적절하지 않은 경우에는 문제가 생긴 원인을 찾고, 그것을 해결할 수 있는 과학적인 방법을 생각해 점차 ( )해 나가야 한다.

( )

15 탐구를 실행할 때, 작품을 만들고 작품을 점검한 후에 문제점을 발견했을 때 해야 할 과정은 어느 것인지 기호를 쓰시오.

> ㉠ 탐구 결과 정리하기
> ㉡ 개선 방법 찾기

(   )

16 탐구를 실행할 때 탐구 결과 정리하기에 대한 설명입니다. ( ) 안에 알맞은 말을 쓰시오.

> • 필요한 경우 표나 그래프를 사용하여 탐구 결과를 기록한다.
> • 탐구 과정과 ( )를 바탕으로 탐구를 하여 알게 된 것을 정리한다.

(   )

17 탐구 결과를 발표하는 방법으로 가장 적절한 것은 어느 것입니까? ( )

① 최대한 오랫동안 발표한다.
② 작은 목소리로 조용히 발표한다.
③ 손수 제작물만 이용하여 발표한다.
④ 정해진 시간 안에 분명하고 간결하게 발표한다.
⑤ 발표를 마친 다음에 친구들의 질문에 대답하지 않는다.

18 다음과 같은 장점이 있는 탐구 결과 발표 방법은 무엇입니까? ( )

> 시청각 설명이나 포스터 발표에서는 잘 표현하지 못하는 탐구 과정을 잘 표현할 수 있다.

① 전시회
② 시연 · 시범
③ 시청각 설명
④ 포스터 발표
⑤ 손수 제작물(UCC)

서술형
19 새로운 탐구 문제를 정하기 위해서 해야 할 일을 한 가지 쓰시오.

_____

_____

20 스스로 탐구하는 과정을 순서대로 기호를 쓰시오.

> ㉠ 탐구 실행하기
> ㉡ 탐구 문제 정하기
> ㉢ 탐구 계획 세우기
> ㉣ 탐구 결과 발표하기

(   )

2. 생물과 환경

🌸 생태 빙고 놀이 하기

(1) 빙고 놀이 유의점 **탐구 1** ┌─ 가위바위보를 하여 이긴 사람이
첫 번째로 빙고 놀이를 시작합니다.
└─ 창문, 그네 등이 있습니다.

① 빙고 놀이판의 회색 칸에는 사람이 만든 물건은 쓰지 않습니다.

② 다른 사람이 말한 내용이 자신의 빙고 놀이판에 없으면 빙고 놀이판의 아래쪽에 그 내용을 씁니다.

(2) 생태 빙고 놀이를 하며 알게 된 점 ㉑

① 우리 학교 주변에 살아 있는 것과 살아 있지 않은 것이 다양하게 있다는 것을 알게 되어 재미있었습니다.

② 앞으로 우리 학교 주변의 환경을 깨끗하게 지켜야겠다는 생각이 들었습니다.

🌸 생태계란 무엇일까요?

(1) 생물 요소, 비생물 요소, 생태계

① 생물 요소: 살아 있는 것입니다. **탐구 2**

② 비생물 요소: 살아 있지 않은 것입니다.

③ 생태계: 어떤 장소에서 서로 영향을 주고받는 생물 요소와 비생물 요소를 말합니다.

(2) 생태계의 종류

① 화단, 연못과 같이 규모가 작은 생태계도 있고, 숲, 바다와 같이 규모가 큰 생태계도 있습니다.

② 이 외에 사막 생태계, 호수 생태계, 강 생태계, 습지 생태계, 갯벌 생태계, 극지 생태계, 도시 생태계 등이 있습니다.

(3) 생태계의 구성 요소 분류하기 **탐구 3**

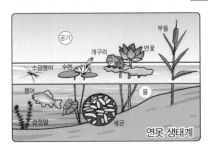

생물 요소	소금쟁이, 붕어, 검정말, 수련, 세균, 연꽃, 개구리, 부들, 토끼, 여우, 곰팡이, 뱀, 버섯, 참새, 쑥부쟁이
비생물 요소	공기, 물, 온도, 햇빛, 흙

탐구 1 빙고 놀이 방법 ┌─ 흙, 돌, 구름 등을 관찰할 수 있고, 햇빛, 온도 등을 느낄 수 있습니다.
민들레, 개미, 버드나무, 참새 등

• 학교 주변에서 살아 있는 것과 살아 있지 않은 것을 관찰하고 느껴 봅니다.

• 빙고 놀이판의 하얀색 칸( )에는 살아 있는 것, 회색 칸( )에는 살아 있지 않은 것을 겹치지 않게 씁니다.

• 한 사람씩 순서대로 빙고 놀이판에 쓴 내용 중 하나를 말하고 나머지 사람은 자신의 빙고 놀이판에 그 내용이 있으면 동그라미를 칩니다.

• 가로, 세로, 대각선 중 한 줄을 모두 동그라미로 채운 사람은 "빙고!"라고 외칩니다.

탐구 2 생물 요소와 비생물 요소가 서로 주고받는 영향

• 비생물 요소인 공기가 없으면 생물 요소들이 호흡할 수 없습니다.

• 비생물 요소인 물이 없으면 물고기나 수련처럼 연못이나 강가에서 사는 생물 요소들이 살 수 없습니다.

• 생물 요소인 식물은 비생물 요소인 햇빛을 이용하여 양분을 얻을 수 있습니다.

• 생물 요소인 식물은 비생물 요소인 물과 공기를 맑게 정화할 수 있습니다.

탐구 3 공원 생태계 ㉑

생물 요소	사람, 고양이, 개, 민들레, 개미, 벌 등
비생물 요소	햇빛, 공기, 물, 흙, 온도, 돌 등

개념을 확인해요

연못 생태계

- 염분이 거의 없고 물의 흐름이 비교적 약한 연못에서도 다양한 생물이 모여 생태계를 이룹니다.
- 햇빛, 물, 흙, 공기, 온도 등은 생태계에 영향을 주는 중요한 비생물 요소입니다.
- 연못을 채운 물이 없다면 연못의 생물은 생존할 수 없습니다.
- 연못에 내리쬐는 햇빛을 통해 물에서 사는 식물이나 식물성 플랑크톤은 스스로 양분을 얻을 수 있습니다.
- 연못의 생물 요소도 비생물 요소에 영향을 줍니다. 연못에 살고 있는 마름, 갈대와 같은 식물들은 물을 맑게 정화합니다.

독도의 생태계

- 독도는 바다 아래 약 200 m에서 솟은 용암이 굳어져 생긴 바위섬으로 동도와 서도, 그 밖의 작은 섬 89개로 이루어져 있습니다.
- 독도에는 거칠고 메마른 흙과 강한 바닷바람에 적응한 왕호장근, 바위채송화 등의 식물과 작은 멋쟁이나비, 된장잠자리 등의 곤충이 살고 있습니다. 독도 주변의 바다는 따뜻하여 산호류, 붉은 얼룩참집게, 청황베도라치, 끄덕새우, 곤봉바다딸기 등의 다양한 생물이 살고 있습니다. 독도의 풍부한 먹이로 인하여 물수리, 괭이갈매기 등 약 160여종의 새가 찾아옵니다.
- 독도는 사람의 발길이 많이 닿지 않아 생태계를 그대로 보전하고 있습니다.

용어풀이

- **영향** 어떤 사물의 효과나 작용이 다른 것에 미치는 일
- **습지** 습기가 많은 축축한 땅
- **극지** 북극과 남극을 중심으로 그 주변 지역
- **정화** 불순하거나 더러운 것을 깨끗하게 함.

---

2 단원

1 빙고 놀이판의 하얀색 칸에는 살아 있는 것을 쓰고, 회색 칸에는 살아 있지 않은 것을 쓸 때, 민들레, 개미, 참새 등은 ☐☐☐ 칸, 흙, 햇빛, 공기 등은 ☐☐ 칸에 씁니다.

2 우리 주변에서 동물과 식물처럼 살아 있는 것을 ☐☐ 요소라고 합니다.

3 우리 주변에서 살아 있지 않은 것을 ☐☐☐ 요소라고 합니다.

4 어떤 장소에서 서로 영향을 주고받는 생물 요소와 비생물 요소를 ☐☐☐ 라고 합니다.

5 비생물 요소인 ☐☐ 가 없으면 생물 요소들이 호흡할 수 없습니다.

6 생물 요소인 ☐☐ 은 비생물 요소인 햇빛을 이용하여 스스로 양분을 얻을 수 있습니다.

7 연못 생태계의 붕어, 연꽃, 부들 등은 ☐☐ 요소이고, 공기, 물 등은 ☐☐ 요소입니다.

8 ☐☐☐ 는 화단, 연못, 숲, 바다 등 종류와 규모가 다양합니다.

2. 생물과 환경

🌸 생물 요소를 어떻게 분류할 수 있을까요? 탐구 1

(1) 생물 요소 찾아보기 『과학』 28~29쪽

① 배추, 느티나무, 개망초가 있습니다.

② 배추흰나비 애벌레, 배추흰나비, 참새가 있습니다.

③ 곰팡이, 세균이 있습니다.

(2) 각 생물 요소가 양분을 얻는 방법

① 배추, 느티나무, 개망초: 햇빛 등을 이용하여 스스로 양분을 만듭니다.

② 배추흰나비 애벌레: 배춧잎을 먹으면서 양분을 얻습니다.

③ 곰팡이: 배추흰나비 사체를 분해해서 양분을 얻습니다.

(3) 양분을 얻는 방법에 따라 생물 요소 분류하기 → 양분을 얻는 방법에 따라 생산자, 소비자, 분해자로 분류할 수 있습니다.

① 생산자: 배추와 같이 햇빛 등을 이용하여 살아가는 데 필요한 양분을 스스로 만드는 생물입니다.

② 소비자: 배추흰나비와 같이 스스로 양분을 만들지 못하고 다른 생물을 먹이로 하여 살아가는 생물입니다.

③ 분해자: 곰팡이와 같이 주로 죽은 생물이나 배출물을 분해하여 양분을 얻는 생물입니다.

(4) 우리 학교 화단의 생물 분류하기 예 탐구 2 탐구 3

생산자	감나무, 느티나무, 민들레, 등나무, 괭이밥 등
소비자	공벌레, 개미, 비둘기, 참새, 고양이 등
분해자	곰팡이, 세균 등

(5) 생산자나 분해자가 없어졌을 때 생태계에 일어나는 일

생산자인 식물이 사라졌을 때	• 식물을 먹는 소비자는 먹이가 사라지므로 결국 죽게 될 것이다. • 식물을 먹는 소비자를 먹이로 하는 소비자들도 죽게 될 것이다. • 결국 생태계에는 어떤 생물 요소도 살아남지 못할 것이다.
분해자가 사라졌을 때	• 죽은 생물과 생물의 배출물이 분해되지 않는다. • 우리 주변이 죽은 생물과 생물의 배출물로 가득 차게 될 것이다.

탐구 1 **생태계의 구성 요소**

비생물 요소
온도
생물 요소
식물 (생산자)
흙
동물 (소비자)
햇빛
곰팡이 (분해자)
공기
물

탐구 2 **연못 생태계를 구성하는 생물을 양분을 얻는 방법에 따라 분류하기** (『과학』 26쪽)

• 생산자: 검정말, 연꽃, 수련, 부들
• 소비자: 소금쟁이, 붕어, 개구리
• 분해자: 세균

탐구 3 **숲 생태계를 구성하는 생물을 양분을 얻는 방법에 따라 분류하기** (『과학』 27쪽)

• 생산자: 쑥부쟁이
• 소비자: 토끼, 뱀, 여우, 참새
• 분해자: 곰팡이, 버섯

● 버섯

- 버섯은 엽록체가 없어 햇빛, 물, 이산화 탄소를 이용하여 광합성을 할 수 없기 때문에 스스로 양분을 만들지 못합니다.
- 버섯은 주로 고목나무의 그늘진 곳에서 식물체의 주성분을 분해하거나 식물체 속의 당이나 녹말 등을 이용하여 양분을 얻으므로 분해자에 해당합니다.

- ✿ **개망초** 달걀꽃이라고도 하는 국화과의 두해살이 풀
- ✿ **배출물** 동물이 먹은 음식물이 소화되어 항문으로 나온 물질
- ✿ **괭이밥** 여러해살이 풀로 밭이나 길가, 빈 터에 흔히 자라고, 노란색 꽃이 핌.
- ✿ **엽록체** 녹색 식물의 세포 안에 있는 색소체의 하나

개념을 **확인해요**

2 단원

1 생물이 살아가려면 반드시 ☐☐이 필요합니다.

2 ☐☐을 얻는 방법에 따라 생물을 생산자, 소비자, 분해자로 분류합니다.

3 햇빛 등을 이용하여 살아가는 데 필요한 양분을 스스로 만드는 생물을 ☐☐☐라고 합니다.

4 스스로 양분을 만들지 못하고 다른 생물을 먹이로 하여 살아가는 생물을 ☐☐☐라고 합니다.

5 죽은 생물이나 배출물을 분해하여 양분을 얻는 생물을 ☐☐☐라고 합니다.

6 감나무, 느티나무, 민들레 등은 ☐☐☐입니다.

7 공벌레, 개미, 비둘기 등은 ☐☐☐입니다.

8 곰팡이, 세균 등은 ☐☐☐입니다.

2. 생물과 환경

💧 생태계를 구성하는 생물은 어떤 먹이 관계를 맺고 있을까요?

(1) 먹이 사슬 탐구1 탐구2 → 생태계의 생물은 먹고 먹히는 관계에 있습니다.

　① 메뚜기는 벼를 먹고, 개구리는 메뚜기를 먹습니다.

　② 생태계에서 생물 먹이 관계가 사슬처럼 연결되어 있는 것입니다.

(2) 먹이 그물

　① 메뚜기는 벼 외의 다른 먹이도 먹고, 개구리는 메뚜기 외의 다른 먹이도 먹습니다.

　② 생태계에서 여러 개의 먹이 사슬이 얽혀 그물처럼 연결되어 있는 것입니다. → 먹이 사슬들이 서로 연결되어 복잡한 먹이 그물이 형성됩니다.

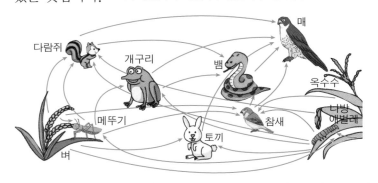

(3) 먹이 관계 놀이를 한 뒤, 먹이 사슬과 먹이 그물을 화살표로 연결하기 탐구3

(4) 먹이 사슬과 먹이 그물의 공통점과 차이점

공통점	생물들이 먹고 먹히는 관계가 나타난다.
차이점	먹이 사슬은 한 방향으로만 연결되었지만, 먹이 그물은 여러 방향으로 연결되었다.

(5) 먹이 사슬과 먹이 그물 중 생태계에서 여러 생물들이 함께 살아가기에 유리한 먹이 관계와 그 까닭

　① 먹이 그물의 형태가 여러 생물이 함께 살아가기에 유리합니다.

　② 먹이 사슬에서는 먹을 수 있는 먹이가 하나 밖에 없습니다. 만약 그 먹이가 사라진다면 그 먹이를 먹는 생물도 머지 않아 사라지게 될 것입니다.

　③ 먹이 그물은 어느 한 종류의 먹이가 부족해지더라도 다른 먹이를 먹고 살 수 있으므로 여러 생물들이 함께 살아가기에 유리합니다.

탐구1 먹이 사슬

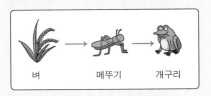

탐구2 벼 → 메뚜기 → 개구리 먹이 사슬에서 개구리 이후의 먹이 관계 예

• 벼 → 메뚜기 → 개구리 → 뱀
• 벼 → 메뚜기 → 개구리 → 매

탐구3 먹이 관계 놀이 하기

• 『과학』 30쪽에 있는 그림에서 생물 한 가지를 골라 이름표에 생물의 이름을 적고, 이름표를 목에 겁니다.

• 자신이 고른 생물과 먹이 관계에 있는 생물의 이름표를 가진 친구의 손을 잡고 먹이 사슬을 만듭니다.

• 자신이 고른 생물과 먹이 관계에 있는 친구를 찾은 후 친구의 줄을 잡아 먹이 그물을 만들어 봅니다.

→ 먹이 그물
→ 먹이 사슬

개념을 확인해요

생태계 구성 요소 간의 관련성

- 햇빛, 물, 흙 속의 양분을 이용하여 식물이 자랍니다.
- 햇빛, 물, 공기 등은 동물이 생활하는 데 영향을 줍니다.
- 토끼는 토끼풀을 먹고 생활하는 데 필요한 양분을 얻습니다.
- 토끼의 배설물이나 사체는 곰팡이나 세균에 의하여 분해됩니다.
- 분해된 것은 땅을 비옥하게 하여 식물이 이용할 수 있습니다.

생태계 구성 요소 간의 관련성을 이야기로 꾸며 보기

- 선택한 생태계의 구성 요소: 햇빛, 물, 메뚜기, 벼, 개구리
- 이야기 예

> 햇빛이 내리쬐는 어느 날, 며칠 동안 물밖에 마시지 못하여 배가 고팠던 메뚜기는 먹이를 찾다가 벼를 발견하였습니다. 신난 메뚜기는 잘 익은 벼를 허겁지겁 뜯어 먹었습니다. 메뚜기는 나무 뒤에서 개구리 한 마리가 쳐다보고 있는 줄은 꿈에도 몰랐습니다. 메뚜기를 잡아먹으려던 개구리는 뛰다가 앞에 있던 물웅덩이에 떨어지고 말았습니다. 첨벙하는 소리에 깜짝 놀란 메뚜기는 개구리를 피해 멀리 달아나 버렸습니다.

용어풀이

- ✷ **구성** 몇 가지 부분이나 요소들을 모아서 일정한 전체를 짜 이룬 결과
- ✷ **유리** 이익이 있음.
- ✷ **비옥** 땅이 걸고 기름짐.
- ✷ **관련** 현상 따위가 서로 관계를 맺어 매여 있음.

---

1 ☐☐☐ 생물은 서로 먹고 먹히는 관계에 있습니다.

2 벼 → 메뚜기 → 개구리의 연결에서 메뚜기는 ☐를 먹고, ☐☐☐에 먹힙니다.

3 생물 먹이 관계가 사슬처럼 연결되어 있는 것을 ☐☐☐☐이라고 합니다.

4 여러 개의 먹이 사슬이 얽혀 그물처럼 연결되어 있는 것을 ☐☐☐☐이라고 합니다.

5 먹이 사슬과 먹이 그물의 차이점으로 ☐☐☐☐은 한 방향으로만 연결되었지만, ☐☐☐☐은 여러 방향으로 연결되었습니다.

6 먹이 사슬과 먹이 그물 중 ☐☐☐☐이 여러 생물이 함께 살아가기에 유리한 관계입니다.

7 ☐☐☐☐은 어느 한 종류의 먹이가 부족해지더라도 다른 먹이를 먹고 살 수 있으므로 여러 생물이 함께 살아가기에 유리합니다.

2. 생물과 환경

🌸 생태계는 어떻게 유지될까요?

(1) 생태 피라미드 [탐구 1]

① 생산자를 먹이로 하는 생물을 1차 소비자, 1차 소비자를 먹이로 하는 생물을 2차 소비자, 마지막 단계의 소비자를 최종 소비자라고 합니다.

② 생태계에서 생물들의 수는 먹이 단계가 올라갈수록 줄어듭니다.

③ 먹이 단계별로 생물의 수를 쌓아 올리면 피라미드 모양이 됩니다.

(2) 생태계 평형 [탐구 2]

① 어떤 지역에 살고 있는 생물의 종류와 수 또는 양이 균형을 이루며 안정된 상태를 유지하는 것입니다.

② 특정 생물의 수나 양이 갑자기 늘어나거나 줄어들면 생태계 평형이 깨지기도 합니다. → 깨진 생태계 평형이 다시 회복하기 위해서는 오랜 시간과 노력이 필요합니다.

③ 생태계 평형이 깨지는 원인

→ 가뭄을 견디지 못한 특정한 생물이 사라지면 생태계 평형이 깨질 수 있습니다.

자연적인 요인	가뭄, 홍수, 태풍, 지진, 산불
인위적인 요인	댐, 도로, 건물 건설 → 인간이 댐을 건설하여 물의 흐름을 인위적으로 막으면 생태계 평형이 깨질 수 있습니다.

(3) 어느 국립 공원의 생물 이야기 [탐구 3]

- 어느 국립 공원의 늑대는 주로 동물들이 물을 마시려고 찾아오는 강가에서 사슴을 잡아먹으며 살아갔습니다. 그런데, 몇 년에 걸쳐 사람들이 무분별하게 늑대를 사냥하면서 1926년 무렵 국립 공원에 사는 늑대는 모두 사라졌습니다.
- 사슴의 수는 빠르게 늘어났습니다. 사슴은 강가에 머물며 풀과 나무 등을 닥치는 대로 먹었습니다. 그 결과 풀과 나무가 제대로 자라지 못하였고, 나무로 집을 짓고 나뭇가지 등을 먹는 비버가 국립 공원에서 거의 사라졌습니다.
- 1995년, 국립 공원 관리자들은 늑대를 다시 국립 공원에 풀어놓았습니다. 늑대는 사슴을 사냥하기 시작했습니다.
- 사슴은 늑대를 피하려고 강가에서 멀리 떨어진 곳에서 시간을 보냈습니다. 사슴의 수는 조금씩 줄어들었고, 그 결과 강가의 풀과 나무 등 식물이 다시 자라나기 시작했습니다.
- 오랜 시간에 걸쳐 국립 공원의 생태계는 점점 평형을 되찾았습니다. 늑대와 사슴의 수는 적절하게 유지되고, 강가의 풀과 나무도 잘 자라게 되었습니다. 그 결과 비버의 수도 늘어나게 되었습니다.

[탐구 1] 생태 피라미드

- 최종 소비자(매)
- 2차 소비자 (개구리)
- 1차 소비자 (메뚜기)
- 생산자 (벼)

[탐구 2] 생태 피라미드에서 1차 소비자인 메뚜기의 수가 갑자기 늘어났을 때 생태계 구성 요소의 일시적 변화(『과학』 32쪽)

- 메뚜기의 수가 늘어나면서 메뚜기의 먹이가 되는 생산자의 수나 양이 줄어듭니다.
- 메뚜기를 먹는 2차 소비자의 수나 양은 먹이인 메뚜기의 증가 때문에 늘어납니다.
- 2차 소비자가 증가하면 2차 소비자를 먹는 최종 소비자의 수나 양도 증가합니다.

[탐구 3] 만약 국립 공원에 늑대를 다시 풀어 놓지 않았다면 현재 국립 공원에 사는 비버 수는 어떻게 되었을까요?

- 비버의 수: 더 줄어들었을 것입니다.
- 까닭: 국립 공원에 늑대를 풀어놓지 않았다면 사슴 수는 줄지 않았을 것입니다. 사슴은 계속해서 강가의 풀과 나무를 먹어 치웠을 것입니다. 비버는 강가의 나무로 집을 만들고 나뭇가지 등을 먹는데 풀과 나무가 자라지 못하면 비버는 살아가기 어려울 것입니다.

로열 섬 생태계

- 로열 섬은 북아메리카 오대호 중에서 가장 큰 슈 피리어 호에 있는 섬으로 길이가 72 km, 폭이 14 km에 달합니다.
- 식물만 무성하던 이곳에 1900년대 초에 미네소타 주에서 헤엄쳐 온 말코손바닥사슴이 정착하였습니다.
- 이후 1949년 매우 추웠던 겨울, 섬에 만들어진 얼음 다리를 통하여 늑대 한 쌍이 유입되었습니다.
- 1931년에 국립 공원으로 지정한 이후 오늘날까지 과학자들은 외부와 단절된 생태계인 이 섬에서 늑대와 말코손바닥사슴 개체군을 대상으로 하여 먹고 먹히는 관계를 조사하고 있으며, 해마다 각 개체 수는 생태계 평형이 이루어지도록 조절됩니다.

▲ 말코손바닥사슴

용어풀이

✴ **단계** 일의 차례를 따라 나아가는 과정
✴ **최종 소비자** 먹고 먹히는 관계에서 나타나는 마지막 소비자
✴ **평형** 사물이 어느 한쪽으로 치우치거나 기울지 않은 안정된 상태
✴ **증가** 양이나 수치가 늘어남.

개념을 **확인해요**

2 단원

1 먹이 단계별로 생물의 수를 쌓아 올리면 피라미드 모양을 이루는데, 이를 ☐☐☐ ☐☐☐ 라고 합니다.

2 1차 소비자는 ☐☐☐ 를 먹이로 합니다.

3 1차 소비자를 먹이로 하는 생물을 ☐☐ 소비자라고 합니다.

4 벼, 메뚜기, 개구리, 매 중에서 1차 소비자는 ☐☐☐ 입니다.

5 생태계에서 생물들의 수는 먹이 단계가 ☐ ☐ 갈수록 줄어듭니다.

6 어떤 지역에 살고 있는 생물의 종류와 수 또는 양이 균형을 이루며 안정된 상태를 유지하는 것을 ☐☐☐☐☐ 이라고 합니다.

7 『과학』 32쪽에 있는 생태 피라미드에서 1차 소비자인 메뚜기의 수가 갑자기 늘어나면 2차 소비자와 최종 소비자의 수와 양이 일시적으로 ☐☐☐☐☐ .

2. 생물과 환경

🌱 비생물 요소는 생물에 어떤 영향을 줄까요?

→실험을 하기 전에 가장 먼저 자른 페트병 네 개의 입구 부분을 거꾸로 하여 탈지면을 깔고 비슷한 굵기와 길이의 콩나물을 각각 같은 양으로 담고 잘라 낸 페트병의 나머지 부분은 물 받침대로 씁니다.

(1) 햇빛이 콩나물의 자람에 미치는 영향을 알아보는 실험 조건

같게 해야 할 조건	자른 페트병의 크기, 콩나물의 양, 콩나물 길이와 굵기, 물을 주는 양, 물을 주는 횟수
다르게 해야 할 조건	콩나물이 받는 햇빛의 양

(2) 물이 콩나물의 자람에 미치는 영향을 알아보는 실험 조건

같게 해야 할 조건	자른 페트병의 크기, 콩나물의 양, 콩나물 길이와 굵기, 콩나물이 받는 햇빛의 양
다르게 해야 할 조건	콩나물에 주는 물의 양

(3) 햇빛과 물이 콩나물의 자람에 미치는 영향 알아보기 실험 1

햇빛이 잘 드는 곳에 놓아둔 콩나물 실험 2	물을 준 것	• 떡잎과 떡잎 아래 몸통이 초록색으로 변하였고, 떡잎 아래 몸통이 처음보다 길고 굵어졌다. • 햇빛이 비치는 방향으로 굽어 자라고 초록색 본잎이 나왔다.
	물을 주지 않은 것	떡잎이 연한 초록색으로 변하면서, 떡잎 아래 몸통이 가늘어지고 시들었다.
어둠상자로 덮어 놓은 콩나물 실험 3	물을 준 것	떡잎이 노란색 그대로이고, 떡잎 아래 몸통이 길게 자랐으며 노란색 본잎이 나왔다.
	물을 주지 않은 것	떡잎이 노란색 그대로이고 시들면서 떡잎 아래 몸통이 매우 가늘어졌다.
실험 결과		햇빛을 받고 물을 준 콩나물이 가장 잘 자란다.

(4) 비생물 요소가 생물에게 미치는 영향 탐구 1

온도	• 추운 계절이 다가오면 개나 고양이는 털갈이를 한다. • 철새는 먹이를 구하거나 새끼를 기르기에 적절한 장소를 찾아 먼 거리를 이동한다.→식물의 잎에 단풍이 들고 낙엽이 지는 것도 온도의 영향 때문입니다.
햇빛	• 식물이 양분을 만들고, 동물이 물체를 보는 데 필요하다. • 꽃이 피는 시기와 동물의 번식 시기에도 영향을 준다.
물	• 생물이 생명을 유지하는 데 반드시 필요하다. →물이 부족한 사막에서 사는 생물은 물의 손실을 최소화하며 살아갑니다.

실험 1 **햇빛과 물이 콩나물의 자람에 미치는 영향을 알아보는 실험 방법**

• 콩나물을 담은 페트병 두 개는 햇빛이 잘 드는 곳에 두고, 그중 하나의 페트병에만 물을 자주 줍니다.
• 나머지 페트병 두 개는 어둠상자로 덮어 햇빛을 가린 다음에 그중 하나의 페트병에만 물을 자주 줍니다.
• 콩나물이 자라는 모습을 일주일 이상 관찰합니다.

실험 2 **햇빛이 잘 드는 곳에 놓아둔 콩나물**

실험 3 **어둠상자로 덮어 놓은 콩나물**

탐구 1 **온도, 햇빛, 물 이외의 비생물 요소가 생물에게 미치는 영향**

• 공기가 없으면 사람은 숨을 쉴 수 없습니다.
• 흙이 없으면 만들레는 잘 자라지 못합니다.

개념을 확인해요

단풍이 생기는 까닭

- 단풍이 생기는 직접적인 원인은 온도입니다. 식물은 하루 최저 기온이 5 ℃ 이하로 떨어지기 시작하면 단풍이 들기 시작합니다.
- 노란색 계통은 기온이 떨어지면서 엽록소 합성이 중지되고 이미 잎속에 있던 엽록소가 없어짐에 따라 잎속에 남아 있던 노란색 또는 주황색 색소인 잔토필과 카로티노이드가 드러나 단풍이 만들어집니다.
- 붉은색은 엽록소의 분해와 함께 나뭇잎 속에 붉은 안토사이아닌이 생성되어 나타나게 되는 것입니다
- 단풍 시작 시기는 기온이 높고 낮음에 따라 좌우되고 일반적으로 기온이 낮을수록 빨라집니다.

햇빛이 생물에 미치는 영향

- 식물의 꽃눈이 형성되는 시기와 꽃이 피는 시기, 동물의 번식 시기도 햇빛과 관련이 있습니다.
- 종다리와 제비는 봄과 여름에 번식을 하고, 양, 염소, 사슴은 가을과 겨울에 번식을 합니다.
- 닭의 산란율을 높이기 위해서 점등 시간을 늘립니다.

생물이 물을 필요로 하는 까닭

- 물은 생물이 생활하는 데 가장 중요한 비생물 요소입니다.
- 물은 생물의 몸을 구성하는 성분 중에서 가장 많은 양을 차지하고, 물이 부족할 경우에 생물은 생존의 위협을 받습니다.

용어풀이

- 번식 생물이 열매나 새끼 등을 낳음으로써 개체 수를 늘려 가는 방법
- 단풍 늦가을에 식물의 잎이 붉은색, 노란색, 갈색 등으로 변하는 현상
- 산란 알을 낳음.
- 점등 등에 불을 켬.

---

1 햇빛이 콩나물의 자람에 미치는 영향을 알아보는 데 다르게 해야 할 조건은 콩나물이 받는 ☐☐ 의 양입니다.

2 물이 콩나물의 자람에 미치는 영향을 알아보는 데 다르게 해야 할 조건은 콩나물에 주는 ☐ 의 양입니다.

3 햇빛이 잘 드는 곳에 놓아둔 콩나물은 떡잎이 ☐☐☐ 으로 변했습니다.

4 어둠 상자로 덮어 놓고 물을 주지 않은 콩나물은 떡잎이 ☐☐ 색입니다.

5 ☐☐ 이 잘 드는 곳에서, ☐ 을 준 콩나물이 가장 잘 자랍니다.

6 식물의 잎에 단풍이 들거나 낙엽이 지는 것은 비생물 요소 중 ☐☐ 의 영향 때문입니다.

7 ☐☐ 은 꽃이 피는 시기와 동물의 번식 시기에 영향을 줍니다.

8 생물이 생명을 유지하는 데 ☐ 이 반드시 필요합니다.

2. 생물과 환경

🌸 생물은 환경에 어떻게 적응될까요?

(1) 각 서식지에서 살아남기 유리한 여우 가족 선택하기

① 각 서식지 환경과 그 서식지에서 살아남을 수 있는 여우

사막으로 상아색 모래로 뒤덮여 있다. → 낮에 덥고 건조할 것입니다.	→ 발과 얼굴은 더 연한 색을 띄고, 꼬리 끝부분은 검은색 털로 덮여 있습니다. 귀가 크고, 상아색 털로 덮여 있다.
온통 흰 눈으로 뒤덮여 있다. → 매우 추운 환경일 것입니다.	→ 온 몸에 털이 많이 나 있고, 발에도 털이 나 있습니다. 귀가 작고, 몸 전체가 하얀색 털로 덮여 있다.
→ 풀이 말라 있는 것으로 보아 매우 건조한 지역입니다. 연한 황토색의 마른 풀과 연한 회색의 돌로 덮여 있다.	배 부분에는 회색의 털이 있고, 등 부분에는 황토색의 털이 있다.

② 위와 같이 선택한 까닭: 서식지 환경과 털 색깔이 비슷하면 적에게서 몸을 숨기거나 먹잇감에 접근하기 유리하기 때문입니다.

(2) 적응

① 특정한 서식지에서 오랜 기간에 걸쳐 살아남기에 유리한 특징이 자손에게 전달된 것입니다. → 각 서식지 환경에서 살아남기에 유리한 특징을 지닌 생물이 자손을 남길 수 있습니다.

② 다양한 환경에 적응한 생물의 예 [탐구 1]

- 선인장의 굵은 줄기와 뾰족한 가시는 건조한 환경에서 생김새를 통해 생물이 적응된 결과입니다.
- 철새가 다른 지역으로 이동하는 행동은 계절별 온도 차가 큰 환경에서 생활 방식을 통해 생물이 적응된 결과입니다.

③ 대벌레와 밤송이가 환경에 적응한 방법

대벌레	가늘고 길쭉한 생김새를 통해 나뭇가지가 많은 주변 환경에서 포식자에게서 몸을 숨기기 유리하다.
밤송이	가시를 통해 밤을 먹으려고 하는 포식자에게서 밤을 보호하기 유리하다.

④ 다람쥐와 공벌레가 환경에 적응한 방법

다람쥐	겨울잠을 자는 행동을 통해 몸에 저장된 양분을 천천히 사용하여 추운 겨울을 지내기 유리하다.
공벌레	몸을 오므리는 행동을 통해 포식자의 공격에서 몸을 보호하기 유리하다.

탐구1 다양한 환경에 적응한 생물

① 철새
- 철새는 계절에 따라 먹이와 기후의 영향을 받아 서식지를 이동합니다.
- 제비와 백로는 봄에 우리나라에 와서 번식을 마치고 가을이 되면 떠나갑니다.
- 기러기와 청둥오리는 가을에 왔다가 봄이 되면 태어난 곳으로 되돌아갑니다.

▲ 기러기

② 선인장과 바나나
- 비가 매우 적게 내리는 사막에서 자라는 선인장은 잎이 가시로 되어 있어 증산 작용으로 인한 수분 손실을 줄입니다.

▲ 선인장

- 물이 풍부한 곳에서 자라는 바나나는 증산 작용을 많이 하더라도 생장에 필요한 물이 부족하지 않아 넓은 잎을 가지고 있습니다.

▲ 바나나

개념을 **확인해요**

2 단원

1 생물이 사는 곳을 ☐☐☐ 라고 합니다.

2 다람쥐는 ☐ , 거북은 ☐☐ , 낙타는 ☐☐ 에서 삽니다.

3 온통 흰 눈으로 덮여 있는 곳에 사는 여우는 몸 전체가 ☐☐☐ 털로 덮여 있습니다.

4 사막에 사는 여우의 귀는 크기가 ☐ 니다.

5 각 서식지에 사는 여우의 털 색깔은 서식지의 환경과 ☐☐☐☐☐ .

6 특정한 서식지에서 오랜 기간에 걸쳐 살아남기에 유리한 특징이 자손에게 전달되는 것을 ☐☐ 이라고 합니다.

7 선인장의 굵은 줄기와 뾰족한 가시는 건조한 환경에 ☐☐ 된 결과입니다.

8 다람쥐는 ☐☐☐ 을 자는 행동을 통해 몸에 저장된 양분을 천천히 사용하여 추운 겨울을 지내기 유리합니다.

2. 생물과 환경

└→ 환경 오염은 다양한 형태로 우리 주변에서 발생되고 있습니다.

🌱 환경 오염은 생물에 어떤 영향을 줄까요?

(1) 환경 오염: 사람들의 활동으로 자연환경이나 생활 환경이 더럽혀 지거나 ⭐훼손되는 현상입니다.

(2) 환경 오염이 생물에 미치는 영향 **탐구 1**

환경 오염	원인	생물에 미치는 영향
대기 오염 (공기 오염)	자동차나 공장의 매연 등	• 황사나 미세 먼지 때문에 동물의 호흡 기관에 이상이 생기거나 동물이 병에 걸릴 수 있다. • 자동차 배기가스는 생물의 성장에 피해를 준다.
수질 오염 (물의 오염)	가정의 생활 하수와 공장의 폐수, 해상 사고로 인한 기름 유출, 쓰레기 등	• 물이 더러워지고 악취가 나며 그곳에 사는 물고기는 산소가 부족하여 죽기도 한다. • 유조선의 기름이 유출되면 생물의 서식지가 파괴된다.
토양 오염 (흙의 오염)	쓰레기 배출, 농약과 비료의 지나친 사용 등	• 토양이 사막화되면 식물이 잘 자라지 못하거나 죽기도 한다. • 쓰레기를 매립하면 토양이 오염되어 주변에 심각한 악취가 난다.

(3) 우리 생활로 환경이 오염되어 생물에 해로운 영향을 주는 일

① 사람의 편의 때문에 도로를 만들거나 주택을 건설하는 등의 개발은 자연환경을 훼손하여 생태계에 해로운 영향을 주고, 결국 생태계 평형을 깨뜨립니다.

② 샴푸 등 합성 세제 사용, 음식물 남기기, 길거리에 쓰레기 버리기, 일회용품 사용, 지나친 난방 및 냉방 등이 있습니다.

③ 환경 오염은 생물의 생활과 생존에 해로운 영향을 줍니다.

🌱 생태계 보전을 위한 캠페인 도구 만들기

① 캠페인 활동으로 알리고 싶은, 실천할 수 있는 생태계 보전 방법을 정합니다.

└→ 포스터, 알림 쪽지, 팻말, 손수 저작물(UCC) 등

② 모둠에서 만들 도구의 형태를 정합니다.

③ 생태계 보전 방법이 잘 드러나도록 캠페인 도구를 만듭니다.

④ 캠페인 도구를 이용하여 생태계 보전 캠페인 활동을 합니다.

탐구 1 환경 오염이 생물에 미치는 영향

▲ 황사, 미세 먼지로 증가하는 질병

▲ 강물이 오염되어 죽은 물고기

▲ 쓰레기 매립으로 악화하는 생활 환경

▲ 기름 유출로 파괴되는 생물 서식지

오염 물질 배출 외에 사람들의 생활을 위해 환경을 개발하고 생태계를 파괴시키는 경우

- 산을 깎아 도로를 만들거나 집을 짓기도 합니다.
- 강 주변에 아파트를 짓거나 공장을 세웁니다.
- 간척 사업으로 갯벌이 없어집니다.

▲ 산을 깎아 만든 도로

▲ 강 주변의 아파트

개념을 확인해요

2 단원

1 사람들의 활동으로 자연환경이나 생활 환경이 더럽혀지거나 훼손되는 현상을 ☐☐ ☐☐ 이라고 합니다.

2 자동차나 공장의 매연 등은 ☐☐☐ ☐ 의 원인입니다.

3 물이 오염되면 물이 더러워지고 악취가 나며 그곳에 사는 물고기는 ☐☐ 가 부족하여 죽기도 합니다.

4 쓰레기를 매립하면 ☐☐ 이 오염되어 주변에 심각한 악취가 납니다.

5 환경이 ☐☐ 되면 그곳에 살고 있는 생물의 종류와 수가 줄어들거나 심지어 생물이 멸종되기도 합니다.

6 사람들은 도로를 만들거나 건물을 지으면서 생물의 ☐☐☐ 를 파괴하기도 합니다.

7 생태계 훼손을 막기 위해서 국가적으로는 생태계 ☐☐ 을 위한 법을 만들고, 정책을 시행합니다.

8 생태계 보전을 실천하기 위해서 짧은 거리는 걷거나 ☐☐☐ 를 이용합니다.

어떤 장소에서 서로 영향을 주고받는 생물 요소와 비생물 요소를 생태계라고 합니다.

1 다음을 읽고 생물 요소와 비생물 요소를 구분하여 쓰시오.

(1) 살아 있지 않은 것: (   )
(2) 살아 있는 것: (   )

2 다음에서 설명하는 것은 무엇인지 쓰시오.

> 어떤 장소에서 서로 영향을 주고받는 생물 요소와 비생물 요소를 말한다.

(   )

3 다음과 같은 연못 생태계의 구성 요소에서 비생물 요소는 무엇입니까? (   )

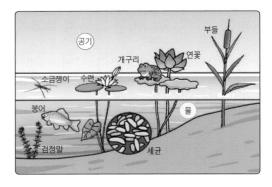

① 공기   ② 연꽃
③ 부들   ④ 붕어
⑤ 개구리

4 생물 요소 중 물과 공기를 맑게 정화하는 것은 무엇입니까? (   )

① 흙   ② 햇빛
③ 식물   ④ 동물
⑤ 곰팡이

살아가는 데 필요한 양분을 스스로 만드는 생물을 생산자, 다른 생물을 먹이로 하여 살아가는 생물을 소비자, 죽은 생물이나 배출물을 분해하여 양분을 얻는 생물을 분해자라고 합니다.

5 생산자는 어느 것입니까? (   )

① 배추   ② 참새
③ 세균   ④ 곰팡이
⑤ 배추흰나비

6 다음과 같은 생물은 양분을 얻는 방법에 따라 분류할 때 무엇으로 분류하는지 쓰시오.

> 공벌레, 개미, 비둘기, 참새, 고양이 등

(   )

7 생산자, 소비자, 분해자로 생물을 분류하는 기준은 무엇인지 쓰시오.

8 생물 요소가 양분을 얻는 방법으로 바른 것은 무엇입니까? (   )

① 장미는 나비를 먹는다.
② 뱀은 토끼풀을 먹는다.
③ 민들레는 죽은 생물을 분해한다.
④ 곰팡이는 죽은 메뚜기를 분해한다.
⑤ 개구리는 햇빛을 이용하여 양분을 스스로 만든다.

핵심 3

생태계에서 생물 먹이 관계가 사슬처럼 연결되어 있는 것을 먹이 사슬이라고 하고, 여러 개의 먹이 사슬이 얽혀 그물처럼 연결되어 있는 것을 먹이 그물이라고 합니다.

9 다음 먹이 사슬에 대한 설명으로 바르지 않은 것은 무엇입니까? (   )

> 벼 → 메뚜기 → 개구리 → 뱀

① 메뚜기는 벼를 먹는다.
② 뱀은 개구리를 먹는다.
③ 개구리는 메뚜기를 먹는다.
④ 생태계의 먹이 관계가 모두 나타난다.
⑤ 생물 먹이 관계가 사슬처럼 연결되어 있다.

10 먹이 그물에 대한 설명으로 바른 것은 어느 것인지 기호를 쓰시오.

> ㉠ 생물 먹이 관계가 사슬처럼 연결되어 있다.
> ㉡ 여러 개의 먹이 사슬이 얽혀 그물처럼 연결되어 있다.

(   )

11 ㉠과 ㉡에 알맞은 말을 쓰시오.

> 생물의 먹이 관계를 나타내는 (㉠)은 한 방향으로만 연결되어 있고, (㉡)은 여러 방향으로 연결되어 있다.

㉠: (   )
㉡: (   )

12 먹이 사슬과 먹이 그물 중 여러 생물들이 함께 살아가기에 유리한 먹이 관계는 어느 것인지 쓰시오.

(   )

핵심 4

먹이 단계별로 생물의 수를 쌓아 올리면 피라미드 모양을 이루는데, 이를 생태 피라미드라고 합니다.

[13~16] 그림을 보고 물음에 답하시오.

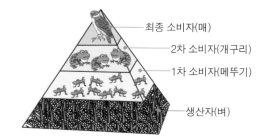

최종 소비자(매)
2차 소비자(개구리)
1차 소비자(메뚜기)
생산자(벼)

13 위와 같이 먹이 단계별로 생물의 수를 쌓아 올리면 피라미드 모양을 이루는 것은 무엇인지 쓰시오.

(   )

14 위 그림에서 생물의 수가 가장 많은 단계는 어느 것인지 쓰시오.

(   )

15 위 그림에 대한 설명으로 바르지 않은 것은 무엇입니까? (   )

① 매의 수가 가장 적다.
② 1차 소비자는 생산자를 먹이로 한다.
③ 2차 소비자는 1차 소비자를 먹이로 한다.
④ 먹이 단계가 올라갈수록 생물의 수가 많아진다.
⑤ 벼는 생산자이고, 메뚜기, 개구리, 매는 소비자이다.

16 위에서 메뚜기의 수가 갑자기 늘어나면 생태계 구성 요소는 일시적으로 어떻게 변하는지 쓰시오.

_____

_____

핵심 5

햇빛, 물 등과 같은 비생물 요소는 생물이 살아가는 데 영향을 줍니다. 햇빛을 받고 물을 준 콩나물이 가장 잘 자랐습니다.

17 물이 콩나물의 자람에 미치는 영향을 알아볼 때 다르게 해야 할 조건은 무엇입니까? (   )

① 콩나물의 양
② 자른 페트병의 크기
③ 콩나물 길이와 굵기
④ 콩나물에 주는 물의 양
⑤ 콩나물이 받는 햇빛의 양

[18~20] 비생물 요소가 콩나물의 자람에 미치는 영향을 알아보는 실험입니다.

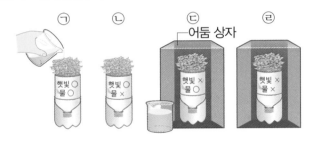

18 위 실험에서 콩나물의 자람에 영향을 주는 비생물 요소를 모두 고르시오. (,   )

① 흙   ② 물
③ 햇빛   ④ 온도
⑤ 공기

19 위 실험 결과 가장 잘 자란 콩나물은 어느 것인지 기호를 쓰시오.

(   )

20 콩나물이 자란 모습이 다음과 같은 것은 어느 것인지 기호를 쓰시오.

• 떡잎이 노란색이고, 떡잎 아래 몸통이 곧고 길게 자랐다.
• 노란색 본잎이 나왔다.

(   )

핵심 6

온도, 햇빛, 물 등은 생물의 생활에 영향을 줍니다.

21 생물의 생활에 다음과 같은 영향을 주는 비생물 요소는 무엇인지 쓰시오.

• 개나 고양이는 털갈이를 한다.
• 철새는 먹이를 구하거나 새끼를 기르기에 적절한 장소를 찾아 먼 거리를 이동한다.

(   )

22 햇빛이 식물에게 미치는 영향을 한 가지 쓰시오.

_____

23 (   ) 안에 공통으로 들어갈 비생물 요소는 무엇인지 쓰시오.

(   )은 생물이 생명을 유지하는 데 반드시 필요하다. 그래서 사막에서 사는 생물은 (   )의 손실을 최소화하며 살아간다.

(   )

24 비생물 요소가 생물에게 미치는 영향으로 바르지 않은 것은 무엇입니까? (   )

① 햇빛 – 식물이 양분을 만든다.
② 흙 – 생물이 살아가는 터전이다.
③ 온도 – 식물의 잎에 단풍이 든다.
④ 공기 – 꽃이 피는 데 영향을 준다.
⑤ 물 – 생물이 생명을 유지할 수 있다.

생물이 사는 곳을 서식지라고 합니다. 생물은 각각의 서식지에서 양분을 얻고, 번식을 하며 살아갑니다.

25 온통 흰 눈으로 뒤덮여 있는 매우 추운 서식지에서 살아남기 유리한 여우 가족은 어느 것인지 기호를 쓰시오.

ㄱ 　　　ㄴ

(　　　　　　　)

26 (　　　) 안에 알맞은 말을 쓰시오.

> 선인장의 굵은 줄기와 뾰족한 가시는 건조한 환경에서 생김새를 통해 생물이 (　　　)된 결과이다.

(　　　　　　　)

27 생김새를 통해 환경에 적응된 생물은 무엇입니까?

(　　　)

① 철새　　　　　② 대벌레
③ 개구리　　　　④ 다람쥐
⑤ 공벌레

28 다음 동물이 환경에 적응한 방법을 쓰시오.

> 다람쥐, 개구리, 뱀, 곰

사람들의 활동으로 자연환경이나 생활 환경이 더럽혀지거나 훼손되는 현상을 환경 오염이라고 합니다.

29 미세 먼지가 많이 발생하는 원인은 무엇입니까?

(　　　　　　)

① 기름 유출
② 폐수의 배출
③ 쓰레기 매립
④ 자동차 배기가스
⑤ 농약의 지나친 사용

30 환경 오염과 그 원인이 바르게 짝 지어진 것은 무엇입니까? (　　　　　)

① 수질 오염 – 공장 매연
② 토양 오염 – 농약 사용
③ 토양 오염 – 공장 매연
④ 대기 오염 – 합성 세제 사용
⑤ 대기 오염 – 해상 사고로 인한 기름 유출

31 우리 생활로 환경이 오염되어 생물에 해로운 영향을 주는 경우가 아닌 것은 무엇입니까? (　　　　　)

① 지나친 난방
② 음식물 남기기
③ 일회용품 사용
④ 합성 세제 사용 금지
⑤ 길거리에 쓰레기 버리기

32 생태계 보전을 위해 우리가 실천할 수 있는 방법으로 알맞지 않은 것은 무엇입니까? (　　　　　)

① 나무를 심는다.
② 물을 절약한다.
③ 일회용품 사용을 줄인다.
④ 냉장고를 자주 열고 닫지 않는다.
⑤ 가까운 거리는 자동차를 이용한다.

2단원

[1~3] 그림을 보고 물음에 답하시오.

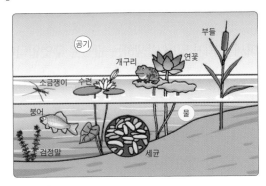

1 위 그림은 어느 곳의 생태계를 나타낸 것입니까?
( )

① 강   ② 숲

③ 바다   ④ 연못

⑤ 갯벌

2 위 생태계에서 생물 요소를 세 가지 이상 쓰시오.

_____

3 위 그림에서 살아 있지 않은 공기, 물은 무엇이라고 하는지 쓰시오.

( )

4 햇빛 등을 이용하여 살아가는 데 필요한 양분을 스스로 만드는 생물은 무엇입니까? ( )

① 배추   ② 참새

③ 곰팡이   ④ 배추흰나비

⑤ 배추흰나비 애벌레

5 다음 생물 요소가 양분을 얻는 방법을 **보기**에서 골라 기호를 쓰시오.

▲ 공벌레   ▲ 개미

▲ 참새   ▲ 고양이

보기

㉠ 햇빛 등을 이용하여 양분을 스스로 만든다.

㉡ 다른 생물을 먹이로 하여 양분을 얻는다.

㉢ 죽은 생물이나 배출물을 분해하여 양분을 얻는다.

( )

6 다음 생물 요소는 양분을 얻는 방법에 따라 분류할 때 무엇에 해당하는지 쓰시오.

곰팡이, 세균

( )

7 다음에서 설명하는 것은 무엇인지 쓰시오.

생태계에서 생물 먹이 관계가 사슬처럼 연결되어 있는 것이다.

( )

& 주의

8 생물의 먹이 관계를 나타낸 것에서 (　　) 안에 알맞은 생물은 무엇입니까? (　　　)

> 벼 → 메뚜기 → 개구리 → (　　　)

① 뱀　　　　　　② 참새
③ 옥수수　　　　④ 다람쥐
⑤ 나방 애벌레

9 여러 생물이 함께 살아가기에 유리한 먹이 관계는 어느 것인지 골라 쓰시오.

> 먹이 사슬, 먹이 그물

(　　　　　　　)

[10~11] 다음 그림을 보고 물음에 답하시오.

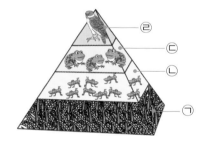

10 위와 같은 것을 무엇이라고 하는지 쓰시오.

(　　　　　　　)

11 위 그림에서 1차 소비자와 2차 소비자에 해당하는 단계를 골라 기호를 쓰시오.

(1) 1차 소비자: (　　　　　　)
(2) 2차 소비자: (　　　　　　)

12 생태계 평형에 대한 설명으로 바른 것은 무엇입니까? (　　　)

① 생태계 평형은 인간에 의해 깨질 수 없다.
② 깨진 생태계 평형은 빠른 시간에 회복할 수 있다.
③ 특정한 생물이 사라져도 생태계 평형은 유지된다.
④ 홍수, 태풍, 지진은 생태계 평형을 유지시켜 준다.
⑤ 어떤 지역에 살고 있는 생물의 종류와 수 또는 양이 균형을 이루는 것이다.

13 자른 페트병 두 개에 비슷한 굵기와 길이의 콩나물을 각각 같은 양으로 담고 어둠상자로 덮어 하나의 페트병에만 물을 자주 주며 콩나물이 자라는 모습을 관찰했습니다. 이때 콩나물이 자라는 데 영향을 미치는 비생물 요소는 무엇입니까? (　　　)

① 물　　　　　　② 흙
③ 공기　　　　　④ 바람
⑤ 온도

중요

14 위 실험 결과 어둠상자로 덮고 물을 준 콩나물의 모습은 어느 것인지 기호를 쓰시오.

> ㉠ 떡잎과 떡잎 아래 몸통이 초록색이고, 떡잎 아래 몸통이 처음보다 길고 굵어졌다.
> ㉡ 떡잎이 노란색이고, 떡잎 아래 몸통이 곧고 길게 자랐으며 본잎이 나왔다.
> ㉢ 떡잎이 노란색이고, 떡잎 아래 몸통이 매우 가늘어지고 시들었다.

(　　　　　　　)

15 생물에게 다음과 같은 영향을 주는 비생물 요소는 무엇입니까? ( )

> 철새는 먹이를 구하거나 새끼를 기르기에 적절한 장소를 찾아 먼 거리를 이동한다.

① 물
② 흙
③ 공기
④ 햇빛
⑤ 온도

16 보 기 의 여우 가족이 살아남기 유리한 서식지를 골라 ○표 하시오.

보 기

(1)　　　　　　　(2)

( )　( )

17 ( ) 안에 알맞은 말을 쓰시오.

> 특정한 서식지에서 오랜 기간에 걸쳐 살아남기에 유리한 특징이 자손에게 전달되는 것을 ( )이라고 한다.

( )

18 대기 오염의 원인으로 알맞은 것은 무엇입니까?

( )

① 공장의 매연
② 쓰레기 매립
③ 폐수의 배출
④ 농약의 지나친 사용
⑤ 유조선의 기름 유출

19 수질 오염이 생물에 미치는 영향은 무엇입니까?

( )

① 산성비가 내린다.
② 지구 온난화가 발생한다.
③ 토양의 사막화가 발생한다.
④ 호흡 기관에 이상이 생긴다.
⑤ 물이 더러워지고 물속 산소가 부족해진다.

20 생태계 보전을 위해 실천할 수 있는 방법으로 알맞지 않은 것은 어느 것입니까? ( )

① 나무를 심는다.
② 물을 절약한다.
③ 샴푸 사용을 줄인다.
④ 대중교통을 이용한다.
⑤ 일회용품 사용을 늘린다.

1 학교 주변에서 살아 있는 것과 살아 있지 않은 것을 관찰하고 쓴 빙고 놀이판입니다. 바르지 <u>않은</u> 것을 골라 바르게 고치시오.

개미	국화	향나무	돌
은행나무	햇빛	민들레	참새
구름	잠자리	흙	장미
공기	나비	소나무	버드나무

(1) 바르지 않은 것: (   )
(2) 바르게 고쳐 쓰기: (   )

2 사막 생태계의 구성 요소가 <u>아닌</u> 것은 어느 것입니까? (   )

① 모래
② 햇빛
③ 낙타
④ 고래
⑤ 전갈

[3~4] 그림을 보고 물음에 답하시오.

 ▲ 햇빛
 ▲ 여우
 ▲ 세균

 ▲ 물
 ▲ 뱀
 ▲ 연꽃

3 생물 요소와 비생물 요소를 골라 기호를 쓰시오.

(1) 생물 요소: (   )
(2) 비생물 요소: (   )

4 앞 3 번에서 다음과 같은 방법으로 양분을 얻는 생물을 골라 기호를 쓰시오.

(1) 살아가는 데 필요한 양분을 <u>스스로</u> 만드는 생물: (   )

(2) 다른 생물을 먹이로 하여 살아가는 생물: (   )

5 다음 생물에 대한 설명으로 바르지 <u>않은</u> 것은 무엇입니까? (   )

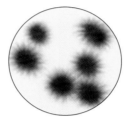 ▲ 곰팡이
 ▲ 세균

① 분해자이다.
② 여러 생태계에 있다.
③ 스스로 양분을 만드는 생물이다.
④ 주로 죽은 생물이나 배출물을 분해한다.
⑤ 생산자, 소비자와 양분을 얻는 방법이 다르다.

6 양분을 얻는 방법이 <u>다른</u> 것은 어느 것입니까? (   )

① 나비
② 버섯
③ 참새
④ 공벌레
⑤ 소금쟁이

7 다음 생물들이 양분을 얻는 방법을 쓰시오.

개, 고양이, 비둘기, 참새, 공벌레

&주의

8 먹이 사슬의 연결이 바른 것은 무엇입니까?

( )

① 벼 → 매 → 개구리
② 벼 → 뱀 → 개구리
③ 뱀 → 개구리 → 벼
④ 개구리 → 벼 → 매
⑤ 벼 → 메뚜기 → 개구리

9 먹이 그물을 보고 다람쥐를 먹는 생물을 모두 골라 쓰시오.

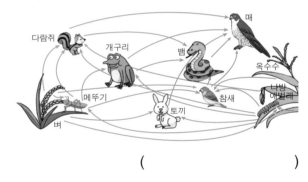

( )

10 먹이 사슬과 먹이 그물의 공통점은 무엇입니까?

( )

① 한 방향으로만 연결되어 있다.
② 여러 방향으로 연결되어 있다.
③ 생물들이 먹고 먹히는 관계가 나타난다.
④ 비생물 요소와 생물 요소가 나타나 있다.
⑤ 생물이 먹을 수 있는 먹이는 한 가지 밖에 없다.

11 생태 피라미드에 대한 설명으로 바르지 않은 것은 무엇입니까? ( )

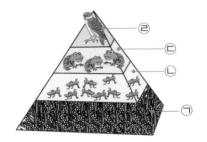

① ㉠의 수가 가장 많다.
② ㉡, ㉢, ㉣은 소비자이다.
③ ㉡ 단계는 ㉠ 단계를 먹이로 한다.
④ 먹이 단계별로 생물의 수를 쌓아 올린 것이다.
⑤ 먹이 단계가 올라갈수록 생물의 수가 늘어난다.

12 위 **11**번 생태 피라미드에서 1차 소비자인 메뚜기의 수가 갑자기 늘어났을 때 일어나는 일시적인 변화에 대한 설명을 잘못 말한 친구는 누구인지 쓰시오.

- 민성: 생산자의 수나 양이 줄어들어.
- 유나: 2차 소비자의 수나 양이 늘어나.
- 소연: 최종 소비자의 수나 양이 줄어들어.

( )

13 ( ) 안에 알맞은 말을 쓰시오.

어떤 지역에 살고 있는 생물의 종류와 수 또는 양이 균형을 이루며 안정된 상태를 유지하는 것을 ( )이라고 한다.

( )

14 콩나물이 자라는 모습을 일주일 이상 관찰하였을 때, 가장 잘 자라는 콩나물은 어느 것인지 기호를 쓰시오.

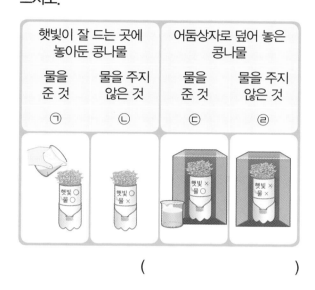

햇빛이 잘 드는 곳에 놓아둔 콩나물		어둠상자로 덮어 놓은 콩나물	
물을 준 것	물을 주지 않은 것	물을 준 것	물을 주지 않은 것
㉠	㉡	㉢	㉣

( )

15 생물의 생활과 생물의 생활에 영향을 주는 비생물 요소를 바르게 선으로 연결하시오.

(1) 식물의 잎에 단풍이 든다. • | • ㉠ 햇빛

(2) 식물이 양분을 만든다. • | • ㉡ 온도

주의

16 건조한 환경에 생김새를 통해 적응한 생물의 예는 어느 것입니까? (   )

① 밤송이의 가시
② 겨울잠을 자는 다람쥐
③ 북극여우의 하얀색 털
④ 나뭇가지와 비슷한 대벌레의 몸
⑤ 선인장의 굵은 줄기와 뾰족한 가시

17 추운 겨울을 지내기 위해 겨울잠을 자는 동물을 모두 고르시오. (,   )

① 곰
② 여우
③ 제비
④ 다람쥐
⑤ 호랑이

18 환경 오염의 원인이 바르게 짝 지어진 것은 무엇입니까? (   )

① 대기 오염 – 기름 유출
② 수질 오염 – 공장의 매연
③ 수질 오염 – 폐수의 배출
④ 대기 오염 – 가정의 생활 하수
⑤ 대기 오염 – 농약의 지나친 사용

19 환경 오염이 생물에 미치는 영향이 아닌 것은 무엇입니까? (   )

① 생태계 평형이 깨진다.
② 생물의 수가 줄어든다.
③ 생물의 서식지가 달라진다.
④ 생물이 잘 성장하지 못한다.
⑤ 생물이 환경에 더 잘 적응한다.

서술형

20 생태계 보전을 위한 캠페인 도구를 만들 때, 가장 먼저 해야 할 일을 쓰시오.

_____

_____

1 ㉠과 ㉡에 알맞은 말을 쓰시오.

> 생태계 구성 요소 중 살아 있는 것은 (㉠)라고 하고, 살아 있지 않은 것은 (㉡) 요소라고 한다.

㉠: (   )

㉡: (   )

2 다음에서 설명하는 생물 요소는 무엇입니까?
(   )

> 물과 공기를 맑게 정화한다.

① 흙
② 식물
③ 동물
④ 버섯
⑤ 곰팡이

3 숲 생태계에 대한 설명으로 바르지 않은 것은 무엇입니까? (   )

① 규모가 큰 생태계이다.
② 여우, 뱀, 토끼 등의 생물 요소가 있다.
③ 온도, 흙, 햇빛 등의 비생물 요소가 있다.
④ 생물 요소들은 서로 영향을 주고받지 않는다.
⑤ 생물 요소와 비생물 요소가 서로 영향을 주고받는다.

4 (   ) 안에 알맞은 생물을 보기에서 골라 차례대로 쓰시오.

> **보기**
> 배추, 곰팡이, 배추흰나비

> (   )는 햇빛을 이용하여 살아가는 데 필요한 양분을 스스로 만들고, (   )는 다른 생물을 먹이로 하여 살아가며, (   )는 죽은 생물이나 배출물을 분해하여 양분을 얻는다.

5 양분을 얻는 방법이 다른 생물은 어느 것입니까?
(   )

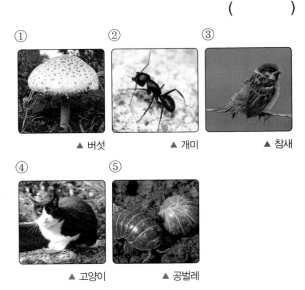

① ▲ 버섯
② ▲ 개미
③ ▲ 참새
④ ▲ 고양이
⑤ ▲ 공벌레

6 다음과 같은 일이 일어나는 까닭으로 알맞은 것은 어느 것입니까? (   )

> 1차 소비자는 먹이가 없어서 죽게 되고, 그 다음 단계의 소비자도 먹이가 없어서 죽게 된다. 결국 생태계의 모든 생물이 멸종될 것이다.

① 생산자가 없어졌을 때
② 생산자의 수가 늘어났을 때
③ 소비자의 수가 늘어났을 때
④ 분해자의 수가 늘어났을 때
⑤ 소비자의 수가 줄어들었을 때

7 다음과 같이 생물 먹이 관계가 사슬처럼 연결되어 있는 것은 무엇입니까? (   )

벼 ➡ 메뚜기 ➡ 개구리

① 먹이 사슬
② 먹이 그물
③ 먹이 연결
④ 먹이 관계
⑤ 생태 피라미드

8 먹이 그물을 보고 먹이 사슬을 나타낸 것으로 바른 것을 모두 고르시오. (,)

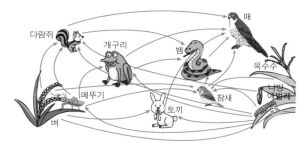

① 메뚜기 → 참새 → 매
② 벼 → 개구리 → 참새 → 매
③ 다람쥐 → 토끼 → 뱀 → 매
④ 벼 → 메뚜기 → 개구리 → 매
⑤ 옥수수 → 나방 애벌레 → 참새 → 메뚜기

9 먹이 사슬과 먹이 그물에 대한 설명으로 바른 것은 무엇입니까? ( )

① 먹이 그물은 한 방향으로만 연결되어 있다.
② 먹이 사슬은 여러 방향으로 연결되어 있다.
③ 먹이 사슬은 먹을 수 있는 먹이가 여러 가지이다.
④ 먹이 사슬은 여러 생물이 함께 살아가기에 유리하다.
⑤ 먹이 그물은 여러 생물이 함께 살아가기에 유리하다.

10 다음 먹이 사슬을 보고 뱀은 생태 피라미드에서 어느 단계에 해당하는지 기호를 쓰시오.

> 벼 → 다람쥐 → 뱀 → 매

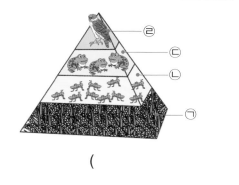

( )

11 생태계 평형이 깨지는 인위적인 요인은 무엇입니까? ( )

① 태풍이 불어 나무가 쓰러졌다.
② 지진이 발생하여 땅이 갈라졌다.
③ 가뭄이 지속되어 강물이 말랐다.
④ 댐을 건설하여 물의 흐름을 막는다.
⑤ 비가 많이 내려 산사태가 발생했다.

서술형

12 「과학」 33쪽 어느 국립 공원의 생물 이야기를 읽고 국립 공원에서 늑대를 다시 풀어놓지 않았다면 현재 국립 공원에 사는 비버 수는 어떻게 되었을지 쓰시오.

13 햇빛과 물의 조건을 다르게 하여 콩나물이 자라는 모습을 일주일 동안 관찰한 결과입니다. 다음과 같은 결과가 나타난 실험 조건이 바르게 짝 지어진 것을 보기 에서 골라 기호를 쓰시오.

> • 떡잎과 떡잎 아래 몸통이 초록색으로 변했다.
> • 떡잎 아래 몸통이 처음보다 굵고 길어졌다.
> • 햇빛을 향하여 굽어 자랐다.
> • 초록색 본잎이 나왔다.

보기
㉠ 햇빛 ○, 물 ○   ㉡ 햇빛 ○, 물 ×
㉢ 햇빛 ×, 물 ×   ㉣ 햇빛 ×, 물 ○

( )

14 어둠상자로 덮어 놓고 물을 준 콩나물을 다시 햇빛이 잘 드는 곳에 놓아두면 떡잎의 색깔은 어떻게 변합니까? (   )

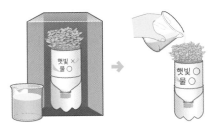

① 갈색   ② 노란색
③ 초록색   ④ 검은색
⑤ 하얀색

15 다음과 관련된 비생물 요소를 쓰시오.

> • 철새는 먹이를 구하거나 새끼를 기르기에 적절한 장소를 찾아 먼 거리를 이동한다.
> • 개는 날씨가 추워지면 털갈이를 한다.

(   )

16 다음과 같은 여우 가족이 온통 흰 눈으로 뒤덮여 있는 곳에서 살아남기 유리한 까닭은 무엇입니까?
(   )

① 겨울잠을 자기 때문에
② 먹이가 풍부하기 때문에
③ 귀가 커서 체온 조절이 쉽기 때문에
④ 굴을 파 숨어있을 수 있는 곳이 많기 때문에
⑤ 서식지 환경과 털 색깔이 비슷하여 적으로부터 몸을 숨기기 유리하기 때문에

서술형

17 다람쥐와 곰이 추운 겨울을 지내기에 유리하게 적응한 방법은 무엇인지 쓰시오.

_____

18 대기 오염이 생물에 미치는 영향으로 바르지 않은 것을 모두 고르시오. (,   )

① 먹잇감이 늘어난다.
② 동물이 병에 걸린다.
③ 생물의 성장에 피해를 준다.
④ 생물의 종류와 수가 늘어난다.
⑤ 동물의 호흡 기관에 이상이 생긴다.

19 생태계 보전 방법과 관련한 캠페인 내용으로 알맞지 않은 것은 무엇입니까? (   )

① 나무를 심자!
② 쓰레기는 분리배출로~
③ 대중교통을 이용하자!
④ 가까운 거리는 걸어가요!
⑤ 에너지 효율이 낮은 제품을 사용하자!

서술형

20 생태계 보전을 위해 5학년인 내가 실천할 수 있는 방법을 한 가지 쓰고, 그 방법이 생태계 보전에 어떻게 도움이 되는지 쓰시오.

방법	
생태계 보전에 도움이 되는 점	

1 연못 생태계의 구성 요소를 (가)와 (나)로 분류한 기준은 무엇입니까? (   )

> 소금쟁이, 수련, 공기, 연꽃, 부들,
> 붕어, 검정말, 물, 세균, 개구리

(가)

> 소금쟁이, 수련,
> 연꽃, 부들, 붕어,
> 검정말, 세균,
> 개구리

(나)

> 공기, 물

① 동물인 것과 식물인 것
② 크기가 큰 것과 크기가 작은 것
③ 먹을 수 있는 것과 먹을 수 없는 것
④ 생물 요소인 것과 비생물 요소인 것
⑤ 양분을 스스로 만드는 것과 스스로 만들지 못하는 것

2 비생물 요소와 생물 요소를 차례로 짝 지은 것이 아닌 것은 무엇입니까? (   )

① 꽃 – 벌
② 물 – 수련
③ 공기 – 사람
④ 온도 – 개
⑤ 햇빛 – 민들레

3 (   ) 안에 알맞은 말과 그 예를 바르게 짝 지은 것은 무엇입니까? (   )

> 어떤 장소에서 서로 영향을 주고받는 생물
> 요소와 (   )를 생태계라고 한다.

① 생산자 – 벼
② 생산자 – 나무
③ 소비자 – 사람
④ 비생물 요소 – 햇빛
⑤ 비생물 요소 – 동물

4 양분을 얻는 방법이 배추와 같은 생물은 무엇입니까? (   )

① 햇빛
② 참새
③ 개망초
④ 곰팡이
⑤ 배추흰나비

5 다음과 같이 생물을 분류한 기준은 무엇입니까?
(   )

| 감나무,
느티나무 | 공벌레,
비둘기, 참새 | 곰팡이, 세균 |

① 사는 곳
② 개체 수
③ 양분을 얻는 방법
④ 생물 요소와 비생물 요소
⑤ 움직이는 것과 움직이지 않는 것

서술형

6 생태계에 분해자가 없어진다면 어떤 일이 일어날지 한 가지 쓰시오.

_____

_____

_____

7 여러 개의 먹이 사슬이 얽히면 좋은 점은 무엇입니까? (   )

① 생태계의 규모가 작아진다.
② 한 종류의 먹이를 많이 먹을 수 있다.
③ 한 방향으로만 연결되어 복잡하지 않다.
④ 여러 생물이 함께 살아가기에 유리하지 않다.
⑤ 한 종류의 먹이가 부족해지더라도 다른 먹이를 먹고 살 수 있다.

8 먹이 그물에 대한 설명으로 바르지 <u>않은</u> 것은 무엇입니까? (   )

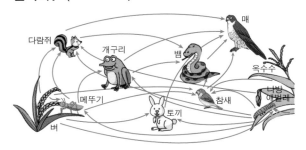

① 메뚜기는 벼를 먹는다.
② 다람쥐는 메뚜기를 먹는다.
③ 참새는 나방 애벌레를 먹는다.
④ 개구리는 벼와 옥수수를 먹는다.
⑤ 다람쥐는 매와 뱀에게 잡아먹힌다.

9 다음 이야기를 읽고, (   ) 안에 알맞은 생물을 보기에서 골라 쓰시오.

보기

> 햇빛, 여우, 다람쥐, 물,
> 상수리나무, 곰팡이, 참새

> (   )이 내리쬐는 어느 날, (   )를 오르내리며 열심히 도토리를 모으던 (   )는 (   )가 다가오고 있는 것을 전혀 눈치채지 못하였어. 기회를 노리던 (   )는 얼른 (   )를 한 발로 낚아챘어. 그때 마침 살찐 (   )가 바닥에 쓰러져 있는 것을 보았지. "오늘 운이 좋은걸! 평소에 잡기 힘들던 (   )까지 잡고 말이야." 입맛을 다시던 (   )는 다른 발로 (   )를 잡아 한입에 넣었어. "에이, 퉤퉤. 이게 무슨 맛이지? (   )가 피었잖아!" (   )는 여우가 한눈 파는 틈을 타 재빨리 도망가 버렸어. 결국 (   )는 주린 배를 움켜잡으며 (   )로 배를 채울 수 밖에 없었지.

10 생태계의 먹이 단계와 관련하여 생물들의 수에 대해 설명하시오.

_____

_____

11 생태 피라미드에서 ㉢ 단계의 생물 수가 갑자기 줄어들었을 때 일시적으로 나타나는 현상으로 바른 것은 무엇입니까? (   )

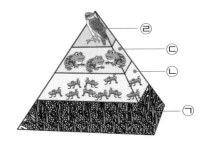

① 아무 변화가 없다.
② ㉣ 단계 생물의 수나 양이 늘어난다.
③ ㉠, ㉡, ㉣ 단계 생물의 수나 양이 줄어든다.
④ ㉣ 단계 생물의 수나 양은 줄어들고, ㉡ 단계 생물의 수나 양은 늘어난다.
⑤ ㉡ 단계 생물의 수나 양은 변화가 없고, ㉠ 단계 생물의 수나 양은 줄어든다.

12 다음과 같은 콩나물 모습을 볼 수 있는 실험 조건은 무엇입니까? (   )

> 떡잎이 노란색이고, 떡잎 아래 몸통이 곧고 길게 자랐으며, 노란색 본잎이 나왔다.

① 햇빛 ○, 물 ○   ② 햇빛 ○, 물 ×
③ 햇빛 ×, 물 ×   ④ 햇빛 ×, 물 ○

13 생물에 다음과 같은 영향을 미치는 비생물 요소는 무엇인지 쓰시오.

> • 식물이 양분을 만들고 동물이 물체를 보는 데 필요하다.
> • 꽃이 피는 시기와 동물의 번식 시기에도 영향을 준다.

( )

14 생물이 생명을 유지하는 데 반드시 필요한 비생물 요소는 무엇인지 쓰시오.

( )

15 다음과 같은 서식지에서 살아남기 유리한 여우 가족의 특징을 골라 기호를 쓰시오.

> ㉠ 상아색 털로 덮여 있고, 귀가 크다.
> ㉡ 하얀색 털로 덮여 있고, 귀가 작다.

(1) 상아색 모래로 뒤덮인 곳:
( )
(2) 흰 눈으로 뒤덮인 곳:
( )

16 몸의 생김새가 가늘고 길쭉하여 나뭇가지가 많은 환경에서 몸을 숨기기 유리한 동물은 무엇입니까?

( )

① 제비 ② 대벌레
③ 메뚜기 ④ 다람쥐
⑤ 공벌레

17 합성 세제 용액을 넣은 무씨와 물을 넣은 무씨 중 씨가 더 많이 싹 트는 것은 어느 것인지 기호를 쓰고, 그 까닭을 쓰시오.

㉠  ㉡

▲ 합성 세제 용액 ▲ 물

(1) 더 많이 싹이 튼 무씨: ( )
(2) 까닭:

_____

_____

18 환경을 오염시키는 직접적인 원인이 바르게 짝 지어진 것은 무엇입니까? ( )

① 물 – 공장 매연 ② 공기 – 생활 쓰레기
③ 흙 – 농약 사용 ④ 흙 – 자동차 배기가스
⑤ 공기 – 생활 하수

19 ( ) 안에 알맞은 말을 쓰시오.

> 오염 물질의 배출로 환경이 오염되는 것 외에도 사람들은 도로를 만들거나 건물을 지으면서 생물의 ( )를 파괴하기도 한다.

( )

20 생태계 보전을 위해 국가적으로 할 수 있는 일은 무엇입니까? ( )

① 물을 절약한다.
② 대중교통을 이용한다.
③ 일회용품 사용을 줄인다.
④ 냉장고를 자주 열고 닫지 않는다.
⑤ 생태계 보전을 위한 법을 만든다.

2
단원

1 다음 그림을 보고 생물 요소를 양분을 얻는 방법에 따라 분류하시오.

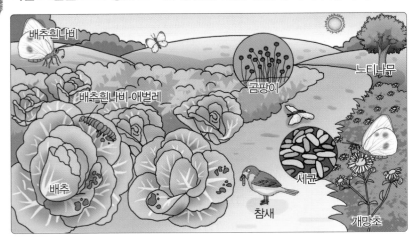

양분을 얻는 방법	생물 요소

생물 요소 분류

• 생산자: 햇빛 등을 이용하여 살아가는 데 필요한 양분을 스스로 만듭니다.
• 소비자: 스스로 양분을 만들지 못하고 다른 생물을 먹이로 하여 살아가는 생물입니다.
• 분해자: 곰팡이와 같이 주로 죽은 생물이나 배출물을 분해하여 양분을 얻는 생물입니다.

2 다음 먹이 그물에 나타난 먹이 사슬의 예를 두 가지 쓰시오.

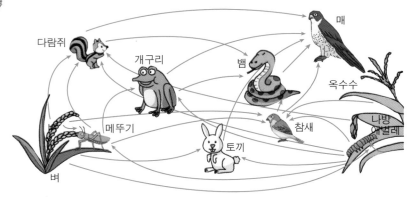

먹이 사슬과 먹이 그물

• 먹이 사슬: 생태계에서 생물의 먹이 관계가 사슬처럼 연결되어 있는 것입니다.
• 먹이 그물: 생태계에서 여러 개의 먹이 사슬이 얽혀 그물처럼 연결되어 있는 것입니다.

3 생태 피라미드에서 1차 소비자의 수가 갑자기 늘어났을 때 나타나는 일시적인 변화를 다음의 용어를 사용하여 서술하시오.

최종 소비자(매)

2차 소비자(개구리)

1차 소비자(메뚜기)

생산자(벼)

생산자, 1차 소비자, 2차 소비자, 최종 소비자

_____

_____

_____

생태 피라미드

• 생산자를 먹이로 하는 생물을 1차 소비자, 1차 소비자를 먹이로 하는 생물을 2차 소비자, 마지막 단계의 소비자를 최종 소비자라고 합니다.
• 생태계에서 생물들의 수는 먹이 단계가 올라갈수록 줄어듭니다.
• 먹이 단계별로 생물의 수를 쌓아 올리면 피라미드 모양을 이룹니다.

2
단원

4 햇빛과 물 조건을 다르게 하였을 때, 콩나물이 자라는 모습을 쓰시오.

햇빛○ 물○

햇빛○ 물×

햇빛× 물○

햇빛× 물×

햇빛과 물이 콩나물의 자람에 미치는 영향

• 햇빛이 잘 드는 곳에서 물을 준 콩나물이 가장 잘 자랍니다.
• 콩나물이 자라는 데 햇빛과 물이 영향을 줍니다.

실험 조건	콩나물이 자라는 모습
햇빛○, 물 ○	
햇빛○, 물 ×	
햇빛×, 물 ○	
햇빛 ×, 물 ×	

3. 날씨와 우리 생활

🌸 날씨와 우리 생활 만화 그리기

① 주사위 전개도 두 개를 뜯어낸 다음, 하나에는 날씨 요소, 다른 하나에는 생활 요소를 각각 여섯 개씩 씁니다.
→ 비, 눈, 맑음, 흐림, 추위, 더위, 바람 등

옷차림, 음식, 운동, 생활용품, 야외 활동, 이동 수단 등
② 주사위 전개도를 접어 주사위를 완성한 뒤, 주사위 두 개를 던져 날씨와 생활 요소를 각각 정합니다.

③ 주사위 두 개를 던져서 나온 날씨와 생활 요소를 주제로 네 칸 만화를 그립니다.

🌸 습도는 우리 생활에 어떤 영향을 미칠까요?

(1) 습도: 공기 중에 수증기가 포함된 정도입니다.

(2) 건습구 습도계로 습도 측정하기 실험 1

① 측정 방법
- 알코올 온도계 두 개 중 하나는 액체샘을 헝겊으로 감싼 뒤 고무줄로 묶습니다.
  헝겊은 액체샘 위로 2cm~3cm 정도 올라오도록 하여 물에 잠기지 않도록 합니다.
- 스탠드를 설치한 뒤 뷰렛 집게를 사용해 온도계 두 개를 설치합니다.
- 헝겊으로 감싼 온도계 아래에 물이 담긴 비커를 놓고 헝겊의 아랫부분이 물에 잠기도록 합니다.
- 10분이 지난 뒤 건구 온도계와 습구 온도계의 온도를 측정합니다.

② 측정 결과: 예 건구 온도 15 ℃, 습구 온도 13 ℃

(3) 습도표를 이용해 현재 습도 구하기 탐구 1

① 건구 온도에 해당하는 15 ℃를 세로줄에서 찾아 표시합니다.

② 건구 온도와 습구 온도의 차 (15 ℃ − 13 ℃ = 2 ℃)를 구해 가로줄에서 찾아 표시합니다.

③ ①과 ②가 만나는 지점이 현재 습도를 나타냅니다. 현재 습도는 80 %입니다.

(4) 습도가 우리 생활에 미치는 영향 탐구 2

① 높은 습도: 곰팡이가 잘 피게 합니다. 빨래를 잘 마르지 않게 합니다. 음식물이 쉽게 부패하게 합니다.

② 낮은 습도: 빨래를 잘 마르게 합니다. 피부를 건조하게 합니다. 쉽게 산불이 발생하게 합니다. 쉽게 감기와 같은 호흡기 질환이 생기게 합니다.

실험 1 건습구 습도계로 습도 측정하기

건구 온도계 / 습구 온도계

탐구 1 습도표 읽는 방법

(단위: %)

건구 온도 (℃)	건구 온도와 습구 온도의 차(℃)			
	0	1	2	3
14	100	90	79	70
15	100	90	80	71
16	100	90	81	71

탐구 2 습도가 우리 생활에 미치는 영향 예

▲ 습도가 높을 때: 음식물 부패

▲ 습도가 낮을 때: 산불 발생

우리 생활에서 습도를 조절하는 방법

① 습도를 높이는 방법
- 실내에 빨래를 넙니다.
- 가습기를 사용합니다.
- 식물이나 어항을 놓습니다.
- 물을 끓입니다.

② 습도를 낮추는 방법
- 옷장이나 신발장에 제습제를 넣습니다.
- 바람이 잘 통하도록 환기를 합니다.
- 집 안의 온도를 높입니다.

건습구 습도계의 원리

- 습구 온도계를 감싸고 있는 젖은 헝겊에 있는 물이 온도계 주위의 에너지를 흡수하여 수증기가 되기 때문에 습구 온도계의 온도가 낮아집니다.
- 습도가 낮을수록 젖은 헝겊이 더 빨리 마르기 때문에 습구 온도계의 온도가 더 낮아지는 것입니다.
- 증발이 잘 일어날수록 건구 온도계와 습구 온도계의 온도 차가 커지고 상대 습도는 낮아집니다.
- 습도가 높을수록 건구 온도계와 습구 온도계의 온도 차가 작고 상대 습도는 높아집니다.
- 건구 온도계와 습구 온도계의 온도 차가 없으면 증발이 일어나지 않을 정도로 공기 중에 수증기가 많은 것으로 상대 습도는 100%입니다.

용어풀이

- **전개도** 입체도형을 펼쳐서 평면에 나타낸 그림
- **액체샘** 알코올 온도계에 맨 아래쪽에 들어 있으며 온도가 높아질수록 위로 올라가는 액체
- **질환** 몸의 온갖 병
- **상대 습도** 공기가 습하고 건조한 정도를 백분율로 나타낸 것

개념을 확인해요

1 공기 중에 수증기가 포함된 정도를 ☐☐ 라고 합니다.

2 건습구 습도계로 ☐☐ 를 측정합니다.

3 알코올 온도계의 액체샘을 헝겊으로 감싼 뒤 온도계 아래에 물이 담긴 비커를 놓고 헝겊의 아랫부분이 물에 잠기도록 하는 것은 ☐☐ 온도계입니다.

4 습도표를 이용해 현재 습도를 구하기 위해서는 건구 온도와 습구 온도, 건구 온도와 습구 온도의 ☐ 를 알아야 합니다.

5 ☐☐ 습도는 쉽게 산불이 발생하게 합니다.

6 ☐☐ 습도는 음식물이 쉽게 부패하게 합니다.

7 실내에 빨래를 널면 습도를 ☐☐ 수 있습니다.

8 옷장이나 신발장에 제습제를 넣으면 습도를 ☐☐ 수 있습니다.

3. 날씨와 우리 생활

🌸 이슬과 안개는 어떻게 만들어질까요?
→ 이슬이나 안개는 주로 새벽이나 이른 아침에 볼 수 있고, 낮과 밤의 온도 차가 심하고 바람이 불지 않는 맑은 날에 잘 생깁니다.

(1) 이슬과 안개 발생 실험하기

① 준비물: 집기병 두 개, 비커 세 개, 물, 조각 얼음 여러 개, 마른 수건, 페트리 접시, 따뜻한 물, 향, 점화기, 반코팅 면장갑

② 이슬 발생 실험하기 **실험 1**

집기병 표면에서 나타나는 변화	• 조금 시간이 지난 뒤 작은 물방울이 맺힌다. • 얼음물이 담긴 높이까지만 작은 물방울이 고르게 맺혔다. • 집기병 표면에서 나타나는 변화와 비슷한 자연 현상: 이슬
집기병 표면에 변화가 나타나는 까닭	집기병 바깥에 있는 공기 중 수증기가 응결해 집기병 표면에서 물방울로 맺히기 때문이다.

③ 안개 발생 실험하기 **실험 2**

집기병 안에서 나타나는 변화	• 집기병 안이 뿌옇게 흐려진다. • 조각 얼음이 담긴 페트리 접시 근처부터 뿌옇게 흐려진다. • 집기병 안에서 나타나는 변화와 비슷한 자연 현상: 안개
집기병 안에서 변화가 나타나는 까닭	집기병 안 따뜻한 수증기가 조각 얼음 때문에 차가워져 응결하기 때문이다.
→ 조각 얼음에서 내려오는 차가운 공기 근처에서 수증기가 응결합니다.

(2) 응결

① 공기 중 수증기가 물방울로 변하는 현상입니다.

② 이슬과 안개
→ 이슬은 물체 표면에 물방울로 맺힙니다.
→ 안개는 지표면 근처에 물방울로 떠 있습니다.

이슬	안개

밤에 차가워진 나뭇가지나 풀잎 표면 등에 수증기가 응결해 물방울로 맺히는 것이다.	밤에 지표면 근처의 공기가 차가워지면 공기 중 수증기가 응결해 작은 물방울로 떠 있는 것이다.

실험 1 이슬 발생 실험하기

• 집기병에 차가운 물과 조각 얼음을 $\frac{2}{3}$ 정도 넣습니다.
• 집기병 표면을 마른 수건으로 닦은 뒤, 집기병 표면에서 나타나는 변화를 관찰합니다.

실험 2 안개 발생 실험하기

• 조각 얼음을 페트리 접시에 담습니다.
• 집기병에 따뜻한 물을 가득 넣어 집기병 안을 데운 뒤에 물을 버립니다.
• 향에 불을 붙이고 집기병에 향을 넣었다가 뺍니다.
• 조각 얼음이 담긴 페트리 접시를 집기병 위에 올려놓고, 집기병 안에서 나타나는 변화를 관찰합니다.
→ 따뜻한 물을 버린 직후 집기병 안은 수증기로 가득 차 있습니다.

개념을 **확인해요**

● 안개 발생 실험을 할 때 향 연기를 넣어 주는 까닭

- 집기병 안의 변화가 잘 나타나지 않을 때 향 연기를 조금 더 넣으면 쉽게 현상을 관찰할 수 있습니다.
- 수증기가 물방울이 될 때 중심이 되는 응결핵이 필요하기 때문입니다.

● 우리 생활에서 차가운 물체 표면에 수증기가 응결해 물방울로 맺히는 현상

- 목욕탕 거울이 뿌옇게 흐려집니다.
- 아이스크림이 든 포장지에 물방울이 맺힙니다.
- 추운 날, 실내로 들어왔을 때 차가운 안경알 표면이 뿌옇게 흐려집니다.
- 냉장고에서 꺼낸 음료수병의 표면에 물방울이 생깁니다.

▲ 뿌옇게 흐려진 안경알 표면

용어풀이

- ★ 집기병 기체를 모으는 유리로 된 병
- ★ 지표면 땅의 겉면
- ★ 응결핵 수증기가 물방울이 될 때 중심이 되는 작은 알갱이

1 집기병에 물과 조각 얼음을 넣고 집기병 표면을 관찰하면 집기병 표면에 작은 ☐☐ ☐이 맺힙니다.

2 집기병에 물과 조각 얼음을 넣으면 집기병 바깥에 있는 공기 중 수증기가 집기병 표면에서 ☐☐ 합니다.

3 집기병 안을 따뜻한 물로 데운 뒤에 집기병 안에 향을 넣었다 뺀 다음 조각 ☐☐이 담긴 페트리 접시를 집기병 위에 올려놓으면 집기병 안이 뿌옇게 흐려집니다.

4 안개 발생 실험을 할 때 집기병 안 따뜻한 수증기가 조각 얼음 때문에 차가워져 ☐☐ 합니다.

5 밤에 차가워진 나뭇가지나 풀잎 표면 등에 수증기가 응결해 물방울로 맺히는 것은 ☐ ☐입니다.

6 밤에 지표면 근처의 공기가 차가워지면 공기 중 수증기가 응결해 작은 물방울로 떠 있는 것은 ☐☐입니다.

3. 날씨와 우리 생활

🌸 **구름, 비, 눈은 어떻게 만들어질까요?**

(1) 구름 발생 실험하기 **실험 1**

① 실험 과정 ┌→ 액정 온도계는 현재 온도에 해당하는 곳이 초록색으로 나타납니다.
* 페트병에 액정 온도계를 넣은 뒤, 공기 주입 마개로 닫습니다.
* 공기 주입 마개를 눌러 페트병 안에 공기를 넣으면서 페트병 안 온도가 더 이상 변하지 않으면 페트병 안 온도를 측정합니다.
* 공기 주입 마개 뚜껑을 열어 페트병 안 온도와 변화를 측정합니다.

② 페트병 안에 공기를 넣은 뒤 온도와 공기 주입 마개 뚜껑을 연 뒤 온도 **예**

구분	공기를 넣은 뒤	공기 주입 마개 뚜껑을 연 뒤
온도	22.0℃	18.0℃

③ 공기 주입 마개 뚜껑을 열었을 때 페트병 안에서 나타나는 변화
* 페트병 안 온도가 낮아지고 뿌옇게 흐려집니다.
* 페트병 안 수증기가 응결합니다. →주전자 물을 끓일 때 주둥이에서 나오는 하얀 김은 수증기가 응결한 작은 물방울입니다.

④ 공기 주입 마개 뚜껑을 열었을 때 페트병 안이 뿌옇게 흐려지는 까닭: 페트병 안 공기가 밖으로 나가면서 부피가 커지고 온도가 낮아집니다. 이때 차가워진 공기 중 수증기가 응결해 물방울이 되기 때문입니다.

⑤ 페트병 안에서 나타나는 변화와 비슷한 자연 현상: 구름

(2) 구름이 만들어지는 과정과 비와 눈이 내리는 과정

구름이 만들어지는 과정 **탐구 1**	• 공기는 지표면에서 하늘로 올라가면서 부피가 점점 커지고 온도는 점점 낮아진다. • 이때 공기 중 수증기가 응결해 물방울이 되거나 얼음 알갱이 상태로 변해 하늘에 떠 있는 것이 구름이다.
비가 내리는 과정	• 구름 속 작은 물방울이 합쳐지면서 무거워져 떨어지는 것이다. • 크기가 커진 얼음 알갱이가 무거워져 떨어지면서 녹은 것이다.
눈이 내리는 과정	얼음 알갱이의 크기가 커지면서 무거워져 떨어질 때 녹지 않은 채로 떨어지는 것이다.

실험 1 구름 발생 실험

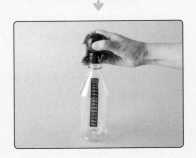

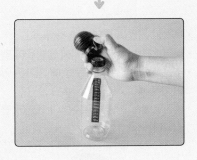

탐구 1 구름이 흰색으로 보이는 까닭

* 구름 속의 작은 물방울 알갱이들이 모든 색깔의 빛을 산란시키므로 구름이 흰색으로 보입니다.
* 날이 흐린 날 두껍게 생기는 구름이 흰색이 아닌 까닭은 빛이 땅까지 잘 통과할 수 없기 때문입니다.

이슬, 안개, 구름의 차이점

구분	만들어지는 과정	만들어지는 위치
이슬	밤에 차가워진 나뭇가지나 풀잎 등에 공기 중 수증기가 응결한다.	물체 표면에 맺힌다.
안개	밤에 지표면 근처의 공기가 차가워지면 공기 중 수증기가 응결한다.	지표면 근처에 떠 있다.
구름	공기가 위로 올라가 차가워지면 공기 중 수증기가 응결하거나 얼음 알갱이로 변한다.	높은 하늘에 떠 있다.

구름 분류하기

▲ 적란운

- 현재 사용되는 구름을 분류하는 기준은 1956년 세계 기상 기구가 정한 것입니다.
- 구름은 기본적으로 크게 열 개의 종류(권운, 권적운, 권층운, 고적운, 고층운, 난층운, 적운, 층적운, 층운, 적란운)로 나뉩니다.

용어풀이

- **액정** 액체와 고체의 중간 상태
- **주입** 흘러가도록 부어 넣음.
- **응결** 수증기가 물방울로 맺히는 현상

개념을 확인해요

1 구름 발생 실험을 할 때는 ☐☐☐, 액정 온도계, 공기 주입 마개 등이 필요합니다.

2 공기 주입 마개를 여러 번 누르면 페트병 안 온도가 ☐아집니다.

3 공기 주입 마개 뚜껑을 열면 페트병 안 온도가 ☐아집니다.

4 공기 주입 마개 뚜껑을 열면 페트병 안 수증기가 ☐☐합니다.

5 공기 주입 마개로 페트병 안에 공기를 넣었다가 공기 주입 마개 뚜껑을 열었을 때 페트병 안에서 나타나는 현상은 ☐☐이 만들어지는 현상과 비슷합니다.

6 공기 중 수증기가 응결해 물방울이 되거나 얼음 알갱이 상태로 변해 하늘에 떠 있는 것을 ☐☐이라고 합니다.

7 구름 속 작은 물방울이 합쳐지면서 무거워져 떨어지는 것을 ☐라고 합니다.

8 구름 속 작은 물방울이 합쳐져 얼음 알갱이의 크기가 커지면서 무거워져 떨어질 때 녹지 않은 채로 떨어지는 것은 ☐입니다.

3. 날씨와 우리 생활

고기압과 저기압은 무엇일까요?

(1) 공기의 온도에 따른 공기의 무게 비교하기

① 차가운 공기를 넣은 플라스틱 통과 따뜻한 공기를 넣은 플라스틱 통의 무게 측정하기

▲ 플라스틱 통을 세우고, 머리말리개로 차가운 공기를 약 20초 동안 넣은 뒤 뚜껑을 닫습니다.

▲ 플라스틱 통의 무게를 전자저울로 측정합니다.

▲ 플라스틱 통을 뒤집고, 머리말리개로 따뜻한 공기를 약 20초 동안 넣은 뒤, 통을 뒤집은 채로 뚜껑을 닫습니다. └─• 따뜻한 공기는 위로 올라가기 때문에 플라스틱 통을 뒤집은 채로 공기를 넣어야 합니다.

▲ 플라스틱 통의 무게를 전자저울로 측정합니다.

② 공기의 무게: 차가운 공기가 따뜻한 공기보다 무겁습니다.

③ 일정한 부피에서 차가운 공기가 따뜻한 공기보다 무거운 까닭: 차가운 공기는 따뜻한 공기보다 일정한 부피에 공기 알갱이가 더 많기 때문입니다.

(2) 기압 탐구 1

① 공기는 무게가 있고, 공기의 무게로 생기는 누르는 힘입니다.

② 고기압과 저기압 탐구 2

고기압	상대적으로 공기가 무거운 것이다.
저기압	상대적으로 공기가 가벼운 것이다.

③ 바람 탐구 3 →두 곳의 기압 차가 클수록 더 큰 힘이 작용하여 바람이 더 강해집니다.

• 어느 두 지점 사이에 기압 차가 생기면 공기는 고기압에서 저기압으로 이동합니다.

• 기압 차로 공기가 이동하는 것을 바람이라고 합니다.

탐구 1 **기압의 변화**

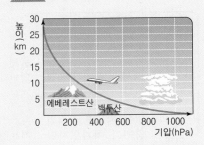

▲ 높이에 따른 기압

• 공기는 항상 움직이고 있으므로 기압은 측정한 장소와 시각에 따라 변합니다.

• 높이 올라갈수록 공기의 양이 적어지기 때문에 기압은 낮아집니다.

탐구 2 **고기압과 저기압의 무게 비교**

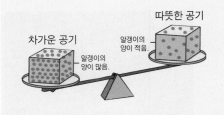

탐구 3 **기압 차에 의한 공기의 이동**

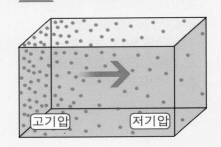

개념을 확인해요

😊 공기의 무게

- 기온이 0 ℃이고 1기압일 때 공기 1 L의 질량은 약 1.3 g입니다.
- 공기도 무게를 가지고 있다는 것을 처음으로 발견한 사람은 갈릴레이로, 압축 펌프를 사용하여 유리병 안에 공기를 압축하고 수평 저울을 사용하여 측정하였습니다.

😊 저기압과 고기압일 때 공기의 이동

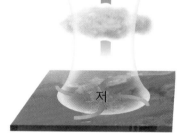

▲ 저기압일 때: 수증기를 포함한 공기가 위로 올라가다가 공기의 온도가 낮아지면서 수증기가 응결하여 구름이 만들어지기 때문에 날씨가 흐리거나 비나 눈이 내리기도 합니다.

▲ 고기압일 때: 위에 있던 공기가 내려오면서 맑은 날씨가 나타납니다.

😊 용 어 풀 이

- ✦부피 물체나 물질이 공간에서 차지하는 크기
- ✦갈릴레이 이탈리아의 물리학자 · 천문학자 · 수학자 · 철학자로 지동설을 주장함.

1 차가운 공기를 넣은 플라스틱 통과 따뜻한 공기를 넣은 플라스틱 통의 무게를 측정하면 ☐ ☐ ☐ 공기를 넣은 플라스틱 통이 ☐ ☐ ☐ 공기를 넣은 플라스틱 통보다 더 무겁습니다.

2 ☐ ☐ ☐ 공기는 ☐ ☐ ☐ 공기보다 일정한 부피에 공기 알갱이가 더 많습니다.

3 공기의 무게로 생기는 누르는 힘을 ☐ ☐ 이라고 합니다.

4 차가운 공기와 따뜻한 공기 중 ☐ ☐ ☐ 공기의 기압이 더 높습니다.

5 상대적으로 공기가 무거운 것을 ☐ ☐ ☐ 이라고 합니다.

6 상대적으로 공기가 가벼운 것을 ☐ ☐ ☐ 이라고 합니다.

7 공기는 ☐ ☐ ☐ 에서 ☐ ☐ ☐ 으로 이동합니다.

8 기압 차로 공기가 이동하는 것을 ☐ ☐ 이라고 합니다.

3. 날씨와 우리 생활

🌸 **지면과 수면의 온도는 하루 동안 어떻게 변할까요?**

(1) 모래와 물의 온도 변화 측정하기

① 투명한 사각 플라스틱 그릇 두 개에 모래와 물을 각각 $\frac{3}{4}$씩 담고, 두 그릇을 나란히 붙여 놓은 후 두 그릇 뒤에 일정한 거리를 두고 전등을 각각 설치합니다.

② 스탠드 두 개를 두 그릇 옆에 각각 놓고 알코올 온도계의 액체샘이 모래와 물에 1 cm 깊이로 꽂히도록 스탠드에 알코올 온도계를 각각 설치합니다.

③ 전등을 켜고 2분 간격으로 10분 동안 모래와 물의 온도 변화를 측정합니다. 실험 1

④ 전등을 끄고 2분 간격으로 10분 동안 모래와 물의 온도 변화를 측정합니다. 실험 2

→ 태양을 나타냅니다.

(2) **전등을 켰을 때와 껐을 때 모래와 물의 온도 변화** 탐구 1

① 전등을 켰을 때 모래는 빨리 데워지고, 물은 천천히 데워집니다.
→ 육지를 나타냅니다. → 바다를 나타냅니다.

② 전등을 껐을 때 모래는 빨리 식고, 물은 천천히 식습니다.

③ 모래는 물보다 온도 변화가 큽니다.

(3) 지면과 수면의 하루 동안 온도 변화

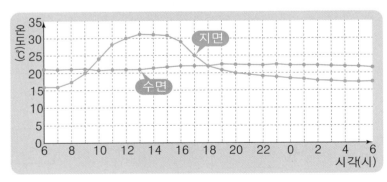

① 낮: 지면이 수면보다 빠르게 데워지기 때문에 지면의 온도가 수면의 온도보다 높습니다. → 낮에는 모래가 바닷물보다 더 따뜻하고, 바닷물은 차갑습니다.

② 밤: 지면이 수면보다 빠르게 식기 때문에 지면의 온도가 수면의 온도보다 낮습니다. → 밤에는 모래가 바닷물보다 더 차갑고, 바닷물이 모래보다 따뜻합니다.

③ 하루 중 지면 위 공기의 온도가 수면 위 공기의 온도보다 높을 때: 9시 무렵부터 18시 무렵까지 일 것입니다. 지면과 수면 위 공기의 온도는 지면과 수면 온도에 영향을 받아 점차 변할 것이기 때문입니다.

실험 1 **전등을 켰을 때 모래와 물의 온도 변화 측정하기**

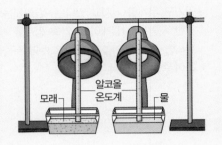

모래   알코올 온도계   물

실험 2 **전등을 껐을 때 모래와 물의 온도 변화 측정하기**

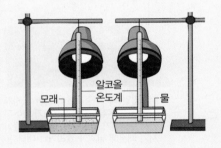

모래   알코올 온도계   물

탐구 1 **모래와 물의 온도 변화 ⑲**

시간(분) 물질	모래 (℃)	물 (℃)
0	15.0	15.0
2	18.0	16.3
4	21.1	17.4
6	24.9	18.4
8	28.0	19.6
10	31.0	20.9
12	31.0	20.9
14	30.2	20.8
16	29.1	20.5
18	28.0	20.3
20	27.0	20.1

(전등을 켬. / 전등을 끔.)

실외에서 하는 물과 모래의 온도 변화 실험

- 햇빛이 잘 비치는 곳에 스탠드와 뷰렛 집게를 사용하여 알코올 온도계를 설치합니다.
- 비커 두 개에 같은 양의 모래와 물을 각각 담습니다.
- 알코올 온도계의 액체샘을 모래와 물의 표면 아래 1 cm 깊이까지 꽂습니다.
- 일정한 시간 간격으로 모래와 물의 온도를 측정해 봅니다.
- 실험 결과: 모래는 물에 비해 빨리 데워지고 빨리 식습니다.

모래와 물의 온도 변화를 꺾은선그래프로 나타내는 까닭

- 꺾은선그래프는 연속적인 변화를 표현하기에 적합하기 때문입니다.
- 모래와 물의 온도 변화를 알아보는 실험에서는 계속 온도를 잰 것이 아니라 2분 간격으로 20분 동안 측정하였으므로, 2분과 2분 사이에 어느 정도 변화가 있었는지 그래프의 꺾은선으로 쉽게 짐작할 수 있기 때문에 막대그래프나 원그래프가 아닌 꺾은선그래프를 사용하였습니다.

| ☀지면 | 땅의 표면 |
| ☀수면 | 물의 겉면 |

3 단원

1 전등을 켰을 때 □□ 가 □ 보다 빨리 데워집니다.

2 전등을 껐을 때 □□ 는 빨리 식고, □ 은 천천히 식습니다.

3 모래와 물 중 □□ 의 온도 변화가 더 큽니다.

4 모래와 물의 온도 변화 실험을 『과학』 58쪽 그림과 비교할 때 모래는 □□ , 물은 □□ 를 나타냅니다.

5 모래와 물의 온도 변화 실험을 할 때, 전등은 실제로 □□ 을 나타냅니다.

6 지면과 수면은 하루 동안 온도 변화가 □ □□ 나타납니다.

7 지면과 수면의 온도를 비교하면 낮에는 □ □ 의 온도가 □□ 의 온도보다 높습니다.

8 밤에는 지면의 온도가 수면의 온도보다 □ 습니다.

3. 날씨와 우리 생활

바람은 바닷가에서 낮과 밤에 어떻게 불까요?

(1) 바람이 부는 방향 관찰하기

① 투명한 사각 플라스틱 그릇 두 개에 모래와 물을 각각 $\frac{3}{4}$씩 담고, 두 그릇을 나란히 붙여 놓은 다음 두 그릇 뒤에 일정한 거리를 두고 전등을 각각 설치합니다.

② 스탠드 두 개를 두 그릇 옆에 각각 놓고 알코올 온도계의 액체 샘이 모래와 물에 1 cm 깊이로 꽂히도록 스탠드에 알코올 온도계를 각각 설치한 뒤, 모래와 물의 온도를 측정합니다.

③ 전등을 켜서 모래와 물을 5~6분 동안 가열하고, 가열한 모래와 물의 온도를 측정합니다.

④ 가열한 모래와 물이 담긴 그릇을 투명한 상자로 덮습니다.

⑤ 향에 불을 붙이고 투명한 상자 옆면 구멍으로 투명한 상자의 위쪽 중앙까지 향을 넣습니다.

⑥ 약 30초 동안 향 연기의 움직임을 관찰한 뒤 향을 빼냅니다.

(2) 모래와 물을 가열하기 전과 가열한 후의 온도 측정하기 예

구분	모래	물
가열하기 전의 온도(℃)	13.0	13.0
가열한 후의 온도(℃)	24.0	16.0

(3) 투명한 상자 속 향 연기의 움직임 실험 1

① 향 연기의 움직임은 투명한 상자 속 공기의 움직임입니다.

② 물은 모래보다 천천히 데워져 온도가 더 낮습니다.

③ 물 위 공기는 고기압이고, 모래 위 공기는 저기압이므로 향 연기가 물 쪽에서 모래 쪽으로 이동합니다. → 향 연기가 수평으로 이동하는 것은 바람이라고 할 수 있습니다.

└▶ 바람이 불어오는 방향입니다.

(4) 바닷가에서 낮과 밤에 부는 바람의 방향 탐구 1

낮	• 낮에 부는 바람: 바다 → 육지(해풍) • 낮에는 육지가 바다보다 온도가 높으므로 육지 위는 저기압, 바다 위는 고기압이 된다.
밤	• 밤에 부는 바람: 육지 → 바다(육풍) • 밤에는 바다가 육지보다 온도가 높으므로 바다 위는 저기압, 육지 위는 고기압이 된다.

실험 1 투명한 상자 속 향 연기의 움직임

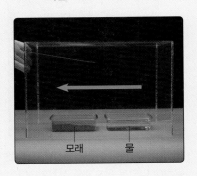

모래   물

탐구 1 낮과 밤에 바닷가에서 부는 바람의 방향

▲ 낮에 부는 바람: 바다 → 육지(해풍)

▲ 밤에 부는 바람: 육지 → 바다(육풍)

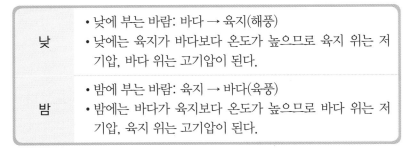

바람이 부는 원리

- 지표면 부근에서 기압 차가 생기면 기압이 높은 곳에서 낮은 곳으로 바람이 불게 됩니다.
- 지표면이 상대적으로 가열되거나 냉각되면 기압 차에 의하여 바람이 불게 됩니다. 바람은 공기의 움직임, 공기의 흐름입니다.
- 바람은 기압이 높은 고기압에서 기압이 낮은 저기압으로 붑니다.

해풍과 육풍의 세기

- 낮에는 육지가 바다보다 온도가 높으므로 날씨가 좋은 날은 지표면 근처의 공기의 온도가 바다 위 공기의 온도보다 약 5~10 ℃ 정도 더 높기도 합니다. 이와 같은 큰 온도 차는 공기의 흐름을 크게 만들어 센 바람이 부는 원인이 됩니다.
- 밤에는 육지와 바다의 온도 차가 크지 않기 때문에 밤에 부는 육풍은 해풍에 비해 바람의 세기가 약합니다.

- ☀ **고기압** 상대적으로 공기가 무거운 것
- ☀ **저기압** 상대적으로 공기가 가벼운 것
- ☀ **냉각** 식혀서 차게 만드는 것

개념을 확인해요

3 단원

1 모래와 물을 가열하였을 때 ☐☐ 의 온도가 더 높습니다.

2 가열한 모래와 물이 담긴 그릇을 투명한 상자로 덮고 향 연기의 움직임을 관찰하면 향 연기가 ☐ 쪽에서 ☐☐ 쪽으로 움직입니다.

3 위 **2**번에서 투명한 상자 속 물 위는 ☐☐☐ 이고, 모래 위는 ☐☐☐ 입니다.

4 향 연기의 움직임은 투명한 상자 속 ☐ 의 움직임입니다.

5 향 연기가 수평 방향으로 이동하는 것은 ☐ 이라고 할 수 있습니다.

6 바닷가에서 낮에는 육지 위와 바다 위 중 ☐ 위가 고기압입니다.

7 바닷가에서 밤에는 육지 위와 바다 위 중 ☐ 위가 고기압입니다.

8 바닷가에서 낮에 부는 바람을 ☐☐ , 밤에 부는 바람을 ☐☐ 이라고 합니다.

3. 날씨와 우리 생활

❀ 우리나라의 계절별 날씨는 어떠할까요? 탐구 1 　탐구 2 　탐구 3

구분	계절별 날씨
봄, 가을	남서쪽의 대륙에서 **따뜻하고 건조한** 공기 덩어리가 이동해 오므로 따뜻하고 건조하다.
여름	남동쪽의 바다에서 **따뜻하고 습한** 공기 덩어리가 이동해 오므로 덥고 습하다.
겨울	북서쪽의 대륙에서 **차갑고 건조한** 공기 덩어리가 이동해 오므로 춥고 건조하다.

❀ 날씨는 우리 생활에 어떤 영향을 미칠까요? 탐구 4

우리 생활	• 맑고 따뜻한 날은 간편한 옷차림을 하고 야외 활동을 주로 한다. • 춥고 눈이 내리는 날은 두꺼운 옷을 입고 실내 활동을 주로 한다. • 황사나 미세 먼지가 많은 날은 외출 등의 야외 활동을 자제하고 외출할 때에는 마스크를 착용한다.
┌건강 춥고 건조한 날이 지속되면 감기에 걸리기 쉽습니다.	• 꽃가루나 황사가 많은 봄에는 비염에 걸리기 쉽다. • 덥고 습한 날에 장시간 야외 활동을 할 경우 열사병이나 탈진이 올 수 있다.
┌직업 버스 운전 기사는 비나 눈이 내리면 천천히 달리고, 앞차와의 안전 거리도 확보해 안전 운전을 합니다.	• 농부는 비가 많이 오면 도랑을 내어 빗물이 잘 빠질 수 있도록 한다. • 어부는 태풍이 불거나 파도가 높은 날에는 물고기를 잡으러 바다에 나갈 수 없다.

❀ 날씨와 관련된 생활용품 설계하기

(1) 우리가 사용하는 날씨 용품의 불편한 점과 개선하는 방법 예
　① 비옷의 길이를 줄여 움직이기 편하게 만듭니다.
　② 우산 손잡이를 'ㄱ'자 모양으로 만들면 벽면이나 모서리에 기대어 세워 둘 수 있습니다.

(2) 날씨 용품 설계도 그리기: 날씨 용품의 모양 그리기 → 날씨 용품의 크기 정하기 → 날씨 용품을 만드는 데 필요한 준비물 정하기 → 날씨 용품의 특징을 설명하고 이름 붙이기 → 설계한 날씨 용품을 친구들에게 소개하기

탐구 1 우리나라의 계절별 날씨에 영향을 미치는 공기 덩어리

탐구 2 공기 덩어리의 성질과 관련하여 우리나라가 여름은 덥고 습하며, 겨울은 춥고 건조한 까닭

• 여름: 남동쪽 바다에서 이동해 오는 따뜻하고 습한 공기 덩어리의 영향을 받기 때문입니다.
• 겨울: 북서쪽 대륙에서 이동해 오는 차갑고 건조한 공기 덩어리의 영향을 받기 때문입니다.

탐구 3 우리나라의 봄, 여름, 가을, 겨울 날씨의 다른 점

• 봄: 따뜻하고 건조하며 바람이 많이 붑니다.
• 여름: 덥고 습하며 비가 많이 내립니다.
• 가을: 맑고 건조하며 여름보다 선선합니다.
• 겨울: 춥고 건조하며 눈이 내립니다.

탐구 4 다양한 날씨 지수

① 자외선 지수: 하루 중 태양이 가장 높이 떠 있을 때 지표면에 도달하는 자외선량을 지수로 나타낸 것입니다.
② 감기 가능 지수: 기상 조건에 따른 감기 발생 가능 정도를 지수로 나타낸 것입니다. ↳최저 기온, 일교차, 현지 기압, 상대 습도
③ 피부 질환 지수: 기상 조건에 따른 피부 질환 발생 가능 정도를 지수로 나타낸 것입니다. ↳최고 기온, 상대 습도
↳피부 건조증, 무좀, 두드러기

계절풍

- 남동 계절풍(여름): 여름에는 육지가 바다보다 빨리 가열되어 육지에 저기압, 바다에 고기압이 위치합니다. 따라서 바람은 바다(남동쪽)에서 육지로 붑니다.
- 북서 계절풍(겨울): 겨울에는 육지가 바다보다 빨리 냉각되어 육지에 고기압, 바다에 저기압이 위치합니다. 따라서 바람은 육지(북서쪽)에서 바다로 붑니다.

따뜻하고 습한
공기 덩어리

▲ 남동 계절풍(여름)

차갑고 건조한
공기 덩어리

▲ 북서 계절풍(겨울)

용 어 풀 이

- ✦ 건조 비오는 양이 자연으로 증발하는 양보다 적은 것
- ✦ 자외선 너무 많이 쐬면 피부암이나 백내장 같은 병에 걸릴 수 있음.
- ✦ 계절풍 계절에 따라 주기적으로 일정한 방향으로 부는 바람

1 봄과 가을에는 ☐☐ 쪽의 대륙에서 따뜻하고 건조한 공기 덩어리가 이동해 옵니다.

2 ☐☐ 에는 남동쪽 바다에서 따뜻하고 습한 공기 덩어리가 이동해 옵니다.

3 ☐☐ 에는 북서쪽의 대륙에서 차갑고 건조한 공기 덩어리가 이동해 옵니다.

4 우리나라의 ☐☐ 날씨는 남동쪽에서 이동해 오는 공기 덩어리 영향으로 덥고 습합니다.

5 우리나라의 ☐☐ 날씨는 북서쪽에서 이동해 오는 공기 덩어리 영향으로 춥고 건조합니다.

6 ☐☐ 는 태풍이 불거나 파도가 높은 날에는 물고기를 잡으러 바다에 나갈 수 없습니다.

7 기상청에서는 우리가 다양한 날씨에 대처하도록 여러 가지 날씨 ☐☐ 를 제공합니다.

8 하루 중 태양이 가장 높이 떠 있을 때 지표면에 도달하는 자외선량을 지수로 나타낸 것은 ☐ ☐☐ 지수입니다.

핵심 1

공기 중에 수증기가 포함된 정도를 습도라고 합니다. 습도는 건습구 습도계를 이용해 측정합니다.

1 건습구 습도계로 습도를 측정하는 모습입니다. 건습구 온도계에서 건구 온도계와 습구 온도계가 어느 것인지 기호를 쓰시오.

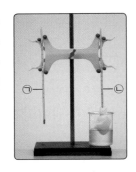

(1) 건구 온도계: (   )

(2) 습구 온도계: (   )

2 현재 습도를 구하기 위해 필요한 것으로 바르지 않은 것을 골라 기호를 쓰고, 바르게 고치시오.

> ㉠ 건구 온도
> ㉡ 습구 온도
> ㉢ 건구 온도와 습구 온도의 합

(1) 바르지 않은 것: (   )

(2) 바르게 고치기: _____

3 건구 온도가 15 ℃, 습구 온도가 13 ℃일 때, 현재 습도는 얼마인지 쓰시오.

(단위: %)

건구 온도 (℃)	건구 온도와 습구 온도의 차(℃)			
	0	1	2	3
14	100	90	79	70
15	100	90	80	71
16	100	90	81	71

(   )

핵심 2

이슬은 밤에 차가워진 나뭇가지나 풀잎 표면 등에 수증기가 응결해 물방울로 맺히는 것이고, 안개는 밤에 지표면 근처의 공기가 차가워지면 공기 중 수증기가 응결해 작은 물방울로 떠 있는 것입니다.

[4~5] 오른쪽과 같이 집기병에 물과 조각 얼음을 $\frac{2}{3}$ 정도 넣고 집기병 표면을 관찰하였습니다.

4 위 실험에서 집기병 표면에서 나타나는 변화를 쓰시오.

_____

5 위 실험에서 나타나는 변화와 비슷한 자연 현상은 무엇입니까? (   )

① 눈   ② 비

③ 이슬   ④ 구름

⑤ 안개

6 집기병 안을 따뜻한 물로 데운 뒤 조각 얼음이 담긴 페트리 접시를 올려놓았을 때 집기병 안에서 나타나는 변화와 비슷한 자연 현상은 무엇인지 쓰시오.

(   )

3
단원

핵심 3

공기 중 수증기가 응결해 물방울이 되거나 얼음 알갱이 상태로 변해 하늘에 떠 있는 것을 구름이라고 합니다.

[7~10] 다음 실험 과정을 보고 물음에 답하시오.

┌─────────────────────────────────────┐
│ ㉠ 페트병에 액정 온도계를 │
│   넣은 뒤, 공기 주입 마개 │
│   로 닫는다. │
│ ㉡ 공기 주입 마개를 눌러 │
│   페트병 안에 공기를 넣는 │
│   다. │
│ ㉢ 페트병 안 온도가 더 이상 변하지 않으면 페트 │
│   병 안 온도를 측정한다. │
│ ㉣ 공기 주입 마개 뚜껑을 열어 페트병 안 온도를 │
│   측정한다. │
└─────────────────────────────────────┘

7 위 실험 과정에서 ㉢과 ㉣ 중 페트병 안 온도가 더 높은 것은 어느 것인지 기호를 쓰시오.

( )

8 ㉣ 과정에서 공기 주입 마개 뚜껑을 열었을 때 현상을 모두 고르시오. (,)

① 페트병 안에 물이 생긴다
② 페트병 안 온도가 높아진다.
③ 페트병 안 온도가 낮아진다.
④ 페트병 안이 뿌옇게 흐려진다.
⑤ 페트병 표면에 물방울이 맺힌다.

9 공기 주입 마개 뚜껑을 열었을 때, 페트병 안 공기가 밖으로 나가 차가워진 수증기가 물방울이 되는 것은 어떤 현상 때문인지 쓰시오.

( )

10 위 실험 결과 공기 주입 마개 뚜껑을 열었을 때 볼 수 있는 현상과 비슷한 자연 현상을 쓰시오.

( )

핵심 4

공기는 무게가 있습니다. 상대적으로 공기가 무거운 것은 고기압이고, 공기가 가벼운 것은 저기압입니다.

11 공기의 온도에 따른 공기의 무게를 재기 위해 머리 말리개를 이용해 플라스틱 통에 공기를 넣는 모습입니다. 차가운 공기를 넣는 방법은 '차가운', 따뜻한 공기를 넣는 방법은 '따뜻한'이라고 쓰시오.

(1)　　　　　　　　(2)

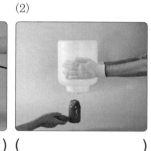

( ) ( )

12 차가운 공기를 넣은 플라스틱 통과 따뜻한 공기를 넣은 플라스틱 통의 무게를 비교하였을 때, 어느 것을 넣은 플라스틱 통의 무게가 더 무거운지 쓰시오.

( )

13 ( ) 안의 알맞은 말에 ○표 하시오.

┌─────────────────────────────────────┐
│ (차가운 공기 , 따뜻한 공기)는 (차가운 │
│ 공기 , 따뜻한 공기)보다 일정한 부피에 공 │
│ 기 알갱이가 더 많아 무겁고 기압이 더 높다. │
└─────────────────────────────────────┘

14 다음을 읽고 알맞은 말을 **보 기** 에서 골라 쓰시오.

┌─ **보 기** ──────────────────────┐
│ 고기압, 저기압 │
└─────────────────────────────────────┘

(1) 상대적으로 공기가 무거운 것:

( )

(2) 상대적으로 공기가 가벼운 것:

( )

핵심 5

낮에는 지면이 수면보다 빠르게 데워지기 때문에 지면의 온도가 수면의 온도보다 높습니다. 밤에는 지면이 수면보다 빠르게 식기 때문에 지면의 온도가 수면의 온도보다 낮습니다.

[15~17] 모래와 물의 온도 변화를 측정하는 실험입니다.

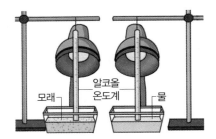

15 위 실험을 할 때 전등이 나타내는 것은 실제로 무엇인지 쓰시오.

(   )

16 모래와 물의 온도 변화를 측정하고 그래프로 나타낸 것입니다. ㉠과 ㉡의 온도 변화가 나타내는 것은 무엇인지 쓰시오.

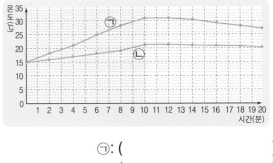

㉠: (   )
㉡: (   )

17 위 16번 그래프를 보았을 때, 온도 변화가 더 큰 것은 어느 것인지 기호를 쓰시오.

(   )

핵심 6

바닷가에서 낮에는 바다에서 육지로 해풍이 불고, 밤에는 육지에서 바다로 육풍이 붑니다.

18 모래와 물을 가열하고 향을 넣었을 때, 향 연기가 움직이는 방향을 기호로 쓰시오.

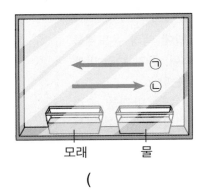

(   )

19 (   ) 안에 알맞은 말을 보기에서 골라 쓰시오.

보기

고기압, 저기압

바닷가에서 낮에는 육지가 바다보다 온도가 높으므로 육지 위는 (   ), 바다 위는 (   )이 된다.

20 바닷가에서 낮에 부는 바람의 방향에 대해 쓰시오.

_____

21 밤에 부는 바람의 방향을 기호로 쓰시오.

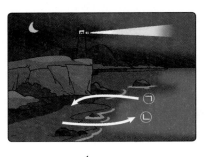

(   )

핵심 7

여름에는 남동쪽의 바다에서 이동해 오는 공기 덩어리 영향으로 덥고 습하며, 겨울에는 북서쪽의 대륙에서 이동해 오는 공기 덩어리 영향으로 춥고 건조합니다.

[22~24] 다음은 우리나라의 계절별 날씨에 영향을 미치는 공기 덩어리입니다.

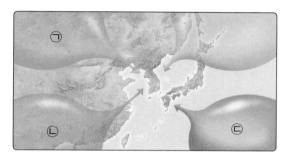

22 따뜻하고 건조한 공기 덩어리가 이동해 오는 곳은 어디인지 기호를 쓰시오.

( )

23 차갑고 건조한 공기 덩어리가 이동해 오는 곳은 어디인지 기호를 쓰시오.

( )

24 공기 덩어리 ©에 대한 설명으로 바른 것은 어느 것입니까? ( )

① 차갑고 습한 공기 덩어리
② 차갑고 건조한 공기 덩어리
③ 따뜻하고 습한 공기 덩어리
④ 따뜻하고 건조한 공기 덩어리
⑤ 차갑고 습한 공기와 따뜻하고 습한 공기의 충돌

25 ( ) 안에 공통으로 들어갈 말을 쓰시오.

> 대륙이나 바다와 같이 넓은 곳을 덮고 있는 ( )가 한 지역에 오랫동안 머물게 되면 ( )는 그 지역의 온도나 습도와 비슷한 성질을 갖게 된다.

( )

핵심 8

날씨가 맑고 따뜻하면 야외 활동을 즐길 수 있고, 날씨가 춥고 건조하면 감기에 걸리지 않도록 주의합니다. 날씨에 따라 우리 생활 모습은 달라집니다.

26 춥고 눈이 내리는 날의 옷차림으로 알맞은 것은 무엇입니까? ( )

① 우산
② 비옷
③ 장화
④ 두꺼운 옷
⑤ 마스크

27 날씨에 따른 우리 생활의 모습으로 바른 것은 무엇입니까? ( )

① 비 내리는 날 나들이를 간다.
② 덥고 습한 날 심한 운동을 한다.
③ 햇빛이 강한 날에는 모자를 쓴다.
④ 습도가 높은 날에 이불 빨래를 한다.
⑤ 황사가 있는 날은 야외 활동을 한다.

28 날씨에 따른 직업 활동으로 알맞지 않은 것은 무엇입니까? ( )

① 농부: 비가 많이 오면 도랑을 낸다.
② 상인: 더워지면 아이스크림 진열을 늘린다.
③ 의사: 계절이 바뀔 때 감기 걸린 환자가 많아진다.
④ 버스 운전 기사: 눈이 많이 내리면 천천히 달린다.
⑤ 어부: 태풍이 불면 고기를 잡으러 바다에 나간다.

29 다음과 같은 학교 활동은 어떤 날에 하는 것이 좋습니까? ( )

> 수련회, 수학여행, 현장 체험 학습, 운동회

① 매우 더운 날
② 맑고 따뜻한 날
③ 춥고 바람이 부는 날
④ 비가 많이 내리는 날
⑤ 황사나 미세 먼지가 많은 날

1 공기 중에 수증기가 포함된 정도를 무엇이라고 합니까? (   )

① 온도   ② 습도
③ 바람   ④ 구름
⑤ 안개

2 다음 실험 기구의 이름은 무엇인지 쓰시오.

(   )

3 음식물이 쉽게 부패하는 데 영향을 미치는 것은 어느 것인지 기호를 쓰시오.

> ㉠ 높은 습도
> ㉡ 낮은 습도

(   )

4 다음과 같은 자연 현상은 무엇인지 쓰시오.

(   )

5 다음 실험 중 집기병 안이 뿌옇게 흐려지는 변화를 볼 수 있는 경우는 언제인지 기호를 쓰시오.

> ㉠ 집기병에 물과 조각 얼음을 넣는다.
> ㉡ 집기병 안을 따뜻한 물로 데운 뒤에 향 연기를 넣었다가 뺀 다음 조각 얼음이 담긴 페트리 접시를 집기병 위에 올려놓는다.

(   )

6 다음에서 설명하는 자연 현상은 무엇인지 쓰시오.

> 밤에 지표면 근처의 공기가 차가워지면 공기 중 수증기가 응결해 작은 물방울로 떠 있는 것이다.

(   )

🔖주의

7 공기 주입 마개를 눌러 페트병 안의 온도가 더 이상 변하지 않을 때까지 공기를 넣었다가 공기 주입 마개 뚜껑을 열었을 때 페트병 안의 온도 변화를 바르게 골라 기호를 쓰시오.

> ㉠ 아무 변화가 없다.
> ㉡ 온도가 높아지다가 낮아진다.
> ㉢ 온도가 낮아지다가 높아진다.

(   )

8 페트병 안에 공기를 넣은 뒤 공기 주입 마개 뚜껑을 열면 페트병 안이 뿌옇게 흐려지고 차가워진 공기 중 수증기가 응결해 물방울이 됩니다. 이 현상과 비슷한 자연 현상은 무엇입니까? (   )

① 비   ② 눈
③ 구름   ④ 번개
⑤ 바람

9 (   ) 안에 알맞은 말을 쓰시오.

> (   )는 구름 속 작은 물방울이 합쳐지면서 무거워져 떨어지거나, 크기가 커진 얼음 알갱이가 무거워져 떨어지면서 녹은 것이다.

(   )

10 플라스틱 통에 머리말리개를 이용해 차가운 공기와 따뜻한 공기를 각각 넣고 무게를 비교하였을 때, 무게가 더 무거운 것은 어느 것인지 기호를 쓰시오.

> ㉠ 차가운 공기를 넣었을 때
> ㉡ 따뜻한 공기를 넣었을 때

(   )

11 다음을 읽고, 알맞은 말을 보기에서 골라 쓰시오.

> **보기**
>
> 고기압, 저기압

(1) 상대적으로 공기가 무거운 것입니다.
(   )
(2) 상대적으로 공기가 가벼운 것입니다.
(   )

[12~13] 모래와 물을 일정 시간 동안 가열하여 온도 변화를 측정합니다.

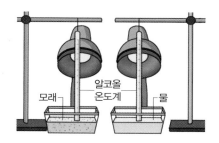

12 위 실험 결과 모래와 물 중 온도 변화가 큰 것은 어느 것인지 쓰시오.

(   )

13 위 실험을 다음 그림과 비교하였을 때, 모래와 물이 나타내는 것은 무엇인지 쓰시오.

(1) 모래: (   )
(2) 물: (   )

중요

14 지면과 수면의 하루 동안 온도 변화 그래프에서 밤에 온도가 더 높은 곳은 어디인지 쓰시오.

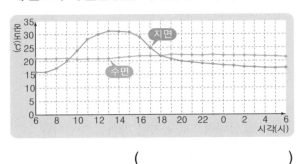

( )

15 다음 향 연기의 움직임은 무엇인지 ( ) 안에 알맞은 말을 쓰시오.

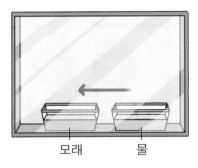

모래   물

향 연기의 움직임은 투명한 상자 속 ( )의 움직임이다.

( )

16 바닷가에서 낮에 바다에서 육지로 부는 바람을 무엇이라고 하는지 쓰시오.

( )

주의

17 봄과 가을에 우리나라에 영향을 미치는 공기 덩어리의 특징은 무엇입니까? ( )

① 차갑고 습하다.
② 차갑고 건조하다.
③ 따뜻하고 습하다.
④ 비가 많이 내린다.
⑤ 따뜻하고 건조하다.

중요

18 우리나라의 계절별 날씨에 영향을 미치는 공기 덩어리를 나타낸 것입니다. 봄과 가을에 영향을 미치는 공기 덩어리가 이동해 오는 곳은 어디인지 기호를 쓰시오.

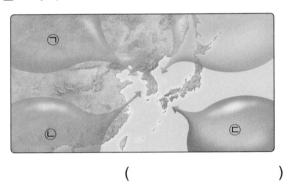

( )

19 날씨와 관련이 적은 생활 모습은 무엇입니까?
( )

① 소풍을 간다.
② 체육대회를 한다.
③ 도서관에서 책을 읽는다.
④ 추운 날에는 두꺼운 옷을 입는다.
⑤ 운동장에서 친구들과 축구를 한다.

20 기상 조건에 따른 감기 발생 가능 정도를 지수로 나타낸 것은 무엇입니까? ( )

① 불쾌지수
② 식중독 지수
③ 자외선 지수
④ 감기 가능 지수
⑤ 피부 질환 지수

1 공기 중에 수증기가 있다는 것을 알 수 있는 경우는 어느 것입니까? (   )

① 우유갑이 부풀어 있다.
② 우유갑 표면에 물방울이 맺혔다.
③ 음료수를 흔들면 거품이 생긴다.
④ 냉장고에서 꺼낸 음료수는 차갑다.
⑤ 냉장고에서 꺼낸 페트병이 펴지는 소리가 난다.

2 건습구 습도계를 보고 습구 온도계는 어느 것인지 기호를 쓰시오.

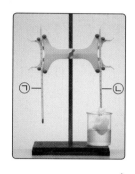

(   )

3 습도를 나타낼 때 사용하는 단위는 무엇입니까?
(   )

① ℃
② %
③ cm
④ kg
⑤ g

서술형

4 집기병 안에 물과 조각 얼음을 넣었을 때 집기병 표면에 나타나는 변화를 쓰시오.

[5~6] 집기병에 따뜻한 물을 넣어 집기병 안을 데운 뒤에 물을 버리고, 향에 불을 붙여 향을 넣었다가 뺍니다. 조각 얼음이 담긴 페트리 접시를 집기병 위에 올려놓습니다.

5 위 실험 결과 나타나는 변화는 어느 것인지 기호를 쓰시오.

㉠ 향 연기가 사라진다.
㉡ 집기병 안이 뿌옇게 흐려진다.
㉢ 페트리 접시 안의 조각 얼음 크기가 커진다.

(   )

6 위 실험에서 집기병 안에서 나타나는 변화와 비슷한 자연 현상은 무엇인지 **보기** 에서 찾아 기호를 쓰시오.

보기
㉠ 이슬   ㉡ 안개
㉢ 비   ㉣ 눈

(   )

주의

7 구름 발생 실험을 하는 순서대로 기호를 쓰시오.

㉠ 페트병 안 온도가 더 이상 변하지 않으면 페트병 안 온도를 측정한다.
㉡ 공기 주입 마개 뚜껑을 열어 페트병 안 온도를 측정한다.
㉢ 공기 주입 마개를 눌러 페트병 안에 공기를 넣으면서 페트병 안의 온도를 관찰한다.

(   )

8 구름 발생 실험을 할 때 공기 주입 마개를 눌러 공기를 넣었을 때 22 ℃였다면 공기 주입 마개 뚜껑을 연 뒤의 온도로 알맞은 것은 어느 것입니까?

( )

▲ 22.0 ℃

▲ ? ℃

① 18.0 ℃   ② 23.0 ℃

③ 25.0 ℃   ④ 28.0 ℃

⑤ 30.0 ℃

9 다음은 이슬, 안개, 구름의 공통점입니다. ( ) 안에 들어갈 말을 쓰시오.

수증기가 ( )해 나타나는 현상이다.

( )

10 차가운 공기를 넣은 플라스틱 통과 따뜻한 공기를 넣은 플라스틱 통의 무게를 측정하였습니다. 따뜻한 공기를 넣은 플라스틱 통은 어느 것인지 기호를 쓰시오.

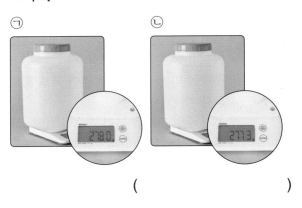

( )

11 일정한 부피에 들어 있는 공기 알갱이의 무게를 비교한 모습입니다. 고기압은 어느 것인지 기호를 쓰시오.

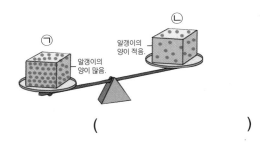

( )

12 ( ) 안에 알맞은 말을 쓰시오.

바람은 ( ) 차로 공기가 이동하는 것이다.

( )

[13~14] 물과 모래를 각각 담아 나란히 붙여 놓고 전등을 각각 설치하여 2분 간격으로 10분 동안 모래와 물의 온도 변화를 측정해 보았습니다.

13 위 실험 결과를 나타낸 그래프입니다. 그래프의 온도 변화를 보고 ㉠과 ㉡이 나타내는 것을 쓰시오.

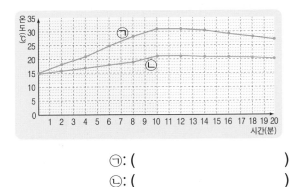

㉠: ( )

㉡: ( )

14 앞 13번 실험을 통해 하루 동안 지면과 수면의 온도 변화에 대한 설명으로, 바르지 <u>않은</u> 것은 무엇입니까? (　　　)

① 낮에는 지면이 수면보다 온도가 높다.
② 밤에는 수면이 지면보다 온도가 높다.
③ 밤에는 수면이 지면보다 빠르게 식는다.
④ 밤에는 지면이 수면보다 빠르게 식는다.
⑤ 낮에는 지면이 수면보다 빠르게 데워진다.

15 가열한 모래와 물을 투명한 상자로 덮은 후 향에 불을 붙여 투명한 상자 옆면의 구멍으로 넣고 향 연기의 움직임을 관찰하는 실험입니다. 향 연기의 움직임이 나타내는 것은 무엇입니까 (　　　)

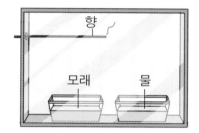

① 낮과 밤의 온도 변화
② 모래와 물의 온도 변화
③ 투명한 상자 속 공기의 양
④ 투명한 상자 속 공기의 부피
⑤ 투명한 상자 속 공기의 움직임

16 위 실험에서 투명한 상자 속 향 연기의 움직임을 15번 그림에 화살표로 나타내시오.

17 바닷가에서 밤에 부는 바람의 방향을 보고 육지와 바다 중 고기압인 곳을 쓰시오.

(　　　　　)

18 다음을 읽고 바르면 ○표, 바르지 <u>않으면</u> ×표를 하시오.

⑴ 대륙에서 이동해 오는 공기 덩어리는 건조한 성질이 있습니다. (　　　)
⑵ 바다에서 이동해 오는 공기 덩어리는 습한 성질이 있습니다. (　　　)
⑶ 한 지역에 새로운 공기 덩어리가 이동해 오면 그 지역의 온도와 습도는 이동해 온 공기 덩어리에 영향을 받지 않습니다. (　　　)

19 우리나라의 봄과 가을에 영향을 미치는 공기 덩어리의 성질입니다. ㉠과 ㉡에 들어갈 말이 바르게 짝지어진 것은 무엇입니까? (　　　)

> (　㉠　)의 대륙에서 이동해 오는 공기 덩어리의 영향을 받아 (　㉡　).

구분	㉠	㉡
①	북서쪽	차갑고 건조하다.
②	북서쪽	따뜻하고 건조하다.
③	북서쪽	비가 많이 내린다.
④	남서쪽	따뜻하고 건조하다.
⑤	남서쪽	따뜻하고 습하다.

20 황사 예보가 있는 날 해야 할 일은 무엇입니까? (　　　)

① 우산을 준비한다.
② 옷을 얇게 입는다.
③ 마스크를 준비한다.
④ 두꺼운 옷을 입는다.
⑤ 친구들과 운동장에서 운동을 한다.

1 다음과 같이 만드는 온도계는 무엇인지 쓰시오.

> • 알코올 온도계의 액체샘을 헝겊으로 감싼 뒤 고무줄로 묶는다.
> • 헝겊으로 감싼 온도계 아래에 물이 담긴 비커를 놓고 헝겊의 아랫부분이 물에 잠기도록 한다.

(   )

2 건습구 습도계로 현재 습도를 구하는 방법입니다. ⓒ에 알맞은 말을 쓰시오.

> ㉠ 건구 온도에 해당하는 온도를 세로줄에서 찾아 표시한다.
> ㉡ (   )를 구해 가로줄에서 찾아 표시한다.
> ㉢ ㉠과 ㉡이 만나는 지점이 현재 습도를 나타낸다.

_____

3 우리 생활에서 습구 온도가 건구 온도보다 낮은 까닭을 알 수 있는 경우는 어느 것입니까?
(   )

① 물이 언다.
② 물이 끓는다.
③ 난로 옆에 있으면 따뜻하다.
④ 젖은 옷을 입고 있으면 춥다.
⑤ 드라이아이스가 기체로 변한다.

4 집기병에 물과 조각 얼음을 넣었을 때 어떤 변화가 나타납니까? (   )

① 물이 언다.
② 아무 변화가 없다.
③ 물이 빠르게 증발한다.
④ 집기병 안이 뿌옇게 흐려진다.
⑤ 집기병 표면에 작은 물방울이 맺힌다.

[5~6] 따뜻한 물로 데운 집기병 안에 향 연기를 넣었다가 뺀 다음 조각 얼음이 담긴 페트리 접시를 올려놓았을 때, 집기병 안이 뿌옇게 흐려졌습니다.

✍️서술형

5 위 실험에서 집기병 안의 변화가 더 잘 나타나도록 하기 위해 사용한 방법은 무엇인지 쓰시오.

_____

6 위 실험 결과 집기병 안이 뿌옇게 흐려지는 현상이 나타나는 까닭은 무엇입니까? (   )

① 집기병 안 수증기 부피가 커지기 때문에
② 집기병 안 수증기 양이 많아지기 때문에
③ 집기병 안 수증기 부피가 작아지기 때문에
④ 집기병 안의 온도가 갑자기 올라가기 때문에
⑤ 집기병 안 따뜻한 수증기가 조각 얼음 때문에 차가워져 응결하기 때문에

[7~8] 페트병에 액정 온도계를 넣고 페트병 안의 온도가 더 이상 변하지 않을 때까지 공기 주입 마개를 눌러 공기를 넣은 후 공기 주입 마개 뚜껑을 열어 페트병 안의 온도를 측정합니다.

ㄱ  → ㄴ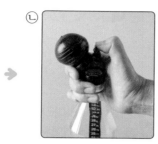

7 다음과 같은 변화가 나타나는 실험 과정은 어느 경우인지 기호를 쓰시오.

> 부피가 커지고 온도가 낮아진다.

( )

🖐️서술형

8 위 7번 실험에서 공기 주입 마개 뚜껑을 열었을 때 페트병 안에서 나타나는 변화를 다음 단어를 모두 사용하여 쓰시오.

> 페트병, 응결, 수증기

_____

9 이슬, 안개, 구름에 대한 설명으로 바르지 않은 것은 무엇입니까? ( )

① 이슬은 물체 표면에 맺힌다.
② 모두 수증기가 응결하여 나타나는 현상이다.
③ 이슬은 차가워진 풀잎에 공기 중 수증기가 응결한 것이다.
④ 구름은 공기 중 수증기가 응결하여 높은 하늘에 떠 있는 것이다.
⑤ 안개는 공기가 위로 올라가 차가워지면 공기 중 수증기가 응결하여 하늘에 떠 있는 것이다.

10 공기의 무게를 측정하기 위해 다음과 같이 플라스틱 통에 공기를 넣는 까닭으로 바른 것을 모두 고르시오. (,)

 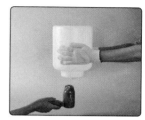
▲ 차가운 공기 넣기　　　▲ 따뜻한 공기 넣기

① 차가운 공기의 부피가 작기 때문에
② 따뜻한 공기의 부피가 크기 때문에
③ 따뜻한 공기는 위로 올라가기 때문에
④ 차가운 공기는 아래로 내려오기 때문에
⑤ 차가운 공기와 따뜻한 공기의 색깔이 다르기 때문에

11 공기에 대한 설명으로 바르지 않은 것은 무엇입니까? ( )

① 공기는 무게가 있다.
② 공기는 저기압에서 고기압으로 이동한다.
③ 저기압은 일정한 부피에 공기 알갱이가 적다.
④ 고기압은 일정한 부피에 공기 알갱이가 많다.
⑤ 상대적으로 공기가 무거운 것은 고기압, 공기가 가벼운 것은 저기압이다.

12 다음에서 설명하는 것은 무엇인지 쓰시오.

> 기압 차로 공기가 이동하는 것이다.

( )

13 무더운 여름철 낮에 바닷가에서 놀 때 모래와 물 중 더 뜨거운 것은 어느 것인지 쓰시오.

( )

14 하루 동안 낮과 밤 중 언제 측정한 온도를 비교한 것인지 쓰시오.

> 지면 < 수면

( )

15 다음 실험은 무엇을 알아보기 위한 것입니까?

( )

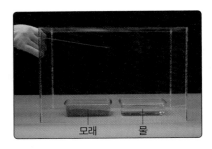

모래   물

① 바람이 부는 방향
② 이슬이 생기는 까닭
③ 안개가 발생하는 까닭
④ 여름 날씨가 더운 까닭
⑤ 지면의 온도가 변하는 까닭

16 위 **15**번 향 연기의 움직임에 대한 대화를 읽고, 잘못 이야기한 친구의 이름을 쓰시오.

> • 지우: 물 쪽이 고기압이고, 모래 쪽이 저기압이야.
> • 민준: 그럼 물이 모래보다 온도가 높겠다.
> • 소연: 바람은 고기압에서 저기압으로 이동하는 것을 알 수 있어.

( )

서술형

17 바닷가에서 낮에는 바람이 바다에서 육지로 부는 까닭을 쓰시오.

[18~19] 우리나라의 계절별 날씨에 영향을 미치는 공기 덩어리 모습입니다.

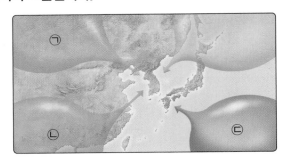

18 겨울에 우리나라에 영향을 주는 공기 덩어리가 이동해 오는 지역은 어디인지 기호를 쓰시오.

( )

19 위 **18**번 정답의 공기 덩어리 성질에 대한 설명입니다. (가), (나), (다)에 알맞은 말을 쓰시오.

> 겨울에는 ((가))의 ((나))에서 ((다))한 공기 덩어리가 이동해 온다.

(가): ( )
(나): ( )
(다): ( )

20 불편한 점을 개선하는 날씨 용품을 설계할 때 생각할 점이 **아닌** 것은 무엇입니까? ( )

① 비싼 재료로 만들어졌는가?
② 안전하게 사용할 수 있는가?
③ 현실적으로 제작할 수 있는가?
④ 실용적으로 사용할 수 있는가?
⑤ 제품의 재료는 쉽게 구할 수 있는가?

1 건습구 습도계에 대한 설명으로 바르지 <u>않은</u> 것은 무엇입니까? (   )

① 습도를 측정한다.
② 알코올 온도계 두 개를 사용한다.
③ 헝겊으로 감싼 온도계는 습구 온도계이다.
④ 습도가 낮을수록 습구 온도가 더 낮아진다.
⑤ 건구 온도가 습구 온도보다 더 낮게 측정된다.

2 건구 온도와 습구 온도가 다음과 같을 때, 습도가 가장 높은 경우는 언제입니까? (   )

구분	건구 온도	습구 온도
①	22℃	21℃
②	27℃	24℃
③	18℃	13℃
④	19℃	16℃
⑤	22℃	18℃

3 감기와 같은 호흡기 질환이 생기기 쉬운 날에 해야 할 일은 무엇입니까? (   )

① 난로를 켠다.
② 습도를 낮춘다.
③ 가습기를 사용한다.
④ 제습기를 사용한다.
⑤ 마른 숯을 놓아둔다.

[4~5] 다음 실험을 보고 물음에 답하시오.

• 집기병에 따뜻한 물을 가득 넣어 집기병 안을 데운 뒤에 물을 버린다.
• 향에 불을 붙이고 집기병에 향을 넣었다가 뺀다.
• 조각 얼음이 담긴 페트리 접시를 집기병 위에 올려놓는다.

3 단원

4 위 실험에서 집기병 안에 나타나는 변화는 무엇입니까? (   )

① 물이 생긴다.
② 뿌옇게 흐려진다.
③ 아무 변화가 없다.
④ 향 연기가 사라진다.
⑤ 페트리 접시 밑에 얼음이 생긴다.

5 위 실험에서 집기병 안에 나타나는 변화와 비슷한 자연 현상은 무엇입니까? (   )

① 눈   ② 비
③ 이슬   ④ 안개
⑤ 바람

서술형

6 우리 생활에서 차가운 물체 표면에 수증기가 응결해 물방울로 맺히는 현상을 한 가지 쓰시오.

_____

[7~8] 구름 발생 실험 과정입니다.

> ㉠ 페트병에 액정 온도계를 넣은 뒤, 공기 주입 마개로 닫는다.
> ㉡ 공기 주입 마개를 눌러 페트병 안에 공기를 넣고, 공기를 넣으면서 페트병 안 온도 변화를 관찰한다.
> ㉢ 페트병 안 온도가 더 이상 변하지 않으면 페트병 안 온도를 측정한다.
> ㉣ 공기 주입 마개 뚜껑을 열어 페트병 안 온도를 측정하고 변화를 관찰한다.

7 위 실험을 할 때 필요한 준비물을 세 가지 쓰시오.

_____

8 ㉣ 과정에서 나타나는 현상을 모두 고르시오.

(,   )

① 뿌옇게 흐려진다.
② 공기의 부피가 작아진다.
③ 페트병이 부풀어 오른다.
④ 페트병 안 온도가 높아진다.
⑤ 페트병 안 온도가 낮아진다.

🖐 서술형
9 이슬, 안개, 구름의 공통점을 한 가지 쓰시오.

_____

10 공기의 무게에 대한 설명으로 바르지 <u>않은</u> 것은 무엇입니까? (   )

① 공기가 무거워지면 기압이 높아진다.
② 공기가 가벼워지면 기압이 낮아진다.
③ 공기의 무게로 생기는 누르는 힘은 기압이다.
④ 일정한 부피에 공기 알갱이가 많을수록 기압이 높다.
⑤ 상대적으로 공기가 무거운 것을 저기압, 가벼운 것을 고기압이라고 한다.

11 일정한 부피에 들어 있는 공기의 모습입니다. 고기압과 저기압으로 나누어 쓰시오.

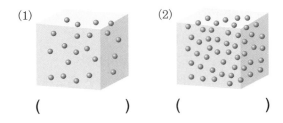

(1) (   )   (2) (   )

12 다음 일기도에서 바람이 부는 방향을 예상하여 화살표로 표시하시오.

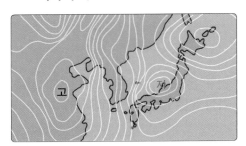

13 다음 실험에서 알아보려고 하는 것은 무엇입니까?

(   )

> • 투명한 사각 플라스틱 그릇 두 개에 모래와 물을 담고 두 그릇을 나란히 붙여 놓은 후, 두 그릇 뒤에 일정한 거리를 두고 전등을 설치한다.
> • 스탠드 두 개를 두 그릇 옆에 각각 놓고 알코올 온도계의 액체샘이 모래와 물에 1 cm 깊이로 꽂히도록 스탠드에 알코올 온도계를 설치한다.
> • 전등을 켜고 (   )를 측정하고, 전등을 끄고 (   )를 측정한다.

① 수증기의 응결 모습
② 모래와 물의 습도 변화
③ 모래와 물의 온도 변화
④ 모래와 물의 현재 습도
⑤ 모래와 물의 무게 변화

14 앞 **13**번 실험에서 모래와 물의 온도 변화를 측정한 그래프입니다. 그래프에 대한 설명으로 바르지 않은 것은 무엇입니까? (   )

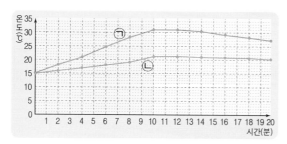

① ㉡은 물의 온도 변화이다.
② ㉠은 모래의 온도 변화이다.
③ 모래가 물보다 빨리 데워진다.
④ 물이 모래보다 빨리 데워진다.
⑤ 모래는 물보다 온도 변화가 크다.

서술형

15 하루 동안 지면과 수면의 온도 변화에서 9시 무렵부터 18시 무렵까지 지면 위 공기의 온도가 수면 위 공기의 온도보다 높은 까닭은 무엇인지 쓰시오.

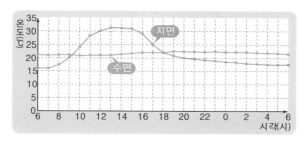

_____

_____

16 전등으로 가열한 모래와 물을 투명한 상자로 덮은 뒤 향을 넣었다가 뺐을 때, 향 연기의 움직임에 대한 설명으로 바른 것을 골라 기호를 쓰시오.

> ㉠ 모래가 물보다 온도가 높다.
> ㉡ 물 쪽이 저기압, 모래 쪽이 고기압이다.
> ㉢ 향 연기가 수직 방향으로 이동하는 것을 바람이라고 할 수 있다.

(   )

17 바닷가에서 바람 자루가 날리는 모습을 보고 해풍과 육풍을 구분해 쓰시오.

(   )

18 겨울의 춥고 건조한 날씨에 영향을 미치는 공기 덩어리 성질은 무엇인지 기호를 쓰시오.

> ㉠ 차갑고 건조하다.
> ㉡ 따뜻하고 습하다.
> ㉢ 따뜻하고 건조하다.

(   )

19 우리나라의 여름철 날씨에 영향을 주는 공기 덩어리의 성질과 여름철 날씨의 특징을 쓰시오.

(1) 공기 덩어리: (   )
(2) 여름철 날씨: (   )

20 다음 내용과 관련된 날씨 지수는 무엇입니까?

(   )

> '보통' 단계에서는 규칙적인 생활 습관을 유지하고, 수분을 적절히 섭취하며, 외출 후 손과 발을 씻는다.

① 열지수
② 불쾌지수
③ 자외선 지수
④ 감기 가능 지수
⑤ 피부 질환 지수

 1 건구 온도가 26 ℃이고 습구 온도가 24 ℃일 때 습도를 구하는 방법과 현재 습도를 쓰시오.

(단위: %)

건구 온도 (℃)	건구 온도와 습구 온도의 차(℃)			
	0	1	2	3
25	100	92	84	77
26	100	92	85	78
27	100	92	85	78

(1) 습도를 구하는 방법

> ㉠ 건구 온도에 해당하는 26 ℃를 세로줄에서 찾아 표시한다.
>
> ㉡ _____
>
> _____
>
> ㉢ ㉠과 ㉡이 만나는 지점이 현재 습도를 나타낸다.

(2) 현재 습도: (　　　　　　　　　　　)

습도표를 읽는 방법

• 건구 온도를 세로줄에서 찾아 표시합니다.

• 건구 온도와 습구 온도의 차를 구해 가로줄에서 찾아 표시합니다.

• (건구 온도)와 (건구 온도와 습구 온도의 차)가 만나는 지점이 현재 습도를 나타냅니다.

 2 안개 발생 실험에서 집기병 안에서 나타나는 변화와 그 까닭을 쓰시오.

▲ 따뜻한 물로 집기병 안을 데운 뒤에 향에 불을 붙이고 집기병에 향을 넣었다가 뺍니다.

▲ 조각 얼음이 담긴 페트리 접시를 집기병 위에 올려놓습니다.

(1) 집기병 안에서 나타나는 변화: _____

(2) 변화가 나타나는 까닭: _____

_____

안개

• 안개는 밤에 지표면 근처의 공기가 차가워지면 공기 중 수증기가 응결해 작은 물방울로 떠 있는 것입니다.

• 안개가 잘 생기는 날은 낮과 밤의 온도 차가 크고, 바람이 불지 않는 맑은 날입니다.

3 다음 실험에서 공기 주입 마개 뚜껑을 열었을 때 나타나는 현상과 비슷한 자연 현상을 쓰고, 실제 자연 현상이 만들어지는 과정을 쓰시오.

> • 페트병에 액정 온도계를 넣은 뒤, 공기 주입 마개로 닫는다.
> • 공기 주입 마개를 눌러 페트병 안에 공기를 넣고 공기를 넣으면서 페트병 안 온도를 관찰한다.
> • 페트병 안 온도가 더 이상 변하지 않으면 페트병 안 온도를 측정한다.
> • 공기 주입 마개 뚜껑을 열어 페트병 안 온도를 측정하고, 나타나는 변화를 관찰한다.

(1) 비슷한 자연 현상: (   )

(2) 위 (1) 정답의 자연 현상이 만들어지는 과정

_____

_____

_____

구름

• 공기가 지표면에서 하늘로 올라가면서 부피가 점점 커지고 온도는 점점 낮아집니다.
• 이때 공기 중 수증기가 응결해 물방울이 되거나 얼음 알갱이 상태로 변해 하늘에 떠 있는 것입니다.

4 다음 그림을 보고 우리나라의 날씨에 영향을 미치는 계절과 공기 덩어리의 성질을 쓰시오.

공기 덩어리의 성질

• 대륙에서 이동해 오는 공기 덩어리는 건조하고, 바다에서 이동해 오는 공기 덩어리는 습합니다.
• 북쪽에서 이동해 오는 공기 덩어리는 차갑고, 남쪽에서 이동해 오는 공기 덩어리는 따뜻합니다.

구분	계절	공기 덩어리의 성질
㉠		
㉡		
㉢		

4. 물체의 운동

🌸 **바람으로 움직이는 종이 자동차 경주 하기** 탐구1

① 종이 자동차 전개도를 뜯어낸 다음, 전개도를 접어 자동차 몸체를 만듭니다.

② 자동차 몸체에 이쑤시개를 끼워 바퀴를 연결하고 종이 인형을 붙여 종이 자동차를 완성합니다. ┌→ 부채로 바람을 일으킬 때에는 종이 자동차의 뒷면보다 약간 아래 쪽을 향하는 것이 효과적입니다.

③ 부채로 바람을 일으켜 종이 자동차를 움직이면서 출발선에서 결승선까지 종이 자동차의 빠르기를 겨루는 경주를 해 봅니다.

🌸 **물체의 운동은 어떻게 나타낼까요?**

(1) 물체의 운동을 나타내는 방법

① 시간이 지남에 따라 물체의 위치가 변할 때 물체가 운동한다고 합니다.

② 물체의 운동: 물체가 이동하는 데 걸린 시간과 이동 거리로 나타냅니다. 탐구2 탐구3

(2) 물체의 운동 나타내기 →물체가 운동했는지 알기 위해서는 일정한 시간 동안 물체의 위치가 변했는지 확인해야 합니다.

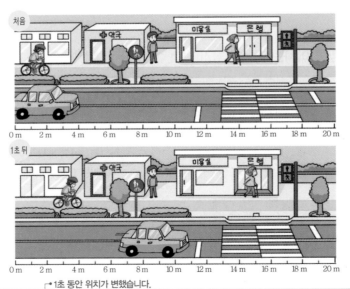

┌→1초 동안 위치가 변했습니다.

운동한 물체	자전거, 자동차, 할머니
운동하지 않은 물체	남자아이, 나무, 신호등, 도로 표지판, 건물

┌→1초 동안 위치가 변하지 않았습니다.

① 자전거는 1초 동안 2 m를 이동했습니다.

② 자동차는 1초 동안 7 m를 이동했습니다.

③ 할머니는 1초 동안 1m를 이동했습니다.

탐구1 **종이 자동차가 '빠르다.'는 것이 뜻하는 것**

• 종이 자동차가 결승선에 먼저 도착하는 것입니다.

• 종이 자동차가 출발선에서 더 멀리 가는 것입니다.

• 종이 자동차의 위치가 많이 변하는 것입니다.

탐구2 **우리 주변에 있는 운동한 물체와 운동하지 않은 물체**

① 운동한 물체

• 뜻: 시간이 지남에 따라 위치가 변하는 물체입니다.

• 예: 승강기, 구름, 걷고 있는 사람, 날고 있는 비둘기, 떨어지는 낙엽, 축구하는 아이, 국기 게양대에서 내려지고 있는 국기, 달리고 있는 자동차, 날고 있는 비행기, 경주하는 육상 선수 등

② 운동하지 않은 물체

• 뜻: 시간이 지남에 따라 위치가 변하지 않는 물체입니다.

• 예: 교문, 나무, 신호등, 도로 표지판, 건물, 버스 정류장, 가로수, 가로등, 분수대, 동상, 연못, 국기 게양대, 음수대, 주차된 자동차, 탑승객을 내리고 있는 비행기, 출발 직전 육상 선수 등

탐구3 **학교에서 집까지 나의 운동 나타내기** 예

• 나는 7분 동안 800 m를 이동했습니다.

• 나는 15분 동안 1500 m를 이동했습니다.

운동하는 물체 찾기

10시 5분 0초

서 0 1 2 3 4 5 6 7 8 9 10(m) 동

10시 5분 1초

서 0 1 2 3 4 5 6 7 8 9 10(m) 동

• 1초 동안 운동한 물체: 유모차, 유모차를 미는 여자, 달리는 남자, 달리는 여자
• 1초 동안 운동하지 않은 물체: 나무, 벤치, 벤치에 앉아 있는 남자, 손 씻는 남자, 손 씻는 여자

개념을 확인해요

1 부채로 바람을 일으켜 종이 자동차를 움직이면서 출발선에서 결승선까지 종이 자동차의 □ □ □ 를 겨룰 수 있습니다.

2 종이 자동차가 '빠르다.'는 것은 종이 자동차의 □ □ 가 많이 변하는 것을 뜻합니다.

3 시간이 지남에 따라 물체의 위치가 변할 때 물체가 □ □ 한다고 합니다.

4 『과학』 77쪽에서 자전거, 자동차, 할머니 등은 □ □ 한 물체입니다.

5 『과학』 77쪽에서 나무, 신호등, 도로 표지판 등은 □ □ 하지 않은 물체입니다.

6 승강기, 구름은 시간이 지남에 따라 □ □ 가 변하므로 운동한 물체입니다.

7 교문, 육교는 시간이 지남에 따라 □ □ 가 변하지 않으므로 운동하지 않은 물체입니다.

8 물체의 운동은 물체가 이동하는 데 걸린 시간과 □ □ □ □ 로 나타냅니다.

4. 물체의 운동

여러 가지 물체의 운동은 어떻게 다를까요?

(1) 여러 가지 물체의 운동 비교하기(『실험 관찰』 81쪽)

　① 비행기는 컬링 스톤보다 빠릅니다.

　② 배드민턴공이 케이블카보다 빠릅니다.

(2) 빠르게 운동하는 물체와 느리게 운동하는 물체

　① 로켓은 달팽이보다 빠르게 운동하고 달팽이는 로켓보다 느리게 운동합니다.

　② 자동차는 자전거보다 빠르게 운동하고, 자전거는 자동차보다 느리게 운동합니다.

(3) 빠르기가 변하는 운동을 하는 물체와 빠르기가 일정한 운동을 하는 물체

　① 물체의 빠르기가 변한다는 것

　　• 물체가 점점 느려지는 것을 말합니다.

　　• 물체가 점점 빨라지는 것을 말합니다.

　　• 물체가 빨라지거나 느려지는 것을 말합니다.

　② 빠르기가 변하는 운동을 하는 물체 **탐구 1** → 바이킹도 빠르기가 변하는 운동을 하는 물체입니다.

물체	물체의 운동
펭귄	천천히 헤엄치다가 범고래를 만나면 빠르게 헤엄쳐 도망간다.
컬링 스톤	처음에 빠르게 미끄러져 가다가 점점 느려지면서 결국 멈춘다.
배드민턴공	배드민턴 채로 배드민턴공을 치면 처음에는 빠르게 날아가다가 점점 느려지면서 바닥으로 떨어진다.
롤러코스터	내리막길에서 점점 빨라지고, 오르막길에서 점점 느려진다.
레일 바이크	발판을 빠르게 돌리면 빠르게 운동하고, 느리게 돌리면 느리게 운동한다.

　③ 빠르기가 일정한 운동을 하는 물체 **탐구 2** → 자동길, 케이블카, 스키장 승강기 등은 빠르기가 일정한 운동을 하는 물체입니다.

물체	물체의 운동
자동계단, 회전목마, 순환 열차	빠르기가 일정한 운동을 한다.

탐구 1 빠르기가 변하는 운동을 하는 물체

▲ 롤러코스터

▲ 컬링 스톤

▲ 비행기

탐구 2 빠르기가 일정한 운동을 하는 물체

▲ 자동계단

▲ 스키장 승강기

놀이공원에서 운동하는 물체의 특징

① 빠르기가 변하는 운동을 하는 놀이 기구
- 바이킹: 위로 올라갈 때는 점점 느리게 운동하고, 아래로 내려올 때는 점점 빠르게 운동합니다.

▲ 바이킹

- 범퍼카: 범퍼카의 가속 페달을 밟으면 속력이 점점 빨라지는데, 이때 다른 차와 부딪치면 빠르기가 갑자기 느려지게 됩니다.

② 빠르기가 일정한 운동을 하는 놀이 기구
- 대관람차: 높은 곳까지 올라가 주변 경관을 바라보기 위해 일정한 빠르기로 회전합니다.

▲ 대관람차

- 순환 열차: 일정한 빠르기로 운동하면서 출발지로 다시 돌아옵니다.

개념을 확인해요

1 물속에서는 펭귄이 치타보다 □□□ □ .

2 케이블카가 배드민턴공보다 □□□ □ .

3 로켓과 달팽이의 운동을 비교하면 □□ 이 □□□ 보다 빠르게 운동합니다.

4 자전거는 자동차보다 □□□ 운동합니다.

5 자동계단은 빠르기가 □□□ 운동을 하는 물체입니다.

6 비행기, 배드민턴공은 빠르기가 □□ □ 운동을 하는 물체입니다.

7 케이블카, 자동길, 스키장 승강기는 빠르기가 □□□ 운동을 하는 물체입니다.

8 롤러코스터는 내리막길에서 점점 □□ 지고, 오르막길에서 점점 □□ 지는 운동을 합니다.

4

단원

4. 물체의 운동

일정한 거리를 이동한 물체의 빠르기는 어떻게 비교할까요?

(1) 일정한 거리를 이동한 물체의 빠르기 비교하기

① 비교 방법
- 운동장에 50m 경주로를 그립니다.
- 출발 신호에 따라 모둠별로 달리기를 합니다.
- 각 모둠에서 결승선에 가장 먼저 도착한 친구가 달리는 데 걸린 시간을 기록합니다.

② 각 모둠에서 결승선에 가장 먼저 도착한 친구가 달리는 데 걸린 시간 예

모둠	이름	시간	모둠	이름	시간
1	유승	8초 55	2	재경	9초 34
3	승호	8초 43	4	선희	9초 54
5	현석	9초 12	6	승환	8초 77

③ 우리 반에서 가장 빠르게 달린 친구를 알 수 있는 방법: 결승선까지 달리는 데 가장 짧은 시간이 걸린 친구를 찾습니다.
→ 위 표에서는 승호가 가장 빨리 달렸습니다.

(2) 일정한 거리를 이동하는 데 걸린 시간을 측정해 빠르기를 비교하는 운동 경기

① 수영 탐구 1
- 선수들이 출발선에서 동시에 출발했다면 결승선에 먼저 도착한 선수가 더 빠르다고 말합니다.
- 결승선에 먼저 도착한 선수는 나중에 도착한 선수보다 일정한 거리를 이동하는 데 걸린 시간이 더 짧습니다.

② 스피드 스케이팅, 조정: 일정한 거리를 이동하는 데 걸린 시간을 측정해 빠르기를 비교합니다. 탐구 2

탐구 1 수영 경기 기록

자유형 50 m		
순위	이름	걸린 시간
1	홍○○	28초 50
2	박○○	28초 75
3	이○○	29초 05
4	김○○	29초 20
5	양○○	30초 50
6	최○○	31초 20

- 50 m 수영 후 경기 기록을 보여 주는 그림입니다.
- 이 경기에서는 28초 50을 기록한 홍○○ 선수의 걸린 시간이 가장 짧아 1위를 하였습니다.
- 6위를 한 최○○ 선수는 걸린 시간이 31초 20으로 빠르기가 가장 느립니다.

탐구 2 일정한 거리를 이동하는 데 걸린 시간을 측정해 빠르기를 비교하는 운동 경기

▲ 마라톤

▲ 알파인 스키

▲ 자동차 경주

● 초시계 사용법

기능 전환 버튼

재설정 · 분리된 시간 버튼 ──── 시작 · 멈춤 버튼

① 버튼의 기능

- 시작 · 멈춤 버튼: 이 버튼을 한 번 누르면 시간 기록이 시작되고 다시 누르면 정지됩니다.
- 재설정 · 분리된 시간 버튼: 이 버튼을 한 번 누르면 측정 시간이 기록되고, 다시 누르면 시간 측정의 처음 단계로 전환됩니다.
- 기능 전환 버튼: 기능을 전환할 때 사용합니다.

② 시간 기록을 읽는 방법 예

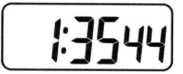

- 왼쪽부터 두 자리는 분을 나타냅니다.
- 가운데 두 자리는 초를 나타냅니다.
- 오른쪽 두 자리는 0.01초(1초를 100으로 나눈 값)입니다.
- '1분 35초 44(사사)'라고 읽습니다.

용어풀이

- 경주로 육상 · 수영 · 경마 · 골프 따위에 서 달리거나 나아가는 일
- 조정 정해진 거리에서 보트를 저어 스피 드를 겨루는 경기
- 전환 다르게 해서 바꿈.

---

1 일정한 거리를 이동한 물체의 □□□ 는 물체가 이동하는 데 걸린 시간으로 비교합니다.

2 일정한 거리를 이동하는 데 짧은 시간이 걸린 물체가 긴 시간이 걸린 물체보다 더 □□ □□ .

3 봅슬레이는 일정한 거리의 경주로를 선수가 썰매를 타고 내려와 □□□ 를 겨루는 운동 경기입니다.

4 수영 경기를 할 때 선수들이 출발선에서 동시에 출발했다면 결승선에 먼저 도착한 선수가 더 □□□□ .

5 50 m 달리기를 하였을 때 짧은 시간이 걸린 친구가 가장 □□□□ .

6 스피드 스케이팅은 일정한 거리를 이동하는 데 걸린 □□ 을 측정해 빠르기를 비교합니다.

7 마라톤, 쇼트 트랙, 자동차 경주 등은 일정한 거리를 이동하는 데 걸린 시간을 측정해 □□□ 를 비교합니다.

8 50 m 수영 기록이 29초 05라면 29초 20보다 □□□□ .

4. 물체의 운동

❀ 일정한 시간 동안 이동한 물체의 빠르기는 어떻게 비교할까요?

(1) 종이 자동차를 이용해 일정한 시간 동안 이동한 물체의 빠르기 비교하기 **탐구1**

① 종이 자동차의 빠르기 비교 방법

- 교실 바닥에 출발선을 표시하고 줄자를 출발선과 수직으로 펼쳐 놓은 다음, 경주 시간을 정합니다. (예) 4초)

- 종이 자동차를 출발선에 놓고 시간을 측정하는 친구가 출발 신호를 보내면, 부채질을 하면서 종이 자동차를 출발시킵니다.

- 경주 시간이 끝나면 시간을 측정하는 친구가 정지 신호를 보내고, 그 순간 종이 자동차의 위치에 붙임쪽지를 붙여 이동 거리를 측정합니다.

- 친구들이 만든 종이 자동차의 이동 거리를 차례대로 측정해 가장 빠른 종이 자동차를 찾습니다.

② 종이 자동차의 빠르기 비교 결과 **예**

가장 빠릅니다.

구분	A 자동차	B 자동차	C 자동차
이동 거리(cm)	120	80	60

(2) 일정한 시간 동안 이동한 물체의 빠르기 비교하기

① 물체가 이동한 거리로 비교할 수 있습니다.

② 일정한 시간 동안 긴 거리를 이동한 물체가 짧은 거리를 이동한 물체보다 더 빠릅니다. 예를 들어 3시간 동안 300 km를 이동한 기차가 같은 시간 동안 120 km를 이동한 배보다 더 빠르다고 말합니다.

(3) 가장 빠른 교통수단 찾기 **탐구2** → 일정한 시간 동안 긴 거리를 이동한 물체가 더 빠릅니다.

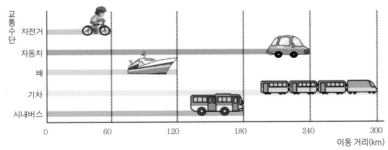

▲ 3시간 동안 여러 교통수단이 이동한 거리 비교

① 가장 빠른 교통수단: 일정한 시간 동안 가장 긴 거리를 이동한 기차입니다.

② 교통수단의 빠르기 비교: 기차, 자동차, 시내버스, 배, 자전거 순서로 빠릅니다.

탐구1 동물의 빠르기 비교하기

① 치타의 빠르기

- 달리는 치타를 1초 간격으로 같은 위치에서 2회 사진을 찍습니다.

- 치타의 몸통 길이와 사진 두 장에 나타난 이동 거리를 비교해 1초 동안 치타가 이동한 거리를 알아냅니다.

- 예를 들어 치타의 몸통 길이가 1.5 m 이고 1초 동안 치타의 몸통 길이의 10 배 정도를 이동했다면 15 m를 이동한 셈입니다. 실제로 치타는 1초 동안 최고 30 m까지 달릴 수 있습니다.

② 개의 빠르기

- 개가 좋아하는 장난감을 줄에 매달아 자전거를 타고 운동장을 달리면 개가 직선을 따라 달립니다.

- 개가 달릴 때 빠르기를 측정하려면 개를 출발선보다 뒤쪽에서 출발시켜야 합니다. 개가 출발선을 통과할 때부터 시간을 측정해 10초가 될 때의 위치를 사진으로 찍어 둡니다.

- 10초 동안 개가 이동한 거리를 줄자로 재어 개의 빠르기를 측정합니다.

탐구2 3시간 동안 200 km를 이동한 고속버스보다 빠른 교통수단과 느린 교통수단(『과학』83쪽)

빠른 교통수단	기차, 자동차
느린 교통수단	자전거, 배, 시내버스

일정한 시간 동안 이동한 물체의 빠르기 측정 방법

• 시간기록계: 일정한 시간 간격으로 타점이 기록되는 시간기록계에 물체를 연결하면 물체의 운동에 따라 종이테이프에 타점이 기록됩니다. 물체가 빠르게 운동하면 타점의 간격이 커집니다. 종이테이프에 타점이 찍히는 순서는 종이테이프가 왼쪽으로 운동할 경우에는 왼쪽의 점이 먼저 찍히고 오른쪽 점이 나중에 찍힙니다.

▲ 시간기록계

◀── 운동 방향

• • • • • • • • • • • •   •

▲ 빠르기가 점점 빨라질 때

◀── 운동 방향

•   •   •   •   •   •   •   •   •

▲ 빠르기가 일정할 때

◀── 운동 방향

•   •   •   •   •   • ••

▲ 빠르기가 점점 느려질 때

• 다중 노출 합성 사진 활용: 물체의 운동을 일정한 시간 간격으로 촬영한 모습을 한 장의 사진으로 겹쳐 보면 물체의 빠르기가 변하는 모습을 확인할 수 있습니다. 물체가 빠르게 운동할수록 물체의 간격이 커집니다.

용 어 풀 이

☀**치타** 날씬하고 다리가 긴 동물로 세계에서 가장 빠른 단거리 육상동물
☀**타점** 붓이나 펜 따위로 점을 찍음.
☀**다중** 여러 겹

개념을 확인해요

1 일정한 시간 동안 이동한 물체의 빠르기를 비교하기 위해서 시간을 잴 때는 ☐☐☐ 를 사용합니다.

2 4초 동안 민수의 종이 자동차는 120 cm, 수지의 종이 자동차는 30 cm를 이동하였을 때, ☐ 의 종이 자동차가 더 빠릅니다.

3 일정한 시간 동안 이동한 물체의 빠르기는 물체가 이동한 ☐☐ 로 비교합니다.

4 일정한 시간 동안 긴 거리를 이동한 물체가 짧은 거리를 이동한 물체보다 ☐☐☐ ☐ .

5 『과학』 83쪽 그래프에서 3시간 동안 이동한 거리를 비교할 때 가장 빠른 것은 ☐☐ 입니다.

6 『과학』 83쪽 그래프에서 3시간 동안 180 km를 이동한 시내버스는 3시간 동안 120 km를 이동한 배보다 ☐☐☐☐ .

7 3시간 동안 200 km를 이동한 고속버스가 있을 때 『과학』 83쪽 그래프의 자전거와 빠르기를 비교하면 자전거는 고속버스보다 ☐☐ ☐☐ .

4
단원

4. 물체의 운동

🌸 물체의 속력은 어떻게 나타낼까요?

(1) 속력의 뜻과 속력을 구하는 방법 탐구1

① 속력: 1초, 1분, 1시간 등과 같은 <mark>단위 시간 동안 물체가 이동</mark>한 거리를 말합니다.

$$(속력)=(이동 거리)÷(걸린 시간)$$

② 속력이 크다는 것이 뜻하는 것
 • 일정한 시간 동안 더 긴 거리를 이동한다는 뜻입니다.
 • 일정한 거리를 이동하는 데 더 짧은 시간이 걸린다는 뜻입니다.
 • 물체가 빠르다는 뜻입니다.

③ 속력의 단위: km/h와 m/s 등을 사용합니다.

(2) 속력을 나타내는 방법

① 3시간 동안 240 km를 이동한 자동차의 속력

자동차의 속력	240 km÷3 h＝80 km/h
80 km/h의 의미와 읽기	• 1시간 동안 80 km를 이동한 물체의 속력 • '팔십 킬로미터 퍼 아워' 또는 '시속 팔십 킬로미터'라고 읽는다.

② 1초 동안 13 m를 이동한 바람의 속력

바람의 속력	13 m÷1 s＝13 m/s
13 m/s의 의미와 읽기	• 1초에 13 m를 이동한 물체의 속력 • '십삼 미터 퍼 세컨드' 또는 '초속 십삼 미터'라고 읽는다.

(3) 여러 가지 물체의 속력 비교하기(『과학』 84쪽) 탐구2

① 배의 속력은 40 km/h이고 자전거의 속력은 18 km/h이므로 배가 더 빠릅니다.
  └ 160 km÷4 h=40 km/h

② 달리는 사람의 속력은 10 km/h이고, 강아지의 속력은 4 km/h이므로 달리는 사람이 더 빠릅니다.

③ 기차의 속력은 140 km/h이고, 헬리콥터의 속력은 250 km/h이므로 헬리콥터가 더 빠릅니다.
  └ 280 km÷2 h=140 km/h

④ 파란색 자동차의 속력은 80 km/h이고, 버스의 속력은 60 km/h이므로 파란색 자동차가 더 빠릅니다.
  └ 240 km÷3 h=80 km/h

탐구1 **속력과 속도의 차이**

① 속력
 • 물체가 빠르게 움직이는 정도를 나타낸 것입니다.
 • 속력은 방향을 무시한 채로 크기만 나타낸 것으로 물체가 얼마나 빨리 움직이는지에 대한 것입니다.

② 속도
 • 속도는 위치가 변하는 비율입니다. 예를 들어, 한 사람이 한 걸음 앞으로 갔다가 다시 뒤로 한 걸음 돌아오는 운동을 매우 빠르게 하고 있다고 한다면 이 사람은 결국 원점에서 한 걸음도 움직이지 않은 셈입니다. 이 사람의 속력은 크다고 하지만 이 사람의 위치는 변하지 않고 있으므로 속도는 0입니다.
 • 속도는 방향과 크기를 모두 나타낸 것으로 물체의 위치가 얼마나 빨리 변하는지에 대한 것입니다.

탐구2 **여러 가지 물체의 빠르기를 속력으로 나타낸 예**

① 여러 가지 동물
 • 치타의 속력: 120 km/h
 • 제비의 비행 속력: 100 km/h
 • 톰슨가젤의 속력: 80 km/h
 • 말의 속력: 67 km/h

② 여러 가지 운동 경기
 • 야구 경기에서 투수가 던진 공의 속력: 150 km/h
 • 테니스 경기에서 선수가 서브를 넣으면 공의 속력이 200 km/h라고 화면에 표시됩니다.
 • 양궁 화살의 속력: 240 km/h

③ 우리 생활에서 물체의 빠르기를 속력으로 나타낸 예
 • 소리의 속력: 340 m/s
 • 빛의 속력: 약 300000 km/s
 • 태풍의 중심 부근 최대 풍속: 17.2 m/s 이상

✦ 태풍의 속력을 km/h의 단위로 구하기

태풍은 27일 오후 3시 제주특별자치도에서 남쪽으로 150 km인 해상에서 북쪽으로 이동하여 27일 오후 9시에는 제주특별자치도에 도달할 것으로 예상됩니다.

27일 오후 9시
27일 오후 3시

- 27일 오후 3시부터 27일 오후 9시까지 태풍이 이동하는 동안의 태풍의 속력을 km/h의 단위로 구하여 보면, 걸린 시간은 6시간이고, 이동 거리는 150 km이므로 태풍의 속력=150 km÷6 h=25 km/h입니다.
- 태풍은 중심 부근 최대 풍속이 17.2 m/s 이상의 열대 저기압입니다.
- 태풍 예보에 있어서 진로와 속력을 예상하는 것이 중요한데, 이것을 정확하게 예상하는 것은 어려운 문제입니다. 그래서 여러 연구 기관에 있는 기상학자는 해마다 발생하는 태풍의 모습, 변화 상태, 이동 경로에 대한 데이터를 분석하여 새로운 모형을 만들고, 그 모형을 실제 태풍에 적용하여 비교하는 활동을 끊임없이 하고 있습니다.

용어풀이

- ✦ 서브 탁구, 배구, 테니스 등에서 공격하는 쪽이 상대편 코트에 공을 쳐 넣는 일
- ✦ 양궁 서양식으로 만든 활. 또는 그 활로 겨루는 경기로 올림픽 종목의 하나임.

1 단위 시간 동안 물체가 이동한 거리를 ☐☐ 이라고 합니다.

2 속력은 물체의 ☐☐ ☐☐ 를 ☐☐ ☐☐ 으로 나누어 구합니다.

3 속력이 클수록 물체가 ☐☐☐☐.

4 80 km/h는 1 ☐☐ 동안 80 km를 이동한 물체의 속력입니다.

5 1초 동안 13 m를 이동한 바람의 속력은 ☐ 입니다.

6 1시간 동안 50 km를 이동한 자동차의 속력은 ☐ 입니다.

7 『과학』 84쪽에서 자전거의 속력은 18 km/h이고, 자동차의 속력은 80 km/h이므로 ☐☐ ☐ 가 더 빠릅니다.

8 『과학』 84쪽에서 배의 속력은 40 km/h이고, 버스의 속력은 60 km/h이므로 ☐☐ 가 더 빠릅니다.

4
단원

4. 물체의 운동

❀ 속력과 관련된 안전장치와 안전 수칙에는 무엇이 있을까요?

(1) 속력과 관련된 안전장치 조사하기 탐구 1

① 자동차에 설치된 안전장치 탐구 2

안전장치	기능
차간 거리 유지 장치	가속 발판을 밟지 않아도 자동차를 운전자가 원하는 속력으로 운행해 안전거리를 유지한다.
자동 긴급 제동 장치	앞차와의 충돌 위험이 있을 때 자동차를 멈춘다.

② 도로에 설치된 안전장치 탐구 3 → 도로마다 자동차가 일정한 속력 이상으로 달리지 못하도록 제한하고, 도로에 과속 단속 카메라를 설치해 과속 차량을 단속합니다.

안전장치	기능
교통 표지판	자동차 운전자와 보행자에게 위험 상황이나 규칙을 알려 준다.
횡단보도	보행자가 안전하게 길을 건널 수 있도록 보행자를 보호하는 구역이다.

(2) 우리 학급 교통안전 수칙 만들기 ⑩ 탐구 4

① 횡단보도를 건널 때 좌우를 살핍니다. → 횡단보도에서는 자전거에서 내려 자전거를 끌고 길을 건넙니다.

② 버스가 정류장에 도착할 때까지 인도에서 기다립니다.

③ 길을 건너기 전에 자동차가 멈췄는지 확인합니다.

④ 도로 주변에서 공은 공 주머니에 넣고 다닙니다.

⑤ 횡단보도에서는 자전거에서 내려 자전거를 끌고 길을 건넙니다.

❀ 스마트 기기를 이용해 우리 학교 안내 지도 만들기 → 스마트 기기는 모둠원 중 한 사람만 준비하면 됩니다.

① 우리 학교 안내 지도를 어떻게 만들지 계획을 세워 그림과 글로 나타냅니다.

② 스마트 기기의 지도 응용 프로그램을 켜고 학교 안 주요 장소를 이동하면서 구간별 이동 거리와 걸린 시간을 측정하여 속력을 구합니다.

③ 도화지에 주요 장소와 이동 경로가 잘 나타나도록 지도를 그립니다.

④ 지도에 구간별 이동 거리, 걸린 시간, 속력을 표시해 우리 학교 안내 지도를 완성합니다.

탐구 1 우리 생활에서 교통 안전사고가 일어나지 않도록 노력하는 사람

• 교통경찰: 자동차 운전자나 보행자가 교통 법규를 잘 지키는지 단속합니다.

• 녹색 학부모: 학교 주변에서 어린이들이 안전하게 등교하거나 하교하도록 돕습니다.

탐구 2 자동차에 설치된 안전장치

• 안전띠: 긴급 상황에서 탑승자의 몸을 고정합니다.

• 에어백: 충돌 사고에서 탑승자의 몸에 가해지는 충격을 줄여줍니다.

탐구 3 도로에 설치된 안전장치

• 과속 방지 턱: 자동차의 속력을 줄여서 사고를 막습니다.

• 어린이 보호 구역 표지판: 학교 주변 도로에서 자동차의 속력을 제한해 어린이들의 교통 안전사고를 막습니다.

탐구 4 도로 주변에서 어린이 교통 안전을 위해 어른들이 지켜야 할 교통안전 수칙 ⑩

• 학교 주변이나 어린이 보호 구역에서 자동차를 운전할 때에는 속력을 30 km/h 이하로 줄입니다.

• 어린이가 통행하는 장소에서는 어린이가 길을 건널 때까지 기다립니다.

도로 이외에 우리 주변에서 큰 속력 때문에 일어날 수 있는 안전사고

- 복도나 계단에서 뛰어다니면 넘어지거나 다른 사람과 부딪칠 수 있습니다.
- 자동계단이나 자동길에서 뛰거나 반대로 이동하면 사고가 날 수 있습니다.
- 회전문을 세게 밀면서 통과하면 다른 사람과 부딪칠 수 있습니다.
- 가게에서 장보기수레에 올라타거나 장보기수레를 세게 밀면 사고가 날 수 있습니다.

운동하는 물체 때문에 일어나는 안전사고를 예방하기 위해 실천해야 할 안전 수칙

- 복도나 계단에서는 뛰지 않습니다.
- 자동계단이나 자동길에서는 바로 서서 이동합니다.
- 회전문에서는 순서를 기다려 천천히 밀고 지나갑니다.
- 가게에서는 장보기수레를 천천히 밀고 이동합니다.

용 어 풀 이

- ★ 가속 발판 속도가 증가하는 발판
- ★ 보행자 걸어서 길거리를 왕래하는 사람
- ★ 수칙 행동이나 절차에 관하여 지켜야 할 사항을 정한 규칙

개념을 확인해요

1 자동차의 속력이 클수록 ☐☐ 장치를 밟더라도 자동차가 바로 멈출 수가 없습니다.

2 자동차에 설치된 안전장치 중 ☐☐☐는 긴급 상황에서 탑승자의 몸을 고정합니다.

3 자동차에 설치된 안전장치 중 ☐☐☐은 충돌 사고에서 탑승자의 몸에 가해지는 충격을 줄여줍니다.

4 도로에 설치된 안전장치 중 ☐☐☐☐☐은 자동차의 속력을 줄여서 사고를 막습니다.

5 도로에 설치된 안전장치 중 ☐☐☐☐는 보행자가 안전하게 길을 건널 수 있도록 보행자를 보호하는 구역입니다.

6 도로 주변에서 교통 안전사고가 일어나지 않게 하려면 ☐☐☐☐ 수칙을 잘 지켜야 합니다.

7 초록색 신호등이 켜지면 잠시 기다린 다음 ☐☐☐☐를 건넙니다.

8 버스가 정류장에 도착할 때까지 ☐☐에서 기다립니다.

단원 4

핵심 1

물체의 운동은 물체가 이동하는 데 걸린 시간과 이동 거리로 나타냅니다.

1 물체가 운동을 한다는 것은 무엇입니까?
( )

① 시간이 지남에 따라 물체의 위치가 변한다.
② 시간이 지남에 따라 물체의 모양이 변한다.
③ 시간이 지남에 따라 물체의 색깔이 변한다.
④ 시간이 지남에 따라 물체의 크기가 변한다.
⑤ 시간이 지남에 따라 물체의 쓰임새가 변한다.

[2~3] 1초 간격으로 나타낸 거리의 모습입니다.

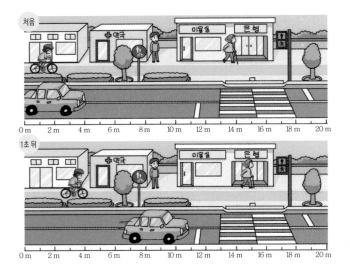

2 위 그림을 보고 자동차의 운동을 바르게 나타낸 것은 무엇입니까? ( )

① 7 m를 이동했다.
② 1초 동안 이동했다.
③ 1초 동안 7 m를 이동했다.
④ 1초 동안 10 m를 이동했다.
⑤ 1초 동안 20 m를 이동했다.

3 그림을 보고 자전거의 운동을 나타내시오.

핵심 2

우리 주변에는 빠르게 운동하는 물체와 느리게 운동하는 물체가 있고, 빠르기가 변하는 운동을 하는 물체와 빠르기가 일정한 운동을 하는 물체가 있습니다.

4 빠르게 운동하는 물체와 느리게 운동하는 물체를 비교하여 ( ) 안에 알맞은 말을 차례대로 쓰시오.

> 로켓은 달팽이보다 ( ) 운동하고
> 달팽이는 로켓보다 ( ) 운동한다.

( )

5 빠르기가 변하는 운동을 하는 물체가 아닌 것을 보기 에서 골라 쓰시오.

> **보기**
> 비행기, 치타, 배드민턴공, 케이블카

( )

6 ( ) 안의 알맞은 말에 ○표 하시오.

> 롤러코스터는 내리막길에서 점점 (느려지고 , 빨라지고) 오르막길에서 점점 (느려지는 , 빨라지는) 운동을 한다.

7 다음 물체의 운동에 공통적인 특징을 쓰시오.

> 회전목마, 순환 열차, 자동계단

일정한 거리를 이동한 물체의 빠르기는 물체가 이동하는 데 걸린 시간으로 비교합니다. 일정한 거리를 이동하는 데 짧은 시간이 걸린 물체가 긴 시간이 걸린 물체보다 더 빠릅니다.

8 자유형 50 m 경기 결과입니다. 결승선에 가장 먼저 도착한 사람은 누구입니까? (   )

① 미나: 28초 50   ② 성국: 30초 50
③ 수지: 31초 20   ④ 지유: 28초 75
⑤ 병재: 29초 20

9 (   ) 안의 알맞은 말에 ○표 하시오.

자유형 50 m 경기에서 결승선에 먼저 도착한 선수는 나중에 도착한 선수보다 일정한 거리를 이동하는 데 걸린 시간이 더 (길다 , 짧다).

10 일정한 거리를 이동하는 데 걸린 시간을 비교하였을 때, 빠르기가 빠른 경우는 어느 것인지 기호를 쓰시오.

㉠ 일정한 거리를 이동하는 데 걸린 시간이 더 짧다.
㉡ 일정한 거리를 이동하는 데 걸린 시간이 더 길다.

(   )

11 일정한 거리를 이동하는 데 걸린 시간을 측정해 빠르기를 비교하는 운동 경기가 <u>아닌</u> 것은 무엇입니까? (   )

① 마라톤   ② 태권도
③ 쇼트 트랙   ④ 100 m 달리기
⑤ 자동차 경주

일정한 시간 동안 이동한 물체의 빠르기는 물체가 이동한 거리로 비교할 수 있습니다. 일정한 시간 동안 긴 거리를 이동한 물체가 짧은 거리를 이동한 물체보다 더 빠릅니다.

12 2초 동안 빨간색 종이 자동차는 90 cm, 파란색 종이 자동차는 98 cm, 초록색 종이 자동차는 88 cm 를 이동했습니다. 세 가지 종이 자동차 중 가장 빠른 종이 자동차를 쓰시오.

(   )

[13~15] 3시간 동안 여러 교통수단이 이동한 거리를 비교한 것입니다.

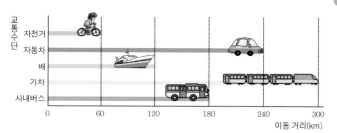

13 위 여러 교통수단이 이동한 거리를 보고 가장 빠른 교통수단을 쓰시오.

(   )

14 위 여러 교통수단 중 가장 느린 교통수단은 무엇인지 쓰시오.

(   )

15 3시간 동안 150 km를 이동한 트럭이 있을 때 위 여러 교통수단 중 트럭보다 느린 교통수단을 모두 골라 쓰시오.

(   )

핵심 5

속력은 1초, 1분, 1시간 등과 같은 단위 시간 동안 물체가 이동한 거리를 말합니다.

16 다음과 같이 물체가 이동한 거리를 걸린 시간으로 나누어 구하는 것은 무엇입니까? ( )

( )=이동 거리÷걸린 시간

① 무게   ② 온도
③ 속력   ④ 부피
⑤ 크기

17 속력의 단위를 모두 고르시오. (,)

① g   ② kg
③ m/s   ④ ℃
⑤ km/h

18 13 m/s를 읽으시오.

_____

19 80 km/h가 의미하는 것은 무엇인지 기호를 쓰시오.

㉠ 1초 동안 80 km를 이동한 물체의 속력이다.
㉡ 1시간 동안 80 km를 이동한 물체의 속력이다.
㉢ 하루 동안 80 km를 이동한 물체의 속력이다.

( )

핵심 6

물체의 빠르기를 속력으로 나타내 비교할 수 있습니다.

20 다음 중 속력이 가장 큰 것은 어느 것입니까?

( )

① 10 m/s   ② 30 m/s
③ 50 m/s   ④ 80 m/s
⑤ 120 m/s

21 3시간 동안 120 km를 이동한 배의 속력은 얼마입니까? ( )

① 10 km/h   ② 20 km/h
③ 30 km/h   ④ 40 km/h
⑤ 50 km/h

22 달리는 사람의 속력은 10 km/h이고, 강아지의 속력은 4 km/h일 때 더 빠른 것은 어느 것인지 쓰시오.

( )

23 다음 중 속력이 더 큰 것은 어느 것인지 쓰시오.

구분	이동 거리(km)	걸린 시간(h)
버스	120	2
자동차	240	3

( )

핵심 7

우리 사회에서는 교통 안전사고를 예방하거나 사고가 발생하더라도 피해를 줄일 수 있도록 자동차나 도로에 다양한 안전장치를 설치합니다.

24 긴급 상황에서 탑승자의 몸을 고정해 주는 자동차에 설치된 안전장치는 무엇입니까? (   )

① 안전띠
② 에어백
③ 과속 방지 턱
④ 긴급 제동 장치
⑤ 차간 거리 유지 장치

25 다음과 같은 안전장치의 기능은 무엇입니까?
(   )

① 과속 차량을 단속한다.
② 자동차의 속력을 줄여서 사고를 막는다.
③ 학교 주변 도로에서 자동차의 속력을 제한한다.
④ 앞차와의 충돌 위험이 있을 때 자동차를 멈춘다.
⑤ 충돌 사고에서 탑승자의 몸에 가해지는 충격을 줄여준다.

26 교통 안전사고가 일어나지 않도록 다음과 같은 노력을 하는 사람은 누구인지 쓰시오.

> 학교 주변에서 어린이들이 안전하게 등교하거나 하교하도록 돕는다.

(   )

핵심 8

교통안전 수칙은 도로 주변에서 안전을 위해 지켜야 하는 규칙을 말합니다.

27 ○ 표시한 어린이가 도로 주변에서 위험하게 행동한 점을 쓰시오.

28 교통안전 수칙을 지키는 모습으로 바르지 않은 것은 무엇입니까? (   )

① 반드시 횡단보도로 길을 건넌다.
② 도로에 차가 없으면 무단횡단을 한다.
③ 버스를 기다릴 때 차도로 내려오지 않는다.
④ 횡단보도에서 자동차가 멈췄는지 확인하고 길을 건넌다.
⑤ 횡단보도에서는 자전거에서 내려 자전거를 끌고 길을 건넌다.

29 도로 이외에 우리 주변에서 지켜야 할 안전 수칙을 바르게 지키는 모습이 아닌 것은 무엇입니까?
(   )

① 회전문을 세게 밀지 않는다.
② 복도에서는 뛰어다니지 않는다.
③ 자동길에서 바로 서서 이동한다.
④ 자동계단에서 반대로 이동하지 않는다.
⑤ 가게에서 장보기수레에 올라타거나 장보기수레를 세게 민다.

4. 물체의 운동

1 종이 자동차로 경주하는 모습입니다. 종이 자동차를 움직이게 하는 것은 무엇입니까? (   )

① 물
② 힘
③ 바람
④ 소리
⑤ 압력

2 시간이 지남에 따라 위치가 변하지 <u>않는</u> 물체는 무엇입니까? (   )

① 도로 표지판
② 뛰어가는 사람
③ 달리는 자동차
④ 달리는 자전거
⑤ 길을 건너는 개

3 (   ) 안에 알맞은 말을 쓰시오.

> 시간이 지남에 따라 물체의 위치가 변할 때 물체가 (   )한다고 한다.

(   )

4 다음 그림을 보고 자전거의 운동에 대해 바르게 나타낸 것은 무엇입니까? (   )

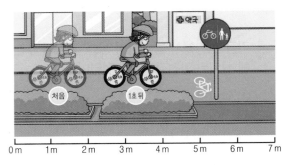

① 자전거는 이동했다.
② 자전거는 2 m를 이동했다.
③ 자전거는 빠르게 이동했다.
④ 자전거는 1초 동안 이동했다.
⑤ 자전거는 1초 동안 2 m를 이동했다.

5 다음 중 빠르게 운동하는 물체는 어느 것인지 기호를 쓰시오.

ⓐ ▲ 로켓   ⓑ ▲ 달팽이

(   )

6 롤러코스터의 모습입니다. 빠르기가 점점 빨라지는 곳과 점점 느려지는 곳을 골라 기호를 쓰시오.

(1) 빠르기가 점점 빨라지는 곳: (   )
(2) 빠르기가 점점 느려지는 곳: (   )

7 빠르기가 일정한 운동을 하는 물체는 어느 것입니까? (   )

① 치타   ② 비행기
③ 자동계단   ④ 컬링 스톤
⑤ 배드민턴공

8 가장 빠르게 달린 사람은 누구인지 쓰시오.

(   )

9 일정한 거리를 이동한 물체의 빠르기를 비교하는 방법으로 바른 것은 어느 것입니까? (   )

① 현재 지점을 기록한다.
② 현재의 시간만 기록한다.
③ 출발선에서 출발할 때에 빨리 달릴 사람을 정한다.
④ 출발선에서 출발할 때에 느리게 달릴 사람을 정한다.
⑤ 출발선에서 도착점까지 이동하는 데 걸린 시간을 비교한다.

중요

10 일정한 거리를 이동한 물체의 빠르기를 비교했을 때 더 빠른 물체는 어느 것인지 기호를 쓰시오.

> ㉠ 일정한 거리를 이동하는 데 긴 시간이 걸린 물체
> ㉡ 일정한 거리를 이동하는 데 짧은 시간이 걸린 물체

(   )

11 일정한 거리를 이동하는 데 걸린 시간을 측정해 빠르기를 비교하는 운동 경기가 <u>아닌</u> 것은 무엇입니까? (   )

① 조정   ② 수영
③ 마라톤   ④ 축구
⑤ 자동차 경주

12 일정한 시간 동안 이동한 물체의 빠르기에 대한 설명입니다. (   ) 안에 알맞은 말을 쓰시오.

> 일정한 시간 동안 이동한 물체의 빠르기는 물체가 (   )로 비교할 수 있다.

(   )

주의

13 다음은 4초 동안 종이 자동차가 이동한 거리입니다. 가장 빠른 자동차는 어느 것인지 쓰시오.

구분	이동 거리(cm)
이민수이/가 만든 자동차	120
김수연이/가 만든 자동차	80
정다은이/가 만든 자동차	60

(   )

14 다음과 같이 구하는 것은 무엇입니까? (   )

> (   )=(이동 거리)÷(걸린 시간)

① 속력   ② 부피
③ 무게   ④ 길이
⑤ 압력

주의

15 여러 가지 물체의 빠르기입니다. 배의 속력은 얼마입니까? ( )

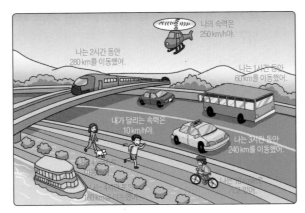

① 20 km/h
② 40 km/h
③ 80 km/h
④ 120 km/h
⑤ 160 km/h

16 위 **15** 번에서 여러 가지 물체의 속력을 쓰시오.

(1) 택시: ( )
(2) 기차: ( )
(3) 헬리콥터: ( )
(4) 시내버스: ( )

중요

17 다음은 속력을 읽은 것입니다. 속력은 얼마인지 쓰시오.

'삼십 미터 퍼 세컨드'

( )

18 자동차에 설치된 안전장치 중 긴급 상황에서 탑승자의 몸을 고정하는 것은 무엇인지 쓰시오.

( )

19 도로에 설치된 안전장치 중 교통 표지판의 기능은 무엇입니까? ( )

① 자동차를 멈추게 해준다.
② 자동차의 속력을 줄여준다.
③ 위험 상황이나 규칙을 알려 준다.
④ 자동차가 안전거리를 유지할 수 있게 해 준다.
⑤ 충돌 사고에서 탑승자의 몸에 가해지는 충격을 줄여준다.

서술형

20 다음과 같은 위험한 행동은 어떻게 고쳐야 하는지 쓰시오.

1 종이 자동차가 '빠르다.'는 것은 무엇을 뜻합니까?

(   )

① 종이 자동차의 무게가 가장 무거운 것이다.
② 종이 자동차가 출발선에 가깝게 있는 것이다.
③ 종이 자동차가 결승선에 먼저 도착하는 것이다.
④ 종이 자동차의 위치가 거의 변하지 않은 것이다.
⑤ 종이 자동차가 같은 시간 동안 가장 짧은 거리를 이동한 것이다.

2 (   ) 안에 알맞은 말을 쓰시오.

> 물체의 (   )가 시간이 지남에 따라 변할 때 물체가 운동한다고 한다.

(   )

3 다음 그림에서 운동하는 물체는 무엇입니까?

(   )

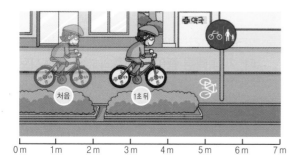

① 나무
② 약국
③ 유리창
④ 자전거
⑤ 도로 표지판

4 우리 주변에서 운동하는 물체는 무엇입니까?

(   )

① 구름
② 육교
③ 교문
④ 아파트
⑤ 신호등

5 여러 가지 물체를 빠르기가 일정한 운동을 하는 물체와 빠르기가 변하는 운동을 하는 물체로 분류한 것입니다. 빠르기가 일정한 운동을 하는 물체는 어느 것인지 기호를 쓰시오.

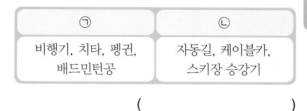

㉠	㉡
비행기, 치타, 펭귄, 배드민턴공	자동길, 케이블카, 스키장 승강기

(   )

4 단원

6 레일 바이크의 경우 빠르게 운동할 때와 느리게 운동할 때는 언제인지 골라 기호를 쓰시오.

> ㉠ 레일 바이크의 발판을 빠르게 돌릴 때
> ㉡ 레일 바이크의 발판을 느리게 돌릴 때

(1) 느리게 운동할 때: (   )
(2) 빠르게 운동할 때: (   )

중요

7 물체의 운동에 대한 설명으로 바르지 <u>않은</u> 것은 무엇입니까? (   )

① 컬링 스톤은 빠르기가 일정한 운동을 한다.

② 배드민턴공은 빠르기가 변하는 운동을 한다.

③ 하늘을 나는 비행기는 치타보다 빠르게 운동한다.

④ 롤러코스터와 바이킹은 빠르기가 변하는 운동을 한다.

⑤ 우리 생활에는 빠르게 운동하는 물체와 느리게 운동하는 물체가 있다.

8 일정한 거리를 이동하는 데 걸린 시간을 측정할 때 필요한 준비물은 무엇입니까? (   )

① 줄자   ② 초시계

③ 바람   ④ 전자저울

⑤ 모래시계

주의

9 50 m 달리기를 한 기록입니다. 결승선에 가장 먼저 도착한 친구는 누구인지 쓰시오.

이름	시간	이름	시간
정원	8초 55	연희	9초 34
경희	8초 43	정현	9초 54
성은	9초 12	준수	8초 77

(   )

10 쇼트 트랙과 100m 달리기의 공통점은 무엇입니까? (   )

① 결승선에 먼저 도착한 선수가 더 빠르다.

② 출발선에서 순서대로 출발하는 경기이다.

③ 일정한 시간 동안 이동한 거리를 비교한다.

④ 결승선에 나중에 도착한 선수가 더 빠르다.

⑤ 결승선까지 가장 긴 시간이 걸린 친구가 가장 빠르다.

11 일정한 거리를 이동하는 데 걸린 시간을 측정해 빠르기를 비교하는 운동 경기가 <u>아닌</u> 것은 무엇입니까? (   )

①
▲ 유도

②
▲ 마라톤

③
▲ 자동차 경주

④
▲ 알파인 스키

⑤
▲ 사이클

12 (   ) 안에 알맞은 말을 차례대로 쓰시오.

> 일정한 시간 동안 (   ) 거리를 이동한 물체가 (   ) 거리를 이동한 물체보다 더 빠르다.

(   )

13 일정한 시간 동안 종이 자동차가 이동한 거리입니다. 가장 빠른 종이 자동차의 기호를 쓰시오.

구분	이동 거리(cm)
㉠	100
㉡	70
㉢	50

(   )

14 3시간 동안 여러 교통수단이 이동한 거리입니다. 3시간 동안 200 km를 이동하는 고속버스보다 빠른 교통수단과 느린 교통수단으로 구분하여 기호를 쓰시오.

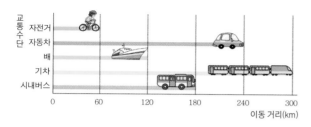

고속버스보다 빠른 교통수단	고속버스보다 느린 교통수단

중요

15 '속력이 크다.'는 것은 무엇을 뜻합니까?
( )

① 물체가 느리다.
② 이동한 거리를 알 수 없다.
③ 일정한 시간 동안 더 긴 거리를 이동한다.
④ 일정한 시간 동안 더 짧은 거리를 이동한다.
⑤ 일정한 거리를 이동하는 데 더 긴 시간이 걸린다.

16 속력의 단위로 바르지 <u>않은</u> 것은 무엇입니까?
( )

① m/s   ② cm/s
③ h/km   ④ km/h
⑤ m/mim

17 다음은 여러 가지 물체의 속력입니다. 가장 속력이 큰 것은 무엇입니까? ( )

① 18 km/h   ② 40 km/h
③ 150 km/h   ④ 200 km/h
⑤ 300000 km/s

주의

18 20초 동안 100 m를 달린 사람의 속력은 얼마입니까? ( )

① 0.5 m/s   ② 5 m/s
③ 10 m/s   ④ 50 m/s
⑤ 500 m/s

4단원

19 다음과 같은 기능을 가진 안전장치는 무엇입니까?
( )

> 자동차 운전자와 보행자에게 위험 상황이나 규칙을 알려 준다.

① 안전띠
② 횡단보도
③ 교통 표지판
④ 과속 방지 턱
⑤ 차간 거리 유지 장치

서술형

20 ○ 표시한 어린이와 같이 위험한 행동을 하는 경우에 어떻게 고쳐야 하는지 쓰시오.

_____

_____

1 물체가 운동한 경우가 <u>아닌</u> 것은 어느 것입니까?
( )

① 10분 동안 150 m를 걸어갔다.
② 버스는 20분 동안 5 km를 이동했다.
③ 운동장에서 30분 동안 제자리에 서 있었다.
④ 고속 열차는 2시간 동안 250 km를 이동했다.
⑤ 5초 동안 동쪽으로 3 m, 북쪽으로 2 m를 걸어갔다.

2 다음 그림에서 20초 동안 자동차의 운동을 바르게 나타낸 것은 어느 것입니까? ( )

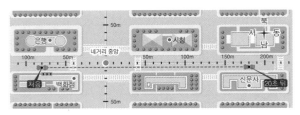

① 자동차는 180 m를 이동했다.
② 자동차는 260 m를 이동했다.
③ 자동차는 20초 동안 이동했다.
④ 자동차는 동쪽으로 260 m를 이동했다.
⑤ 자동차는 20초 동안 260 m를 이동했다.

3 우리 생활에서 운동을 하는 물체가 <u>아닌</u> 것은 무엇입니까? ( )

① 떨어지는 낙엽
② 걷고 있는 사람
③ 날고 있는 비행기
④ 달리고 있는 자동차
⑤ 출발하기 직전의 육상 선수

4 빠르기가 변하는 운동을 하는 물체는 어느 것인지 기호를 쓰시오.

㉠

▲ 롤러코스터

㉡

▲ 자동계단

( )

서술형

5 다음 물체의 운동에 어떤 공통적인 특징이 있는지 한 가지 쓰시오.

▲ 회전목마

▲ 자동길

6 50 m 달리기를 하는 모습을 보고 알 수 있는 사실로 바르지 <u>않은</u> 것은 무엇입니까? ( )

① 영호는 민희보다 빠르다.
② 규민이는 민희보다 느리다.
③ 유찬이는 가윤이보다 느리다.
④ 유찬이가 결승선까지 걸린 시간이 가장 짧다.
⑤ 가장 먼저 결승선에 도착한 유찬이가 가장 빠르다.

7 자유형 50 m 수영 경기의 기록입니다. 결승선에 가장 먼저 도착한 선수의 기록은 어느 것인지 기호를 쓰시오.

㉠ 28초 60	㉡ 28초 45
㉢ 28초 77	㉣ 29초 11
㉤ 28초 39	㉥ 29초 23

(   )

8 일정한 거리를 이동한 물체의 빠르기를 비교하는 방법은 무엇입니까? (   )

① 출발선의 위치를 비교한다.
② 결승선의 위치를 비교한다.
③ 출발할 때 빠르기를 비교한다.
④ 도착할 때 빠르기를 비교한다.
⑤ 이동하는 데 걸린 시간을 비교한다.

9 일정한 시간 동안 이동한 물체의 빠르기를 비교하는 방법입니다. (   ) 안에 알맞은 말을 쓰시오.

일정한 시간 동안 이동한 물체의 빠르기는 물체가 (   )로 비교한다.

(   )

[10~11] 세 가지 달리기 종목이 10초 동안 이동한 거리입니다.

달리기 종목	이동 거리(cm)
한 발로 뛰기	35
두 발 모아 뛰기	25
앞발 이어 뛰기	10

10 위 세 가지 달리기 종목 중 가장 빠른 종목은 무엇인지 쓰시오.

(   )

11 앞 10 번 정답의 종목이 가장 빠른 까닭은 무엇입니까? (   )

① 가장 먼저 결승선에 도착하였기 때문에
② 이동하는 데 걸린 시간이 가장 짧기 때문에
③ 이동하는 데 걸린 시간이 가장 길기 때문에
④ 10초 동안 가장 긴 거리를 이동했기 때문에
⑤ 10초 동안 가장 짧은 거리를 이동했기 때문에

4단원

12 다음과 같이 읽은 속력을 쓰시오.

'사십 미터 퍼 세컨드'

(   )

13 다음 일기 예보에서 바람이 가장 빠르게 부는 곳의 속력은 얼마인지 쓰시오.

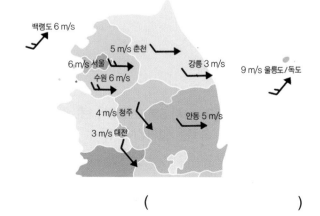

(   )

14 어떤 수영 선수가 400 m 경기에서 3분 20초를 기록하였을 때 속력은 얼마입니까? (   )

① 1 m/s
② 2 m/s
③ 4 m/s
④ 6 m/s
⑤ 8 m/s

15 자동차와 기차의 속력을 비교하여 <, =, >로 표시하시오.

구분	이동한 거리(km)	걸린 시간(h)
자동차	160	2
기차	360	3

자동차의 속력 (   ) 기차의 속력

16 10초 동안 40 m를 걷는 경보 선수에 대한 설명으로 바른 것은 무엇입니까? (   )

① 속력이 4 m/h이다.
② 속력이 4 km/h이다.
③ 1초 동안 4 m를 이동한 속력을 의미한다.
④ 10초 동안 4 m를 이동한 속력을 의미한다.
⑤ 1초 동안 40 m를 이동한 속력을 의미한다.

17 어떤 사람이 10시 5분 0초에서 1초 후 5 m를 이동했습니다. 속력은 얼마입니까? (   )

① 1 m/s
② 5 m/s
③ 10 m/s
④ 15 m/s
⑤ 20 m/s

18 자동차에 설치된 다음 안정장치에 대한 설명으로 바른 것은 무엇입니까? (   )

① 자동차의 속력을 줄여준다.
② 탑승자의 몸을 고정해 준다.
③ 자동차 안전거리를 유지할 수 있게 한다.
④ 탑승자의 몸에 가해지는 충격을 줄여준다.
⑤ 앞차와의 충돌 위험이 있을 때 자동으로 멈추게 한다.

19 우리 생활에서 교통 안전사고가 일어나지 않도록 노력하는 사람이 하는 일을 바르게 골라 기호를 쓰시오.

ㄱ 학교 주변에서 어린이들이 안전하게 등교하거나 하교하도록 돕는다.
ㄴ 자동차 운전자나 보행자가 교통 법규를 잘 지키는지 단속한다.

(1) 교통경찰: (   )
(2) 녹색 학부모: (   )

20 교통안전 수칙을 잘 지킨 경우가 아닌 것은 무엇입니까? (   )

① 횡단보도에서 길을 건넌다.
② 도로 주변에서 공놀이를 하지 않는다.
③ 바퀴 달린 신발은 안전한 장소에서 탄다.
④ 횡단보도를 자전거를 타고 빠르게 건넌다.
⑤ 횡단보도에서 자동차가 멈췄는지 확인하고 길을 건넌다.

1 물체의 운동에 대한 설명으로 바른 것을 모두 고르시오. (,   )

① 신호등은 운동하는 물체이다.
② 물체가 이동한 거리만 표시한다.
③ 물체가 이동한 방향만 표시한다.
④ 걸린 시간과 이동 거리를 함께 나타내야 한다.
⑤ 시간이 지남에 따라 물체의 위치가 변하는 것이다.

서술형

2 1초 간격으로 나타낸 공원의 모습을 보고 운동하지 않은 물체를 골라 기호를 쓰고, 그 까닭을 쓰시오.

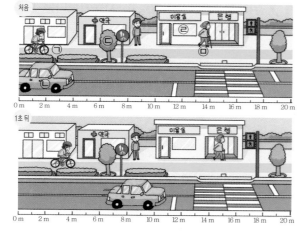

(1) 운동을 하지 않은 물체: (   )

(2) 운동을 하지 않았다고 생각하는 까닭:

_____

3 물체의 운동을 나타낸 것으로 바른 것은 무엇입니까? (   )

① 서희는 3 m를 이동했다.
② 민서는 800 m를 달렸다.
③ 지호는 북쪽으로 150 m를 이동했다.
④ 민규는 1시간 동안 공원 주변을 걸었다.
⑤ 기차는 2시간 동안 150 km를 이동했다.

4 물체가 빠르게 운동하는 경우는 어느 것입니까?

(   )

① 바이킹이 내려갈 때
② 컬링 스톤이 멈출 때
③ 멈춰 있던 비행기가 움직일 때
④ 자동차의 제동 장치를 밟았을 때
⑤ 배드민턴 채로 친 배드민턴공이 날아가다가 바닥으로 떨어질 때

5 자동계단과 케이블카의 운동은 어떤 공통점이 있습니까? (   )

① 점점 느리게 운동한다.
② 점점 빠르게 운동한다.
③ 빠르기가 일정한 운동을 한다.
④ 빠르게 운동하다가 느리게 운동한다.
⑤ 느리게 운동하다가 빠르게 운동한다.

6 물수리의 운동을 바르게 선으로 연결하시오.

(1) | 하늘을 날 때 | •   • ㉠ | 빠르게 운동한다. |

(2) | 먹이를 향할 때 | •   • ㉡ | 천천히 운동한다. |

7 50 m 달리기 기록입니다. 가장 먼저 결승선에 도착한 친구는 누구인지 쓰시오.

친구의 이름	걸린 시간
정수	9초 25
수지	9초 34
민수	10초 08
연수	10초 12
영기	9초 35

(   )

📝 서술형

8 스피드 스케이팅이나 조정과 같은 운동 경기에서 빠르기를 비교하는 방법을 쓰시오.

_____

9 일정한 거리를 이동한 물체의 빠르기를 비교하는 방법으로 바른 것은 무엇입니까? (   )

① 현재의 시간을 기록한다.
② 물체의 무게를 비교한다.
③ 두 지점의 거리를 재본다.
④ 물체가 이동한 거리를 비교한다.
⑤ 일정한 거리를 이동하는 데 걸린 시간을 비교한다.

10 일정한 시간 동안 이동한 물체의 빠르기를 비교하는 모습입니다. (   ) 안에 알맞은 말을 쓰시오.

• 경주 시간을 정하고, 종이 자동차를 출발선에 놓고 시간을 측정하는 친구가 출발 신호를 보내면, 부채질을 하면서 종이 자동차를 출발시킨다.
• 경주 시간이 끝나면 시간을 측정하는 친구가 정지 신호를 보내고, 그 순간 종이 자동차의 위치에 붙임쪽지를 붙여 (   )를 측정한다.

(   )

[11~12] 3시간 동안 여러 교통수단이 이동한 거리입니다.

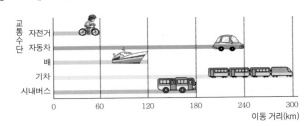

11 위에서 가장 빠른 교통수단과 가장 느린 교통수단을 차례대로 쓰시오.

(   )

12 위에서 배보다는 빠르고, 자동차보다는 느린 교통수단은 무엇인지 쓰시오.

(   )

13 물체의 속력에 대한 설명으로 바르지 <u>않은</u> 것은 무엇입니까? (   )

① 속력이 클수록 물체가 빠르다.
② 단위 시간 동안 물체가 이동한 거리이다.
③ 걸린 시간을 물체가 이동한 거리로 나누어 구한다.
④ 3 m/s는 1초 동안 3 m를 이동한 물체의 속력이다.
⑤ 80 km/h는 1시간 동안 80 km를 이동한 물체의 속력이다.

14 8초 동안 4 km를 이동한 비행기의 속력은 몇 m/s인지 쓰시오.

(   ) m/s

15 다음 동물의 속력을 비교하여 속력이 더 큰 동물은 어느 것인지 쓰시오.

> • 6초 동안 120 m를 달린 말
> • 60초 동안 900 m를 달린 치타

(   )

16 날씨 예보의 일부입니다. 27일 오후 3시부터 27일 오후 9시까지 이동하는 동안 태풍의 속력은 얼마인지 쓰시오.

> 태풍은 27일 오후 3시 제주특별자치도 남쪽으로 150 km인 해상에서 북쪽으로 이동하여 27일 오후 9시에는 제주특별자치도에 도달할 것으로 예상됩니다.

(   ) km/h

17 다음 장난감이 출발점에서 바닥에 떨어지는 데 걸린 시간이 4초였을 때, 장난감의 속력은 얼마인지 쓰시오.

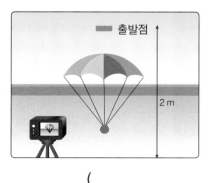

(   ) m/s

18 어린이 보호 구역에서 자동차의 제한 속력은 얼마입니까? (   )

① 10 km/h 이내   ② 30 km/h 이내
③ 60 km/h 이내   ④ 80 km/h 이내
⑤ 110 km/h 이내

19 교통안전을 위해 우리 사회가 해야 할 일을 모두 고르시오. (,   )

① 무단 횡단을 하지 않는다.
② 운전을 할 때 안전띠를 꼭 맨다.
③ 길을 건널 때는 좌우를 살펴보고 건넌다.
④ 도로에 과속 단속 카메라를 설치해 과속 차량을 단속한다.
⑤ 도로마다 자동차가 일정 속력 이상으로 달리지 못하도록 제한한다.

🖊️서술형

20 다음과 같이 위험하게 행동한 어린이의 행동을 어떻게 고쳐야 할지 쓰시오.

 그림을 보고 1초 동안 물체의 운동을 서술하시오.

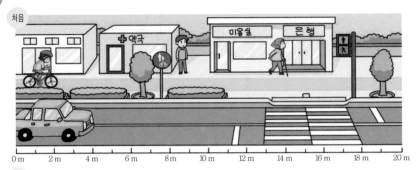

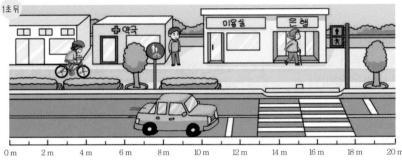

(1) 자전거: _____

(2) 자동차: _____

(3) 할머니: _____

물체의 운동

• 운동하는 물체: 시간이 지남에 따라 물체의 위치가 변하는 것입니다.

• 운동하지 않은 물체: 시간이 지남에 따라 물체의 위치가 변하지 않은 물체입니다.

• 물체의 운동을 나타내는 방법: 물체가 이동하는 데 걸린 시간과 이동 거리로 나타냅니다.

2 **마라톤과 조정과 같은 운동 경기에서 빠르기가 빠른 것을 알 수 있는 방법은 무엇인지 쓰시오.**

▲ 마라톤

▲ 조정

_____

일정한 거리를 이동한 물체의 빠르기 비교하기

• 일정한 거리를 물체가 이동하는 데 걸린 시간으로 비교합니다.

• 일정한 거리를 이동하는 데 짧은 시간이 걸린 물체가 긴 시간이 걸린 물체보다 빠릅니다.

• 일정한 거리를 이동하는 데 걸린 시간을 측정해 빠르기를 비교하는 운동 경기: 마라톤, 쇼트 트랙, 알파인 스키, 100 m 달리기, 사이클, 카약, 카누, 자동차 경주 등이 있습니다.

3 여러 가지 물체의 빠르기를 나타낸 것입니다.

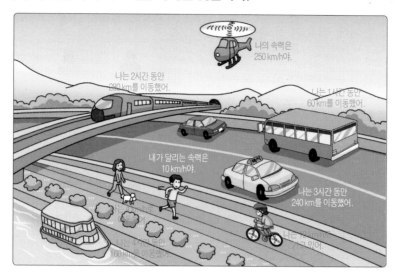

나의 속력은 250 km/h야.

나는 2시간 동안 000 km를 이동했어.

나는 1시간 동안 60 km를 이동했어.

내가 달리는 속력은 10 km/h야.

나는 3시간 동안 240 km를 이동했어.

나는 4시간 동안 160 km를 이동했어.

(1) 배, 택시, 기차의 속력을 식을 쓰고 구하시오.

• 배: _____

• 택시: _____

• 기차: _____

(2) 배, 택시, 기차 중 빠르기가 가장 빠른 것을 쓰고, 그 까닭을 쓰시오.

_____

4 다음 안전장치의 기능을 쓰시오.

▲ 안전띠

▲ 횡단보도

구분	기능
안전띠	
횡단보도	

속력

• 이동 거리와 걸린 시간이 모두 다른 물체의 빠르기는 속력으로 나타내어 비교하면 편리합니다.

• 속력은 1초, 1분, 1시간 등과 같은 단위 시간 동안 물체가 이동한 거리입니다.

• 속력을 구하는 방법: 물체가 이동한 거리를 걸린 시간으로 나누어 구합니다.

• '속력이 크다.'는 뜻: 속력이 클수록 물체가 빠릅니다.

자동차와 도로에 설치된 안전 장치

• 자동차에 설치된 안전장치: 안전띠, 에어백, 차간 거리 유지 장치, 자동 긴급 제동 장치 등이 있습니다.

• 도로에 설치된 안전장치: 교통 표지판, 횡단보도, 과속 방지 턱, 어린이 보호 구역 표지판 등이 있습니다.

5. 산과 염기

🌸 신나는 염색 놀이 하기

① 사이다, 식초, 오렌지주스 등 염색 놀이에 필요한 용액을 투명한 플라스틱 컵에 담아 준비합니다.

② 비닐을 깔고 그 위에 자주색 양배추즙으로 물들인 천을 올려놓습니다.

    ↳ 자주색 양배추즙을 산성 용액에 떨어뜨리면 붉은색 계열, 염기성 용액에 떨어뜨리면 푸른색이나 노란색 계열로 변합니다.

③ 용액을 선택해 천에 서너 방울 떨어뜨려 원하는 무늬가 나올 때까지 용액을 계속 떨어뜨립니다.

④ 염색 놀이가 끝난 뒤 천을 햇볕에 말립니다.

    ↳ 준비물: 점적병에 담긴 여러 가지 용액(식초, 레몬즙, 유리 세정제, 사이다, 빨랫비누 물, 석회수, 묽은 염산, 묽은 수산화 나트륨 용액), 보안경, 실험용 장갑

🌸 여러 가지 용액을 어떻게 분류할 수 있을까요?

(1) 여러 가지 용액의 특징 `탐구 1`

용액의 종류	특징	용액의 종류	특징
식초	• 연한 노란색이고, 투명하다. • 냄새가 나고, 거품이 유지되지 않는다.	빨랫비누 물	• 하얀색이고, 불투명하다. • 냄새가 나고, 거품이 유지된다.
레몬즙	• 연한 노란색이고, 불투명하다. • 냄새가 나고, 거품이 유지되지 않는다.	석회수	• 무색이고, 투명하다. • 냄새가 나지 않고, 거품이 유지되지 않는다.
유리 세정제	• 연한 푸른색이고, 투명하다. • 냄새가 나고 거품이 유지된다.	묽은 염산	• 무색이고, 투명하다. • 냄새가 나고, 거품이 유지되지 않는다.
사이다	• 무색이고, 투명하다. • 냄새가 나고, 거품이 유지되지 않는다.	묽은 수산화 나트륨 용액	• 무색이고, 투명하다. • 냄새가 나지 않고, 거품이 유지되지 않는다.

(2) 분류 기준에 따라 용액 분류하기 예 `탐구 2` `탐구 3`

분류 기준: 냄새가 나는가?

냄새가 나는 용액	식초, 레몬즙, 유리 세정제, 사이다, 빨랫비누 물, 묽은 염산
냄새가 나지 않는 용액	석회수, 묽은 수산화 나트륨 용액

`탐구 1` **투명한 용액**

▲ 식초　▲ 유리 세정제　▲ 사이다

▲ 석회수　▲ 묽은 염산　▲ 묽은 수산화 나트륨 용액

`탐구 2` **용액 분류하기**

분류 기준	흔들었을 때 거품이 3초 이상 유지되는가?
거품이 유지되는 용액	유리 세정제, 빨랫비누 물
거품이 유지되지 않는 용액	식초, 레몬즙, 사이다, 석회수, 묽은 염산, 묽은 수산화 나트륨 용액

`탐구 3` **겉보기 성질만으로 용액을 분류할 때의 어려움**

• 무색이고 투명한 용액은 쉽게 구분되지 않아 분류하기 어렵습니다.
• 어떤 용액들은 냄새를 맡기 어려워 분류하기 어렵습니다.

분류할 때 유의할 점

- 분류 기준은 객관적이어야 합니다. 예쁜 것, 귀여운 것 등은 사람마다 기준이 다를 수 있으므로 적절한 기준이라고 할 수 없습니다.
- 분류 기준이 명확해야 합니다. 크기가 큰 것, 무게가 무거운 것 등은 분류하기에 기준이 적절하지 않으므로 cm나 kg 같은 측정 단위를 사용하여 분류 기준을 정하는 것이 좋습니다.
- 분류할 때 일관성이 있어야 합니다.
- 분류된 것이 겹치면 안 됩니다. 기준을 명확하게 정하지 않으면 한 항목이 양쪽에 포함되는 오류가 생기기도 합니다.
- 분류 결과를 모았을 때 전체와 일치해야 합니다. 분류한 각각의 항목은 분류하기 이전과 같아야 합니다.

용어풀이

- ☀ 염색 물감 등을 사용하여 실이나 천 따위에 물을 들임.
- ☀ 자주색 양배추즙 용액에 떨어뜨리면 용액의 성질을 알 수 있음.
- ☀ 기준 기본이 되는 것
- ☀ 오류 잘못되어 이치에 어긋남.

개념을 확인해요

1 식초, 레몬즙은 연한 ☐☐☐ 입니다.

2 빨랫비누 물은 하얀색이고 ☐☐☐ 합니다.

3 유리 세정제와 빨랫비누 물은 흔들었을 때 ☐☐ 이 3초 이상 유지됩니다.

4 여러 가지 용액의 성질을 관찰한 뒤 분류할 수 있는 ☐☐ 을 세워 여러 가지 용액을 분류합니다.

5 식초, 레몬즙, 유리 세정제, 사이다, 빨랫비누 물, 묽은 염산은 ☐☐ 가 나는 용액이고, 석회수, 묽은 수산화 나트륨 용액은 ☐☐ 가 나지 않는 용액입니다.

6 식초, 레몬즙, 유리 세정제, 빨랫비누 물과 사이다, 석회수, 묽은 염산, 묽은 수산화 나트륨 용액으로 용액을 분류한 기준은 '☐☐ 이 있는가?'입니다.

7 무색이고 투명한 용액은 ☐☐☐ 성질만으로 용액을 분류하기 어렵습니다.

5. 산과 염기

┌→ 리트머스 종이, 페놀프탈레인 용액, 자주색 양배추 지시약 등이 있습니다.

✿ 지시약을 이용해 여러 가지 용액을 어떻게 분류할 수 있을까요?

(1) 리트머스 종이와 페놀프탈레인 용액의 색깔 변화 [탐구 1]

구분		용액
리트머스 종이의 색깔 변화	푸른색 → 붉은색	식초, 레몬즙, 사이다, 묽은 염산
	붉은색 → 푸른색	유리 세정제, 빨랫비누 물, 석회수, 묽은 수산화 나트륨 용액
페놀프탈레인 용액의 색깔 변화	변화가 없다.	식초, 레몬즙, 사이다, 묽은 염산
	붉은색	유리 세정제, 빨랫비누 물, 석회수, 묽은 수산화 나트륨 용액

(2) 리트머스 종이와 페놀프탈레인 용액의 색깔 변화로 용액 분류하기

산성 용액	• 푸른색 리트머스 종이를 붉은색으로 변하게 하고, 페놀프탈레인 용액의 색깔을 변하지 않게 하는 용액이다. ┌→ 푸른색 리트머스 종이를 붉은색으로 변하게 한 용액과 페놀프탈레인 용액의 색깔을 변하지 않게 한 용액은 같습니다. • 식초, 레몬즙, 사이다, 묽은 염산
염기성 용액	• 붉은색 리트머스 종이를 푸른색으로 변하게 하고, 페놀프탈레인 용액의 색깔을 붉은색으로 변하게 하는 용액이다. • 유리 세정제, 빨랫비누 물, 석회수, 묽은 수산화 나트륨 용액 ┌→ 붉은색 리트머스 종이를 푸른색으로 변하게 한 용액과 페놀프탈레인 용액의 색깔을 붉은색으로 변하게 한 용액은 같습니다.

(3) 자주색 양배추 지시약으로 용액 분류하기 [탐구 2]

① 자주색 양배추 지시약의 색깔 변화

산성 용액	구분	식초	레몬즙	사이다	묽은 염산
	지시약의 색깔 변화	붉은색	붉은색	연한 붉은색	붉은색
염기성 용액	구분	유리 세정제	빨랫비누 물	석회수	묽은 수산화 나트륨 용액
	지시약의 색깔 변화	푸른색	연한 푸른색	연한 푸른색	노란색

② 자주색 양배추 지시약: 산성 용액에서는 붉은색 계열의 색깔로 변하고, 염기성 용액에서는 푸른색이나 노란색 계열의 색깔로 변합니다.

[탐구 1] 리트머스 종이

• 리트머스 종이는 영국의 과학자 보일이 발명했습니다.
• 리트머스 종이는 리트머스 이끼에서 짜낸 붉은색 색소를 거름종이에 흡수시켜 만듭니다.

[탐구 2] 자주색 양배추 지시약 만드는 방법

▲ 자주색 양배추를 잘게 잘라 비커에 담습니다.

▲ 비커에 자주색 양배추가 잠길 정도로 뜨거운 물을 넣습니다.

▲ 자주색 양배추를 우려낸 용액을 충분히 식혀 거른 뒤 사용합니다.

● 자주색 양배추에 식초를 떨어뜨렸을 때의 색깔 변화

↓

• 자주색 양배추에 식초를 떨어뜨렸더니 식초가 떨어진 부분만 자주색 양배추의 색깔이 변하였습니다. 그 까닭은 자주색 양배추에 들어 있는 물질이 산성 용액인 식초에 의하여 색깔이 변하였기 때문입니다.
• 이 실험으로 자주색 양배추를 지시약으로 이용할 수 있다는 것을 알 수 있습니다.

개념을 확인해요

1 식초, 레몬즙, 사이다, 묽은 염산을 각각 한두 방울 떨어뜨린 푸른색 리트머스 종이는 □ □ □ 으로 변합니다.

2 푸른색 리트머스 종이를 붉은색으로 변하게 하고, 페놀프탈레인 용액의 색깔을 변하지 않게 하는 용액을 □ □ 용액이라고 합니다.

3 붉은색 리트머스 종이를 푸른색으로 변하게 하고, 페놀프탈레인 용액의 색깔을 붉은색으로 변하게 하는 용액을 □ □ □ 용액이라고 합니다.

4 자주색 양배추 지시약은 □ □ 용액에서는 붉은색 계열의 색깔로 변하고, □ □ □ 용액에서는 푸른색이나 노란색 계열의 색깔로 변합니다.

5 식초, 레몬즙, 사이다, 묽은 염산에 자주색 양배추 지시약을 떨어뜨리면 □ □ □ 계열의 색깔로 변합니다.

6 유리 세정제, 석회수, 묽은 수산화 나트륨 용액에 자주색 양배추 지시약을 떨어뜨리면 푸른색이나 노란색 계열의 색깔로 변하기 때문에 □ □ □ 용액입니다.

5

단원

5. 산과 염기

산성 용액과 염기성 용액에 물질을 넣으면 어떻게 될까요?

탐구 1 탐구 2 탐구 3

(1) 묽은 염산(산성 용액)에 여러 가지 물질 넣어 보기

묽은 염산 +달걀 껍데기	묽은 염산 +삶은 달걀 흰자	묽은 염산 +대리석 조각	묽은 염산 +두부

묽은 염산 +달걀 껍데기	• 달걀 껍데기 표면에서 기포가 발생한다. • 시간이 지남에 따라 껍데기는 점차 사라지고 막만 남는다. → 바깥쪽 껍데기가 녹아 없어집니다.
묽은 염산 +삶은 달걀 흰자	변화가 없다. └ 대리석 조각이 녹습니다.
묽은 염산 +대리석 조각	• 대리석 조각 표면에서 기포가 발생한다. • 시간이 지남에 따라 크기가 점점 작아진다.
묽은 염산+두부	변화가 없다.

(2) 묽은 수산화 나트륨 용액(염기성 용액)에 여러 가지 물질 넣어 보기

묽은 수산화 나트륨 용액 +달걀 껍데기	묽은 수산화 나트륨 용액 +삶은 달걀 흰자	묽은 수산화 나트륨 용액 +대리석 조각	묽은 수산화 나트륨 용액 +두부

묽은 수산화 나트륨 용액 +달걀 껍데기	변화가 없다.
묽은 수산화 나트륨 용액 +삶은 달걀 흰자	• 삶은 달걀 흰자는 흐물흐물해진다. • 시간이 지남에 따라 뿌옇게 흐려진다.
묽은 수산화 나트륨 용액 +대리석 조각	변화가 없다.
묽은 수산화 나트륨 용액 +두부	• 두부는 흐물흐물해진다. • 시간이 지남에 따라 뿌옇게 흐려진다.

탐구 1 **실험을 통해 변화가 일어난 용액의 공통점**

• 묽은 염산: 달걀 껍데기와 대리석 조각은 녹이지만, 두부와 삶은 달걀 흰자는 녹이지 못합니다.
• 묽은 수산화 나트륨 용액: 두부와 삶은 달걀 흰자는 녹이지만 달걀 껍데기와 대리석 조각은 녹이지 못합니다.

탐구 2 **대리석**

• 석회암이 열이나 압력을 받아서 변한 암석으로 주된 성분은 석회암과 마찬가지로 탄산 칼슘입니다.
• 대리석은 특유의 아름다운 무늬가 있어서 고대 이집트 시대부터 건축물이나 조각품의 재료로 많이 쓰였습니다.
• 자연 대리석은 가격이 비싸서 최근에는 인공 대리석이 건축에 많이 사용됩니다.

탐구 3 **묽은 염산에 석회석을 넣고, 묽은 수산화 나트륨 용액에 닭 가슴살을 넣었을 때 변화**

▲ 묽은 염산에 석회석을 넣으면 기포가 발생하고 석회석이 녹습니다.

▲ 묽은 수산화 나트륨 용액에 닭 가슴살을 넣으면 닭 가슴살이 녹아 흐물흐물해집니다.

서울 원각사지 십층 석탑에 유리 보호 장치를 한 까닭

- 서울 원각사지 십층 석탑은 조선 세조 13년(1467년)에 완성된 대리석 석탑으로, 서울시 종로구 탑골 공원에 있습니다.
- 산성을 띤 빗물에 탑이 많이 훼손되어서 2000년 이후 유리 보호 장치를 씌운 채로 야외에 전시해 놓고 있습니다.
- 산성을 띤 빗물 외에 새의 배설물 같은 산성 물질이 탑에 닿아도 탑이 훼손됩니다.

산성비의 피해

- 식물: 식물체의 잎에 흡수될 경우 잎이 부식되어 하얗게 되고 구멍이 생기며 엽록소가 파괴되어 색깔이 누렇게 되고 빨리 떨어집니다.
- 토양: 토양을 산성화시키고 토양 안의 미생물이 죽게 되며 결국 식물도 살아갈 수 없게 됩니다.
- 물: 비나 육지의 지표수에서 들어오는 오염 물질이 순환하지 못하고 축적되어 박테리아가 죽게 되고, 물고기나 양서류가 생식력을 잃게 됩니다.
- 문화재: 금속이나 대리석으로 만들어진 동상 등의 문화재와 각종 구조물을 부식시킵니다.

용 어 풀 이

- **산성** 용액이 가진 산의 세기가 7보다 작은 것으로, 신맛이 나는 공통점이 있음.
- **염기성** 용액이 가진 산의 세기가 7보다 큰 것으로, 공통적으로 쓴맛이 나거나 피부에 닿으면 미끈미끈한 느낌을 줌.

개념을 **확인해요**

1 묽은 염산은 ☐☐ 용액이고, 묽은 수산화 나트륨 용액은 ☐☐☐ 용액입니다.

2 묽은 염산에 달걀 껍데기를 넣으면 ☐ ☐ 가 발생하면서 달걀 껍데기가 녹습니다.

3 묽은 염산에 대리석 조각을 넣으면 ☐ ☐ 가 발생하면서 대리석 조각의 크기가 점점 작아집니다.

4 묽은 ☐☐☐☐☐ 용액에 두부를 넣으면 흐물흐물해집니다.

5 묽은 ☐☐☐☐☐ 용액에 달걀 껍데기와 대리석 조각을 넣으면 변화가 없습니다.

6 ☐☐ 용액은 달걀 껍데기와 대리석 조각을 녹입니다.

7 ☐☐☐ 용액은 삶은 달걀 흰자와 두부를 녹입니다.

8 ☐☐ 용액은 삶은 달걀 흰자와 두부를 녹이지 못하고, ☐☐☐ 용액은 달걀 껍데기와 대리석 조각을 녹이지 못합니다.

5. 산과 염기

🌸 **산성 용액과 염기성 용액을 섞으면 어떻게 될까요?**

(1) 실험 방법

① 삼각 플라스크에 묽은 염산 20 mL를 넣고, 자주색 양배추 지시약을 열 방울 떨어뜨립니다.

② ①의 삼각 플라스크에 묽은 수산화 나트륨 용액을 5 mL씩 여섯 번 넣으면서 지시약의 색깔 변화를 관찰합니다.

③ 관찰한 지시약의 색깔 변화를 자주색 양배추 지시약의 색깔 변화표와 비교해 봅니다.

▲ 묽은 염산 20 mL

▲ 묽은 염산+자주색 양배추 지시약

▲ 묽은 수산화 나트륨 용액을 2회 넣었을 때

▲ 묽은 수산화 나트륨 용액을 4회 넣었을 때

← 산성이 강함.　　　　　　　　　　　　　 염기성이 강함. →

▲ 자주색 양배추 지시약의 색깔 변화표

④ 묽은 수산화 나트륨 용액과 묽은 염산을 바꿔 ①~③과 같은 방법으로 실험합니다. **실험 1**

(2) 실험 결과 **탐구 1**

① 묽은 염산과 자주색 양배추 지시약이 들어 있는 삼각 플라스크에 묽은 수산화 나트륨 용액을 넣었을 때: 처음에 붉은색이었다가 분홍색, 보라색을 거쳐 점차 청록색으로 변했습니다.
　　점차 붉은색 계열의 색깔에서 푸른색 계열의 색깔로 변했습니다. ●

② 묽은 수산화 나트륨 용액과 자주색 양배추 지시약이 들어 있는 삼각 플라스크에 묽은 염산을 넣었을 때: 처음에 노란색이었다가 청록색, 보라색을 거쳐 붉은색으로 변했습니다.
　　점차 푸른색 계열의 색깔에서 붉은색 계열의 색깔로 변했습니다. ●

실험 1 묽은 수산화 나트륨 용액에 묽은 염산을 넣었을 때

▲ 묽은 수산화 나트륨 용액 20 mL

▲ 묽은 수산화 나트륨 용액+자주색 양배추 지시약

▲ 묽은 염산을 6회 넣었을 때

탐구 1 산성 용액과 염기성 용액을 섞는 실험을 통해 알 수 있는 사실

• 산성 용액에 염기성 용액을 넣을수록 산성이 점점 약해집니다.

• 염기성 용액에 산성 용액을 넣을수록 염기성이 점점 약해집니다.

• 섞은 용액 속에 있는 산성을 띠는 물질과 염기성을 띠는 물질이 서로 짝을 맞추면서 각각의 성질을 잃어버리기 때문입니다.

염산이 누출된 사고 현장에 소석회를 뿌리는 까닭

- 소석회는 석회수를 만들 때 물과 함께 섞는 물질입니다.
- 염산은 산성 용액이므로 염기성을 띤 소석회를 뿌리면 산성인 염산의 성질이 점차 약해지기 때문입니다.

중화 반응

- 산성 용액에 염기성 용액을 조금씩 넣거나 또는 염기성 용액에 산성 용액을 조금씩 넣으면 산성도 염기성도 아닌 중성 용액이 됩니다.
- 산과 염기가 반응하여 산성과 염기성의 성질을 잃고 중성 물질이 생기는 반응을 '중화 반응'이라고 합니다.

산성 용액과 염기성 용액의 처리 방법

- 산성 용액: 염기성 용액을 섞어 중화시킨 후 많은 양의 물로 희석시켜 흘려보냅니다.
- 염기성 용액: 산성 용액을 섞어 중화시킨 후 많은 양의 물로 희석시켜 흘려보냅니다.

용 어 풀 이

- ✳ **염산** 물에 염화 수소를 녹여 만든 용액
- ✳ **누출** 액체나 기체 따위가 밖으로 새어 나옴.
- ✳ **석회수** 수산화 칼슘을 물에 녹인 것으로 강한 염기성을 나타냄.
- ✳ **희석** 물 또는 다른 용해제를 가하여 묽게 함.

개념을 확인해요

1 삼각 플라스크에 묽은 염산 20 mL를 넣고 자주색 양배추 지시약을 열 방울 떨어뜨리면 처음에 ☐☐☐으로 변합니다.

2 묽은 염산에 자주색 양배추 지시약을 떨어뜨린 삼각 플라스크 속 용액에 묽은 수산화 나트륨 용액을 넣을수록 점차 ☐☐☐ 계열의 색깔로 변합니다.

3 삼각 플라스크에 묽은 수산화 나트륨 용액 20 mL를 넣고 자주색 양배추 지시약을 열 방울 떨어뜨리면 처음에 ☐☐☐으로 변합니다.

4 묽은 수산화 나트륨 용액에 자주색 양배추 지시약을 떨어뜨린 삼각 플라스크 속 용액에 묽은 염산을 넣을수록 점차 ☐☐☐ 계열의 색깔로 변합니다.

5 산성 용액에 ☐☐☐ 용액을 넣을수록 산성이 점점 약해집니다.

6 염기성 용액에 ☐☐ 용액을 넣을수록 염기성이 점점 약해집니다.

5. 산과 염기

🌸 우리 생활에서 산성 용액과 염기성 용액을 어떻게 이용할까요?

(1) 요구르트의 성질 알아보기

　① 푸른색 리트머스 종이가 붉은색으로 변했습니다.

　② 붉은색 리트머스 종이는 변하지 않았습니다.

　③ 페놀프탈레인 용액의 색깔은 변하지 않았습니다.

(2) 물에 녹인 치약의 성질 알아보기

　① 붉은색 리트머스 종이가 푸른색으로 변했습니다.

　② 푸른색 리트머스 종이는 변하지 않았습니다.

　③ 페놀프탈레인 용액의 색깔이 붉은색으로 변했습니다.

(3) 실험 결과로 알 수 있는 요구르트와 치약의 성질

　① 요구르트는 푸른색 리트머스 종이를 붉은색으로 변하게 하고, 페놀프탈레인 용액의 색깔은 변하지 않게 하므로 산성 용액입니다.

　② 물에 녹인 치약은 붉은색 리트머스 종이를 푸른색으로 변하게 하고, 페놀프탈레인 용액의 색깔을 붉은색으로 변하게 하므로 염기성 용액입니다.

(4) 요구르트를 마시고 난 뒤 양치질을 해야 하는 까닭 　탐구 1 　탐구 2

　① 요구르트를 마시면 입안이 산성 환경이 되어 충치를 일으키는 세균이 활발히 활동을 합니다. → 충치를 만드는 세균들은 입안의 산성 환경에서 활발히 활동하는데 여기에 당분이 첨가되면 세균들이 더욱 활발히 활동해 충치가 많이 생길 수 있습니다.

　② 이때 염기성인 치약으로 양치질을 하면 입안의 산성 물질을 없애 세균의 활동을 억제하는 효과가 있습니다. → 요구르트는 입안을 산성 환경으로 만들지만 염기성인 치약은 산성 환경을 없애고 세균 활동을 억제합니다.

🌸 천연 지시약으로 협동화 그리기

　① 천연 지시약을 만드는 식물: 자주색 양배추, 장미꽃, 비트, 가지, 검은콩 , 포도 등이 있습니다. 　탐구 3

　② 천연 지시약으로 협동화 그리기

　　• 천연 지시약을 만들고 충분히 식힌 뒤 비커에 담습니다.

　　• 여러 가지 용액을 24홈판에 담은 뒤 천연 지시약을 한 방울씩 떨어뜨리며 색깔 변화를 관찰합니다.

　　• 지시약의 색깔 변화를 생각하며 협동화의 밑그림을 그립니다.

　　• 다양한 색깔의 용액으로 24홈판을 꾸민 뒤 이를 모아 협동화를 완성해 봅니다.

탐구 1 산성 용액의 이용

▲ 생선을 손질한 도마를 식초로 닦아 냅니다.

▲ 변기용 세제로 변기를 청소합니다.

탐구 2 염기성 용액의 이용

▲ 속 쓰릴 때 제산제를 먹습니다.

▲ 표백제로 욕실을 청소합니다.

탐구 3 천연 지시약 만들기

• 천연 재료를 가위 등으로 잘게 자른 뒤 뜨거운 물을 부은 다음 천으로 거릅니다.

• 천연 재료를 믹서로 간 다음 헝겊으로 짜서 즙을 만듭니다.

• 천연 재료를 잘게 자른 뒤 물에 넣고 휴대용 가스레인지로 끓인 다음 거릅니다.

☺ 제산제

- 속이 쓰린 까닭은 산성인 위액이 지나치게 많이 분비되어 위를 자극하기 때문입니다.
- 이때 염기성인 제산제를 먹어 위액의 산성을 약하게 하면 속 쓰림이 줄어듭니다.

☺ 살아 있는 지시약 수국

- 수국은 꽃이 피는 위치에 따라 꽃 색깔이 다르기 때문에 살아 있는 지시약이라고 불립니다.
- 수국에는 산성 용액에서는 붉은색 계열로, 염기성 용액에서는 푸른색 계열로 변하는 안토사이아닌 색소가 들어 있는데, 이 색소가 수국에서는 반대의 색깔 변화를 보입니다. 즉, 산성 흙에서 푸른색, 염기성 흙에서 붉은색을 보입니다.
- 이는 흙속에 들어 있는 황산 알루미늄의 양이 영향을 끼쳐서, 황산 알루미늄이 많으면 산성을 띠어 수국의 꽃 색깔이 푸른색이 되고 적으면 붉은색이 됩니다.

개념을 확인해요

1 요구르트는 푸른색 리트머스 종이를 [ ] [ ][ ]으로 변하게 합니다.

2 요구르트를 담은 비커에 [ ][ ][ ] [ ][ ][ ] 용액을 떨어뜨리면 색깔이 변하지 않습니다.

3 물에 녹인 치약은 붉은색 리트머스 종이를 [ ][ ][ ]으로 변하게 합니다.

4 물에 녹인 치약을 담은 비커에 페놀프탈레인 용액을 떨어뜨리면 [ ][ ][ ]으로 변합니다.

5 요구르트는 [ ][ ] 용액이고, 물에 녹인 치약은 [ ][ ][ ] 용액입니다.

6 충치를 만드는 세균은 [ ][ ] 환경에서 활발히 활동하기 때문에 [ ][ ][ ] 물질인 치약으로 양치질을 해야 합니다.

7 식초, 변기용 세제는 [ ][ ] 용액입니다.

8 속 쓰릴 때 먹는 제산제, 청소할 때 쓰는 표백제는 [ ][ ][ ] 용액입니다.

핵심 1

여러 가지 용액의 성질을 관찰한 뒤 분류할 수 있는 기준을 정해 분류할 수 있습니다.

1 다음과 같이 여러 가지 용액을 나눈 기준은 무엇입니까? (   )

| 식초, 레몬즙, 유리 세정제, 빨랫비누 물 | 사이다, 석회수, 묽은 염산, 묽은 수산화 나트륨 용액 |

① 투명한가?
② 냄새가 나는가?
③ 색깔이 있는가?
④ 만지면 끈적거리는가?
⑤ 흔들었을 때 거품이 3초 이상 유지되는가?

2 다음과 같은 기준으로 여러 가지 용액을 나누었을 때 분류가 바르지 않은 것을 쓰시오.

분류 기준: 투명한가?	
그렇다.	그렇지 않다.
식초, 유리 세정제, 사이다, 묽은 염산, 묽은 수산화 나트륨 용액	석회수, 레몬즙, 빨랫비누 물

(   )

3 다음 용액의 공통점을 모두 고르시오.
(,   )

| 유리 세정제, 빨랫비누 물 |

① 무색이다.
② 투명하다.
③ 냄새가 난다.
④ 먹을 수 있다.
⑤ 흔들었을 때 거품이 3초 이상 유지된다.

핵심 2

산성 용액은 푸른색 리트머스 종이를 붉은색으로 변하게 하고 페놀프탈레인 용액의 색깔을 변하지 않게 합니다. 염기성 용액은 붉은색 리트머스 종이를 푸른색으로 변하게 하고 페놀프탈레인 용액의 색깔을 붉은색으로 변하게 합니다.

4 푸른색 리트머스 종이와 반응하는 용액이 아닌 것은 무엇입니까? (   )

① 식초   ② 레몬즙
③ 사이다   ④ 석회수
⑤ 묽은 염산

5 묽은 수산화 나트륨 용액을 붉은색 리트머스 종이에 떨어뜨렸을 때의 변화를 골라 기호를 쓰시오.

| ⊙ 변화가 없다.
ⓒ 푸른색으로 변하게 한다.
ⓒ 붉은색이 더 진하게 변한다. |

(   )

6 페놀프탈레인 용액과 반응하는 용액이 아닌 것은 무엇입니까? (   )

① 석회수
② 묽은 염산
③ 빨랫비누 물
④ 유리 세정제
⑤ 묽은 수산화 나트륨 용액

7 (   ) 안에 알맞은 말을 쓰시오.

붉은색 리트머스 종이를 푸른색으로 변하게 하고, 페놀프탈레인 용액의 색깔을 붉은색으로 변하게 하는 용액을 (   ) 용액이라고 한다.

(   )

핵심 3

자주색 양배추 지시약은 산성 용액에서는 붉은색 계열의 색깔로 변하고, 염기성 용액에서는 푸른색이나 노란색 계열의 색깔로 변합니다.

8 묽은 염산에 자주색 양배추 지시약을 두세 방울 떨어뜨렸을 때의 색깔 변화로 바른 것은 어느 것입니까? ( )

① 붉은색 계열의 색깔로 변한다.
② 노란색 계열의 색깔로 변한다.
③ 푸른색 계열의 색깔로 변한다.
④ 보라색 계열의 색깔로 변한다.
⑤ 검은색 계열의 색깔로 변한다.

9 위 8번 정답으로 묽은 염산이 산성 용액과 염기성 용액 중 어느 것인지 쓰시오.

( )

10 다음과 같은 용액에 자주색 양배추 지시약을 떨어뜨렸을 때 색깔이 어떻게 변하는지 기호를 쓰시오.

유리 세정제, 빨랫비누 물,
석회수, 묽은 수산화 나트륨 용액

㉠ 붉은색 계열의 색깔
㉡ 푸른색이나 노란색 계열의 색깔

( )

11 위 10번 용액의 색깔 변화를 보고 용액이 산성 용액인지 염기성 용액인지 쓰시오.

( )

핵심 4

산성 용액은 달걀 껍데기와 대리석 조각을 녹이고, 염기성 용액은 삶은 달걀 흰자와 두부를 녹입니다.

12 비커에 들어 있는 용액에 달걀 껍데기를 넣은 모습입니다. 어떤 용액인지 보 기 에서 골라 기호를 쓰시오.

보기
㉠ 묽은 염산
㉡ 묽은 수산화 나트륨 용액

( )

5
단원

13 묽은 수산화 나트륨 용액에 넣었을 때 변화가 나타나는 물질을 보 기 에서 모두 골라 쓰시오.

보기
달걀 껍데기, 삶은 달걀 흰자,
대리석 조각, 두부

( )

14 위 13번 정답의 물질을 묽은 수산화 나트륨 용액에 넣었을 때 나타나는 변화를 쓰시오.

핵심 5

산성 용액에 염기성 용액을 넣을수록 산성이 점점 약해지고, 염기성 용액에 산성 용액을 넣을수록 염기성이 점점 약해집니다.

[15~16] 자주색 양배추 지시약의 색깔 변화표입니다.

⊙   ⓒ

15 묽은 염산 20 mL와 자주색 양배추 지시약 열 방울이 들어 있는 삼각 플라스크에 묽은 수산화 나트륨 용액을 넣을수록 지시약의 색깔은 어느 방향으로 변하는지 기호를 쓰시오.

( )

16 묽은 수산화 나트륨 용액에 자주색 양배추 지시약을 떨어뜨렸을 때 지시약의 색깔은 어떤 색으로 변하는지 자주색 양배추 지시약의 색깔 변화표에서 찾아 기호를 쓰시오.

( )

17 자주색 양배추 지시약을 떨어뜨린 묽은 수산화 나트륨 용액의 색깔을 붉은색 계열의 색깔로 변하게 하려면 어떤 성질의 용액을 넣어야 하는지 쓰시오.

( )

18 ⊙과 ⓒ에 알맞은 말을 쓰시오.

산성 용액에 ( ) 용액을 넣을수록 산성이 점점 약해지고, 염기성 용액에 ( ) 용액을 넣을수록 염기성이 점점 약해진다.

⊙: ( )
ⓒ: ( )

핵심 6

요구르트는 산성 용액이고, 물에 녹인 치약은 염기성 용액입니다.

19 요구르트를 리트머스 종이에 떨어뜨렸을 때 색깔 변화를 쓰시오.

(1) 푸른색 리트머스 종이: _____

(2) 붉은색 리트머스 종이: _____

20 위 19번 리트머스 종이의 색깔 변화를 통해 요구르트는 산성 용액과 염기성 용액 중 어느 것인지 쓰시오.

( )

21 물에 녹인 치약의 성질을 바르게 설명한 것은 어느 것입니까? ( )

① 산성 용액이다.
② 페놀프탈레인 용액의 색깔을 변하지 않게 한다.
③ 푸른색 리트머스 종이를 붉은색으로 변하게 한다.
④ 붉은색 리트머스 종이의 색깔을 변하지 않게 한다.
⑤ 페놀프탈레인 용액의 색깔을 붉은색으로 변하게 한다.

22 물에 녹인 치약은 산성 용액과 염기성 용액 중 어느 것인지 쓰시오.

( )

핵심 7

산성 용액과 염기성 용액은 변기용 세제, 제산제, 표백제 등 다양하게 쓰이고 있습니다.

23 생선을 손질한 도마를 닦아 낼 때는 어떤 성질의 용액을 사용해야 하는지 기호를 쓰시오.

> ㉠ 산성 용액
> ㉡ 염기성 용액

(   )

24 우리 생활에서 이용되는 용액과 용액의 성질이 바르게 짝 지어진 것은 무엇입니까? (   )

① 표백제 – 산성 용액
② 사이다 –염기성 용액
③ 제산제 – 염기성 용액
④ 변기용 세제 – 염기성 용액
⑤ 하수구 세정제 – 산성 용액

25 여러 가지 주스는 산성 용액과 염기성 용액 중 어느 것인지 쓰시오.

> 오렌지 주스, 사과 주스, 포도 주스

(   )

26 속 쓰릴 때 먹는 것은 무엇입니까? (   )

① 식초   ② 레몬즙
③ 제산제   ④ 요구르트
⑤ 오렌지 주스

핵심 8

천연 재료로 나만의 천연 지시약을 만들어 협동화를 그려 봅니다.

27 천연 지시약을 만들 수 있는 식물이 아닌 것은 무엇입니까? (   )

① 가지   ② 오이
③ 비트   ④ 장미꽃
⑤ 검은콩

28 천연 지시약을 이용해 협동화를 그리는 과정입니다. 순서대로 기호를 쓰시오.

> ㉠ 천연 지시약을 만들고 충분히 식힌 뒤 비커에 담는다.
> ㉡ 다양한 색깔의 용액으로 24홈판을 꾸민 뒤 이를 모아 협동화를 완성한다.
> ㉢ 협동화의 밑그림을 그려 본다.
> ㉣ 여러 가지 용액을 24홈판에 담은 뒤 천연 지시약을 한 방울씩 떨어뜨리며 색깔 변화를 관찰한다.

(   )

29 자주색 양배추로 만든 천연 지시약의 색깔 변화를 생각하며 협동화의 밑그림을 그린 모습입니다. 산성 용액은 어느 것인지 기호를 쓰시오.

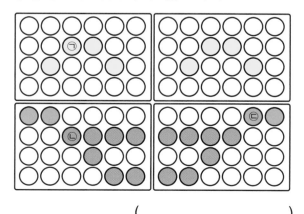

(   )

1 ( ) 안에 알맞은 말을 쓰시오.

> 우리 주변의 여러 가지 용액을 관찰한 뒤 분류할 수 있는 ( )을 세워 용액을 분류한다.

( )

2 다음과 같은 특징을 가진 용액은 무엇입니까?

( )

> • 연한 노란색이다.
> • 투명하며, 냄새가 난다.

① 식초
② 사이다
③ 석회수
④ 묽은 염산
⑤ 유리 세정제

주의

3 ㉠에 들어갈 용액을 보기에서 모두 골라 쓰시오.

> 분류 기준: 색깔이 있는가?

그렇다. ㉠

그렇지 않다. ㉡

보기

> 식초, 레몬즙, 유리 세정제,
> 사이다, 빨랫비누 물, 석회수,
> 묽은 염산, 묽은 수산화 나트륨 용액

4 다음에서 설명하는 것은 무엇인지 쓰시오.

> 어떤 용액을 만났을 때에 그 용액의 성질에 따라 눈에 띄는 변화가 나타나는 물질이다.

( )

5 푸른색 리트머스 종이에 용액을 떨어뜨렸을 때 색깔이 오른쪽과 같이 변하는 용액은 어느 것입니까?

( )

① 레몬즙
② 석회수
③ 유리 세정제
④ 빨랫비누 물
⑤ 묽은 수산화 나트륨 용액

6 붉은색 리트머스 종이에 묽은 수산화 나트륨 용액을 떨어뜨렸을 때 색깔 변화로 바른 것은 어느 것인지 기호를 쓰시오.

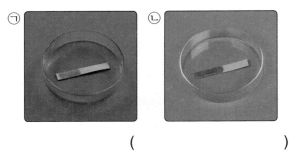

㉠ ㉡

( )

서술형

7 페놀프탈레인 용액을 염기성 용액에 떨어뜨렸을 때 변화를 쓰시오.

8 24홈판에 들어 있는 여러 가지 용액에 자주색 양배추 지시약을 두세 방울 떨어뜨렸을 때, 색깔 변화입니다. 산성 용액을 모두 골라 기호를 쓰시오.

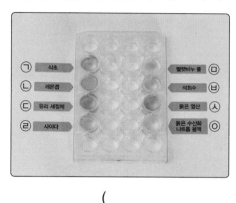

( )

9 다음 여러 가지 물질 중 묽은 염산에 넣었을 때 변화가 나타나는 것은 무엇인지 모두 골라 쓰시오.

> 달걀 껍데기, 삶은 달걀 흰자,
> 대리석 조각, 두부

( )

10 묽은 수산화 나트륨 용액이 담긴 비커에 두부를 넣었을 때 어떤 변화가 나타납니까? ( )

① 기포가 발생한다.
② 아무 변화가 없다.
③ 두부가 단단해진다.
④ 용액이 뿌옇게 흐려진다.
⑤ 묽은 수산화 나트륨 용액이 붉은색으로 변한다.

11 앞 10번 정답을 통해 알 수 있는 사실은 무엇인지 기호를 쓰시오.

> ㉠ 염기성 용액은 삶은 달걀 흰자, 두부 등을 녹인다.
> ㉡ 염기성 용액에 삶은 달걀 흰자, 두부 등을 넣어도 아무 변화가 없다.

( )

12 다음은 대리석으로 만들어진 서울 원각사지 십층 석탑에 유리 보호 장치를 한 까닭입니다. ( ) 안의 알맞은 말에 ○표 하시오.

> (산성 물질 , 염기성 물질)에 의해 대리석으로 만들어진 서울 원각사지 십층 석탑이 훼손될 수 있기 때문이다.

[13~14] 지시약의 색깔 변화를 관찰해 보았습니다.

> (가) 삼각 플라스크에 묽은 염산 20 mL를 넣고, 자주색 양배추 지시약을 열 방울 떨어뜨린다.
> (나) 삼각 플라스크에 묽은 수산화 나트륨 용액을 5 mL씩 여섯 번 넣는다.

13 위 실험 (가)에서 자주색 양배추 지시약은 어떤 색깔로 변합니까? ( )

① 붉은색   ② 노란색
③ 보라색   ④ 파란색
⑤ 초록색

14 앞 13번 실험 결과 (나)에서 지시약의 색깔은 어떻게 변하는지 기호를 쓰시오.

> ㉠ 색깔이 점점 푸른색 계열로 변한다.
> ㉡ 색깔이 점점 보라색 계열로 변한다.

( )

15 자주색 양배추 지시약의 색깔 변화표입니다. 산성이 강해지는 쪽과 염기성이 강해지는 쪽을 각각 기호로 쓰시오.

㉠ ㉡

(1) 산성이 강해지는 쪽: ( )
(2) 염기성이 강해지는 쪽: ( )

16 산성의 성질이 강한 경우는 언제인지 기호를 쓰시오.

> ㉠ 산성 용액에 염기성 용액을 많이 넣었을 때
> ㉡ 염기성 용액에 산성 용액을 많이 넣었을 때

( )

17 푸른색 리트머스 종이에 요구르트를 떨어뜨렸을 때, 어떻게 변하는지 기호를 쓰시오.

> ㉠ 변화가 없다.
> ㉡ 붉은색으로 변한다.

( )

18 생선을 손질한 도마를 닦기 위해서 사용하는 용액은 산성 용액인지 염기성 용액인지 쓰시오.

( )

19 다음 중 염기성 용액은 어느 것입니까? ( )

① 식초 ② 제산제
③ 요구르트 ④ 오렌지 주스
⑤ 변기용 세제

20 천연 지시약을 만들 때 사용할 수 있는 재료가 <u>아닌</u> 것은 무엇입니까? ( )

① 무 ② 가지
③ 비트 ④ 검은콩
⑤ 자주색 양배추

1 다음에서 설명하는 용액은 무엇입니까? ( )

> • 하얀색이고 불투명하다.
> • 흔들면 3초 이상 거품이 유지된다.

① 식초
② 묽은 염산
③ 빨랫비누 물
④ 유리 세정제
⑤ 묽은 수산화 나트륨 용액

주의

2 다음과 같은 기준으로 용액을 분류하였을 때 잘못 분류한 용액은 무엇인지 쓰시오.

> **분류 기준: 투명한가?**
>
> 그렇다. / 그렇지 않다.
>
> | 식초, 유리 세정제, 사이다, 석회수, 묽은 수산화 나트륨 용액 | 레몬즙, 묽은 염산, 빨랫비누 물 |

( )

3 다음과 같이 용액을 분류한 기준은 무엇입니까? ( )

> **분류 기준:**
>
> 그렇다. / 그렇지 않다.
>
> | 식초, 레몬즙, 유리 세정제, 빨랫비누 물 | 사이다, 석회수, 묽은 염산, 묽은 수산화 나트륨 용액 |

① 투명한가?
② 색깔이 있는가?
③ 냄새가 나는가?
④ 먹을 수 있는가?
⑤ 흔들었을 때 거품이 3초 이상 유지되는가?

4 식초를 푸른색 리트머스 종이에 떨어뜨렸을 때의 변화로 바른 것은 어느 것인지 기호를 쓰시오.

㉠ ㉡

( )

중요

5 리트머스 종이와 페놀프탈레인 용액으로 염기성 용액을 분류할 때 푸른색으로 변하는 경우는 어느 것인지 기호를 쓰시오.

> ㉠ 푸른색 리트머스 종이에 용액을 떨어뜨렸을 때
> ㉡ 붉은색 리트머스 종이에 용액을 떨어뜨렸을 때
> ㉢ 페놀프탈레인 용액을 떨어뜨렸을 때

( )

6 다음에서 설명하는 용액이 산성 용액인지 염기성 용액인지 쓰시오.

> ㉠ 푸른색 리트머스 종이를 붉은색으로 변하게 하고, 페놀프탈레인 용액의 색깔을 변하지 않게 하는 용액이다.
> ㉡ 붉은색 리트머스 종이를 푸른색으로 변하게 하고, 페놀프탈레인 용액의 색깔을 붉은색으로 변하게 하는 용액이다.

㉠: ( )
㉡: ( )

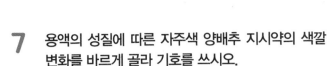
7 용액의 성질에 따른 자주색 양배추 지시약의 색깔 변화를 바르게 골라 기호를 쓰시오.

> ㉠ 노란색 계열
> ㉡ 푸른색 계열
> ㉢ 붉은색 계열

(1) 산성 용액일 때: (　　　　　　　)

(2) 염기성 용액일 때: (　　　　　　　)

8 다음을 읽고 바른 것은 ○표, 바르지 <u>않은</u> 것은 × 표를 하시오.

(1) 묽은 염산과, 사이다는 푸른색 리트머스 종이 를 붉은색으로 변하게 합니다. (　　　)

(2) 석회수, 유리 세정제는 페놀프탈레인 용액의 색깔을 변하지 않게 합니다. (　　　)

(3) 리트머스 종이, 페놀프탈레인 용액, 자주색 양 배추 지시약을 이용해 용액을 산성 용액과 염기 성 용액으로 분류한 결과는 서로 일치합니다.

(　　　)

9 어떤 용액에 달걀 껍데기를 넣었을 때, 기포가 발생 하며 껍데기가 녹는 변화가 나타났습니다. 이 용액 은 무엇인지 보기에서 골라 쓰시오.

> 보기
> 묽은 염산, 묽은 수산화 나트륨 용액

(　　　　　　　)

10 묽은 수산화 나트륨 용액에 삶은 달걀 흰자를 넣었 을 때 변화는 어느 것인지 기호를 쓰시오.

㉠

㉡

(　　　　　　　)

11 다음을 읽고, ㉠과 ㉡에 산성 용액과 염기성 용액 중 알맞은 말을 쓰시오.

> (　㉠　)에 달걀 껍데기와 대리석 조각 을 넣으면 기포가 발생하고 달걀 껍데기와 대리석 조각이 녹는다. (　㉡　)에 삶은 달걀 흰자와 두부를 넣으면 삶은 달걀 흰자 와 두부가 녹아 흐물흐물해지며 용액이 뿌옇 게 흐려진다.

㉠: (　　　　　　　)

㉡: (　　　　　　　)

12 서울 원각사지 십층 석탑에 유리 보호 장치를 한 까 닭입니다. (　　) 안에 알맞은 말을 쓰시오.

> 서울 원각사지 십층 석탑은 대리석이기 때 문에 (　　　)을 띤 빗물에 훼손될 수 있어 서 유리 보호 장치를 했다.

(　　　　　　　)

13 묽은 염산 20 mL에 자주색 양배추 지시약을 넣은 후 산성이 약해지게 하려면 어떻게 해야 합니까?

(　　　)

① 식초를 넣는다.

② 레몬즙을 넣는다.

③ 묽은 염산을 더 넣는다.

④ 자주색 양배추 지시약을 더 넣는다.

⑤ 묽은 수산화 나트륨 용액을 5 mL씩 여섯 번 넣 는다.

14 어떤 용액에 자주색 양배추 지시약을 떨어뜨리고, 다른 성질의 용액을 넣어 용액의 색깔 변화를 관찰한 모습입니다. 알 수 있는 사실을 모두 골라 기호를 쓰시오.

 →  →

> ㉠ 염기성 용액에 산성 용액을 넣은 것이다.
> ㉡ 산성 용액에 염기성 용액을 넣은 것이다.
> ㉢ 염기성이 점점 약해진다.

( )

15 위 **14** 번 실험에서 자주색 양배추 지시약의 역할을 바르게 설명한 것은 어느 것입니까? ( )

① 용액의 양을 색깔 변화를 통해 알려준다.
② 산성에서는 푸른색 계열의 색깔로 변한다.
③ 용액의 온도를 색깔 변화를 통해 알려준다.
④ 염기성에서는 붉은색 계열의 색깔로 변한다.
⑤ 용액의 성질이 변하는 것을 색깔 변화를 통해 알려준다.

서술형

16 묽은 수산화 나트륨 용액에 자주색 양배추 지시약을 떨어뜨리고 묽은 염산을 계속 넣을수록 용액이 붉은색으로 변하였습니다. 붉은색으로 변한 용액에 대리석 조각을 넣었을 때 변화를 한 가지 쓰시오.

_____

17 요구르트를 리트머스 종이에 묻혔을 때 색깔 변화입니다. 요구르트의 성질을 쓰시오.

푸른색 리트머스 종이	붉은색 리트머스 종이
붉은색	변화가 없다.

( )

18 물에 녹인 치약에 페놀프탈레인 용액을 떨어뜨렸을 때의 색깔 변화입니다. 물에 녹인 치약의 성질은 무엇인지 쓰시오.

( )

주의

19 다음과 같은 경우에 이용된 용액의 성질을 쓰시오.

▲ 속 쓰릴 때 제산제 먹기   ▲ 표백제로 욕실 청소하기

( )

응용

20 천연 지시약으로 협동화를 그리는 활동을 하면서 친구들이 나눈 대화입니다. 활동과 관련한 대화의 내용으로 바르지 않은 것은 무엇입니까? ( )

① 천연 지시약을 만들 때 어떤 재료를 사용할까?
② 협동화를 그리기 전에 밑그림을 그리면 도움이 될 것 같아.
③ 용액을 먹어 보고 성질에 따라 분류하는 활동이 중요해.
④ 자주색 양배추를 잘게 자른 뒤 뜨거운 물을 부은 다음 천으로 걸러서 지시약을 만들 수 있어.
⑤ 협동화를 그리기 전에 여러 가지 용액에 천연 지시약을 떨어뜨려 색깔 변화를 미리 관찰해 보자.

1 식초와 레몬즙의 공통적인 특징이 <u>아닌</u> 것은 무엇입니까? (   )

① 투명하다.
② 신맛이 난다.
③ 냄새가 난다.
④ 연한 노란색이다.
⑤ 흔들었을 때 거품이 3초 이상 유지되지 않는다.

2 여러 가지 용액의 특징을 관찰한 모습으로 바른 것은 어느 것입니까 (   )

① 사이다와 석회수는 불투명하다.
② 유리 세정제와 레몬즙은 투명하다.
③ 석회수와 묽은 수산화 나트륨 용액은 냄새가 난다.
④ 유리 세정제와 빨랫비누 물은 흔들었을 때 거품이 3초 이상 유지된다.
⑤ 묽은 염산과 묽은 수산화 나트륨 용액은 흔들었을 때 거품이 3초 이상 유지된다.

3 여러 가지 용액을 다음과 같이 분류한 기준을 쓰시오.

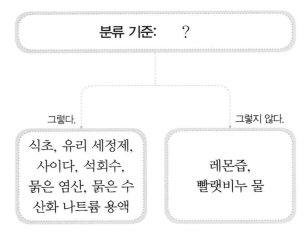

분류 기준: ?

그렇다.   그렇지 않다.

식초, 유리 세정제, 사이다, 석회수, 묽은 염산, 묽은 수산화 나트륨 용액

레몬즙, 빨랫비누 물

4 리트머스 종이의 색깔을 다음과 같이 변화시키는 용액이 <u>아닌</u> 것은 어느 것입니까? (   )

① 식초
② 사이다
③ 묽은 염산
④ 오렌지 주스
⑤ 묽은 수산화 나트륨 용액

5 페놀프탈레인 용액의 색깔을 다음과 같이 변하게 하는 용액이 <u>아닌</u> 것은 무엇입니까? (   )

① 석회수
② 묽은 염산
③ 유리 세정제
④ 빨랫비누 물
⑤ 묽은 수산화 나트륨 용액

6 다음에서 설명하는 용액은 산성 용액과 염기성 용액 중 어느 것인지 쓰시오.

• 붉은색 리트머스 종이를 푸른색으로 변하게 한다.
• 페놀프탈레인 용액의 색깔을 붉은색으로 변하게 한다.

(   )

7 자주색 양배추 지시약을 두세 방울 떨어뜨렸을 때 색깔 변화 모습입니다. 각 용액의 성질이 같은 것끼리 짝 지어 분류하시오.

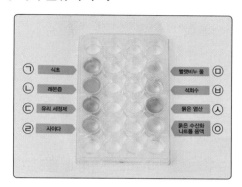

산성 용액	염기성 용액

8 리트머스 종이와 페놀프탈레인 용액을 이용해 용액을 분류한 결과와 자주색 양배추 지시약을 이용해 용액을 분류한 결과를 비교하여 쓰시오.

9 산성 용액에 달걀 껍데기를 넣은 경우는 어느 것인지 기호를 쓰시오.

( )

10 묽은 염산과 묽은 수산화 나트륨 용액에 여러 가지 물질을 넣었을 때의 변화로 바르지 <u>않은</u> 것은 어느 것입니까? ( )

① 묽은 염산에 석회석을 넣으면 석회석이 녹는다.
② 묽은 염산에 대리석 조각을 넣으면 기포가 발생한다.
③ 묽은 염산에 삶은 달걀 흰자를 넣으면 용액이 뿌옇게 흐려진다.
④ 묽은 수산화 나트륨 용액에 닭 가슴살을 넣으면 흐물흐물해진다.
⑤ 묽은 수산화 나트륨 용액에 두부를 넣으면 용액이 뿌옇게 흐려진다.

11 어떤 용액에 두부를 넣었더니 시간이 지나면서 두부가 녹아 흐물흐물해졌습니다. 이 용액과 성질이 같은 용액은 어느 것입니까? ( )

① 레몬즙　　　　② 석회수
③ 사이다　　　　④ 이온 음료
⑤ 묽은 염산

12 어떤 용액에 대리석 조각을 넣었을 때 기포가 발생하고 대리석이 녹았습니다. 이 용액의 특징으로 바른 것은 무엇입니까? ( )

① 염기성 용액이다.
② 푸른색 리트머스 종이를 붉은색으로 변하게 한다.
③ 붉은색 리트머스 종이를 푸른색으로 변하게 한다.
④ 페놀프탈레인 용액의 색깔을 붉은색으로 변하게 한다.
⑤ 자주색 양배추 지시약이 푸른색이나 노란색 계열의 색깔로 변한다.

5
단원

13 묽은 수산화 나트륨 용액에 자주색 양배추 지시약을 떨어뜨리고, 묽은 염산을 계속 넣었을 때 나타나는 색깔 변화를 자주색 양배추 지시약의 색깔 변화표에서 골라 기호를 쓰시오.

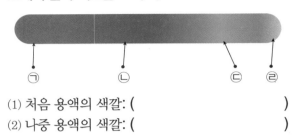

(1) 처음 용액의 색깔: (   )
(2) 나중 용액의 색깔: (   )

14 묽은 염산에 자주색 양배추 지시약을 떨어뜨린 다음 묽은 수산화 나트륨 용액을 계속 넣을 때 나타나는 색깔 변화입니다. 묽은 수산화 나트륨 용액을 가장 많이 넣은 것은 어느 것인지 기호를 쓰시오.

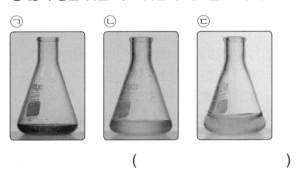

(   )

15 어떤 용액 20 mL에 자주색 양배추 지시약을 떨어뜨린 모습입니다. 묽은 염산을 계속 넣었더니 붉은색으로 변했다면 처음 용액의 특징으로 바른 것은 무엇입니까? (   )

① 석회석을 녹인다.
② 신맛이 나는 용액이 많다.
③ 대리석 조각을 넣으면 기포가 발생한다.
④ 붉은색 리트머스 종이를 푸른색으로 변하게 한다.
⑤ 페놀프탈레인 용액의 색깔을 변하지 않게 한다.

16 ㉠과 ㉡에 알맞은 말을 쓰시오.

산성 용액에 (㉠   ) 용액을 넣을수록 산성이 점점 약해지고, 염기성 용액에 (㉡   ) 용액을 넣을수록 염기성이 점점 약해진다.

㉠: (   )
㉡: (   )

서술형

17 요구르트를 리트머스 종이에 묻히고, 요구르트를 담은 비커에 페놀프탈레인 용액을 떨어뜨렸을 때의 변화를 쓰시오.

(1) 푸른색 리트머스 종이: _____

(2) 붉은색 리트머스 종이: _____

(3) 페놀프탈레인 용액: _____

18 물에 녹인 치약과 성질이 같은 용액은 무엇입니까?
(   )

① 식초   ② 제산제
③ 요구르트   ④ 묽은 염산
⑤ 오렌지 주스

19 변기를 청소하려고 합니다. 변기의 때와 변기용 세제의 성질을 각각 쓰시오.

(1) 변기의 때: (   )
(2) 변기용 세제: (   )

20 우리 생활에서 산성 용액을 이용하는 경우는 '산', 염기성 용액을 이용하는 경우는 '염'이라고 쓰시오.

(1) 속 쓰릴 때 제산제를 먹습니다.   (   )
(2) 생선을 손질한 도마를 식초로 닦아 냅니다.
(   )
(3) 표백제로 욕실을 청소합니다.   (   )

1 다음과 같은 특징을 가진 용액끼리 짝 지어진 것은 무엇입니까? (   )

> • 무색이다.
> • 투명하다.
> • 냄새가 난다.
> • 흔들었을 때 거품이 3초 이상 유지되지 않는다.

① 식초, 레몬즙
② 사이다, 묽은 염산
③ 석회수, 묽은 염산
④ 유리 세정제, 빨랫비누 물
⑤ 묽은 염산, 묽은 수산화 나트륨 용액

2 용액들을 분류 기준에 따라 분류하였을 때, ㉠과 ㉡에 들어갈 용액이 바르게 짝 지어진 것은 어느 것입니까? (   )

> **분류 기준:** 냄새가 나는가?

그렇다.   그렇지 않다.

㉠   ㉡

① 식초 – ㉡
② 석회수 – ㉡
③ 묽은 염산 – ㉡
④ 빨랫비누 물 – ㉡
⑤ 묽은 수산화 나트륨 용액 – ㉠

🖊️**서술형**

3 여러 가지 용액을 겉보기 성질만으로 분류하였을 때 어려움을 한 가지 쓰시오.

_____

_____

4 지시약에 대한 설명으로 바른 것은 어느 것입니까?
(   )

① 푸른색 리트머스 종이를 붉은색으로 변하게 하는 용액은 산성 용액이다.
② 붉은색 리트머스 종이를 푸른색으로 변하게 하는 용액은 산성 용액이다.
③ 푸른색 리트머스 종이를 붉은색으로 변하게 하는 용액은 염기성 용액이다.
④ 페놀프탈레인 용액의 색깔을 붉은색으로 변하게 하는 용액은 산성 용액이다.
⑤ 페놀프탈레인 용액의 색깔을 푸른색으로 변하게 하는 용액은 염기성 용액이다.

5 다음과 같이 리트머스 종이의 색깔을 변하게 하는 용액은 무엇입니까? (   )

① 식초   ② 레몬즙
③ 사이다   ④ 묽은 염산
⑤ 유리 세정제

🖊️**서술형**

6 자주색 양배추 지시약을 만드는 과정입니다. ㉡에 들어가야 할 과정을 쓰시오.

> ㉠ 자주색 양배추를 잘게 잘라 비커에 담는다.
> ㉡ _____
> ㉢ 자주색 양배추를 우려낸 용액을 충분히 식혀 거른 뒤 사용한다.

_____

_____

7 자주색 양배추 지시약을 두세 방울 떨어뜨렸을 때 지시약의 색깔 변화로 바르지 <u>않은</u> 것은 무엇입니까? (   )

① 식초 – 붉은색
② 묽은 염산 – 붉은색
③ 유리 세정제 – 붉은색
④ 석회수 – 연한 푸른색
⑤ 묽은 수산화 나트륨 용액 – 노란색

8 자주색 양배추 지시약이 붉은색 계열의 색깔로 변하는 용액에 페놀프탈레인 용액을 떨어뜨렸을 때의 변화로 바른 것은 어느 것입니까? (   )

① 변화가 없다.
② 기포가 생긴다.
③ 색깔을 푸른색으로 변하게 한다.
④ 색깔을 붉은색으로 변하게 한다.
⑤ 색깔을 노란색으로 변하게 한다.

서술형

9 다음에서 설명하는 용액에 자주색 양배추 지시약을 떨어뜨렸을 때 변화를 쓰시오.

> • 붉은색 리트머스 종이를 푸른색으로 변하게 한다.
> • 페놀프탈레인 용액의 색깔을 붉은색으로 변하게 한다.

10 푸른색 리트머스 종이를 붉은색으로 변하게 하는 용액에 달걀 껍데기를 넣었을 때 어떤 변화가 나타납니까? (   )

① 변화가 없다.
② 달걀 껍데기가 단단해진다.
③ 달걀 껍데기의 색깔이 변한다.
④ 달걀 껍데기가 용액 위로 뜬다.
⑤ 달걀 껍데기에 기포가 발생한다.

11 어떤 용액에 삶은 달걀 흰자와 두부를 넣었을 때 삶은 달걀 흰자와 두부가 흐물흐물해졌습니다. 이 용액과 성질이 같은 용액은 무엇입니까? (   )

① 식초   ② 사이다
③ 레몬즙   ④ 석회수
⑤ 묽은 염산

12 서울 원각사지 십층 석탑에 유리 보호 장치를 한 까닭으로 바른 것을 모두 고르시오. (,   )

① 바람에 약하기 때문에
② 산성을 띤 빗물에 훼손되기 때문에
③ 염기성을 띤 빗물에 훼손되기 때문에
④ 산성을 띤 새의 배설물에 훼손되기 때문에
⑤ 염기성인 새의 배설물이 붙으면 떨어지지 않기 때문에

13 묽은 염산 20 mL에 자주색 양배추 지시약을 떨어뜨리고 묽은 수산화 나트륨 용액을 계속 떨어뜨렸을 때 색깔은 어떻게 변합니까? (   )

① 붉은색 → 분홍색 → 보라색 → 청록색
② 붉은색 → 청록색 → 보라색 → 분홍색
③ 청록색 → 분홍색 → 보라색 → 붉은색
④ 청록색 → 분홍색 → 노란색 → 붉은색
⑤ 청록색 → 분홍색 → 노란색 → 보라색

14 자주색 양배추 지시약을 넣은 용액의 색깔 변화로 알 수 있는 사실은 무엇입니까? (   )

① 부피가 점점 작아진다.
② 온도가 점점 낮아진다.
③ 온도가 점점 높아진다.
④ 산성이 점점 강해진다.
⑤ 염기성이 점점 강해진다.

15 묽은 수산화 나트륨 용액 20 mL에 자주색 양배추 지시약을 넣고 묽은 염산을 계속 넣었더니 용액이 붉은색으로 변하였습니다. 이 용액에 삶은 달걀 흰자를 넣으면 어떻게 됩니까? (   )

① 변화가 없다.
② 용액이 뿌옇게 흐려진다.
③ 삶은 달걀 흰자가 녹는다.
④ 삶은 달걀 흰자가 흐물흐물해진다.
⑤ 삶은 달걀 흰자 표면에 기포가 발생한다.

서술형

16 염산이 누출된 사고 현장에 소석회를 뿌리는 까닭은 무엇인지 쓰시오.

_____

_____

17 요구르트와 치약의 성질로 바르지 않은 것은 무엇입니까? (   )

① 치약은 입안 산성 환경을 없애 준다.
② 요구르트를 마시면 입안이 산성이 된다.
③ 요구르트를 붉은색 리트머스 종이에 묻히면 변화가 없다.
④ 물에 녹인 치약을 푸른색 리트머스 종이에 묻히면 붉은색으로 변한다.
⑤ 물에 녹인 치약은 페놀프탈레인 용액의 색깔을 붉은색으로 변하게 한다.

18 농작물의 수확이 끝난 후에 논밭에 석회를 뿌리는 까닭은 무엇입니까? (   )

① 토양을 따뜻하게 한다.
② 토양의 돌들이 분해될 수 있게 한다.
③ 토양에서 잡초가 자라지 못하게 한다.
④ 염기성인 석회가 토양의 산성을 약하게 한다.
⑤ 산성인 석회가 염기성인 토양을 약하게 한다.

19 다음을 읽고 밑줄 친 물질이 산성인지 염기성인지 쓰시오.

> • 변기용 세제로 변기를 청소한다.
>   ㉠
> • 표백제로 욕실을 청소한다.
>   ㉡

㉠: (   )
㉡: (   )

20 협동화를 그리기 위해 여러 가지 용액을 담은 뒤 자주색 양배추로 만든 천연 지시약을 떨어뜨렸을 때, ㉠, ㉡, ㉢에 이용된 용액의 성질은 무엇인지 쓰시오.

㉠: (   )
㉡: (   )
㉢: (   )

 1 산성 용액과 염기성 용액으로 분류하는 데 이용되는 리트머스 종이와 페놀프탈레인 용액의 변화를 쓰시오.

구분	리트머스 종이와 페놀프탈레인 용액의 변화
산성 용액	
염기성 용액	

리트머스 종이와 페놀프탈레인 용액의 색깔 변화에 따라 용액 분류하기

• 푸른색 리트머스 종이를 붉은색으로 변하게 하는 용액: 식초, 레몬즙, 사이다, 묽은 염산 등
• 붉은색 리트머스 종이를 푸른색으로 변하게 하는 용액: 유리 세정제, 빨랫비누 물, 석회수, 묽은 수산화 나트륨 용액 등
• 페놀프탈레인 용액의 색깔을 변화지 않게 하는 용액: 식초, 레몬즙, 사이다, 묽은 염산 등
• 페놀프탈레인 용액의 색깔을 붉은색으로 변하게 하는 용액: 유리 세정제, 빨랫비누 물, 석회수, 묽은 수산화 나트륨 용액 등

2 자주색 양배추 지시약의 색깔 변화 모습입니다. 산성 용액과 염기성 용액으로 나누고, 자주색 양배추 지시약의 색깔 변화를 쓰시오.

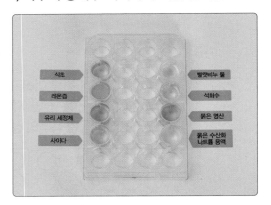

구분	
산성 용액	
염기성 용액	

여러 가지 용액에 자주색 양배추 지시약을 떨어뜨렸을 때 색깔 변화

구분	묽은 염산	식초
지시약의 색깔 변화	붉은색	붉은색
	레몬즙	사이다
	붉은색	연한 붉은색
	묽은 수산화 나트륨 수용액	석회수
	노란색	연한 푸른색
	빨랫비누 물	유리 세정제
	연한 푸른색	푸른색

3 묽은 염산과 묽은 수산화 나트륨 용액에 여러 가지 물질을 넣었을 때의 실험 결과를 쓰고 이 결과를 이용하여 대리석으로 만들어진 서울 원각사지 십층 석탑에 유리 보호 장치를 한 까닭을 쓰시오.

구분	달걀 껍데기	삶은 달걀 흰자	대리석 조각	두부
묽은 염산				
묽은 수산화 나트륨 용액				

_____

_____

_____

4 요구르트를 먹고 양치질을 해야 하는 까닭을 다음 용어를 사용하여 서술하시오.

> 산성, 염기성

_____

_____

100점
예상문제

과학 5-2

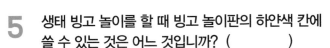
1 재미있는 나의 탐구

1 탐구 문제가 적절한지를 확인해 보는 내용으로 알맞지 **않은** 것은 어느 것입니까? (   )

① 스스로 해결할 수 있는 문제인가요?
② 작품의 문제점을 찾아 잘 해결했나요?
③ 만들기의 목표가 분명하게 드러나 있나요?
④ 만들기의 내용이 분명하게 드러나 있나요?
⑤ 만들기에 필요한 재료를 쉽게 구할 수 있나요?

2 다음과 같은 탐구 문제로 탐구 계획을 세울 때 필요한 준비물을 모두 고르시오. (,   )

탐구 문제	1분을 측정하는 모래시계를 어떻게 만들 수 있을까?

① 풀   ② 수수깡
③ 페트병   ④ 전자저울
⑤ 색종이

서술형

3 모둠에서 만든 모래시계로 시간을 측정한 결과 1분보다 길었습니다. 원인과 해결 방법을 한 가지 쓰시오.

(1) 원인: _____

(2) 해결 방법: _____

4 탐구 결과를 발표하는 방법 중 어떤 방법의 좋은 점을 나타낸 것입니까? (   )

> • 탐구 내용을 말로 표현하기 어려울 때 이용하는 발표 방법으로 실험 장면을 직접 보여줄 수 있는 장점이 있다.
> • 발표를 보는 사람들의 흥미와 관심을 집중시킬 수 있다.

① 전시회   ② 시연 · 시범
③ 시청각 설명   ④ 포스터 발표
⑤ 손수 제작물[UCC]

2 생물과 환경

5 생태 빙고 놀이를 할 때 빙고 놀이판의 하얀색 칸에 쓸 수 있는 것은 어느 것입니까? (   )

① 흙   ② 돌
③ 개미   ④ 햇빛
⑤ 공기

6 연못 생태계를 나타낸 것입니다. 비생물 요소를 찾아 모두 쓰시오.

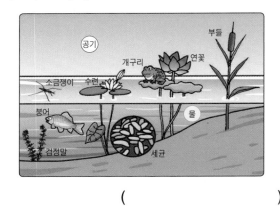

(   )

7 생물 요소를 생산자, 소비자, 분해자로 분류한 기준은 무엇입니까? (   )

① 몸의 크기에 따라
② 다리의 개수에 따라
③ 움직이는 방법에 따라
④ 새끼를 낳는 방법에 따라
⑤ 양분을 얻는 방법에 따라

8 먹이 그물을 보고 생물의 서로 먹고 먹히는 관계를 잘못 나타낸 것은 어느 것입니까? (   )

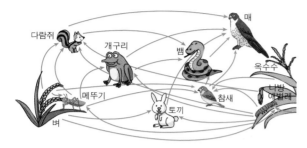

① 벼 → 토끼 → 뱀 → 매
② 옥수수 → 다람쥐 → 매
③ 벼 → 개구리 → 매 → 뱀
④ 벼 → 메뚜기 → 개구리 → 매
⑤ 옥수수 → 나방 애벌레 → 참새 → 매

9 다음 생태 피라미드에 대하여 잘못 설명하고 있는 사람은 누구인지 쓰시오.

- 최종 소비자(매)
- 2차 소비자(개구리)
- 1차 소비자(메뚜기)
- 생산자(벼)

- 강은: 매는 최종 소비자야.
- 재경: 2차 소비자의 수는 생산자의 수보다 더 많아.
- 민선: 메뚜기의 수가 갑자기 줄어들면 개구리와 매의 수가 일시적으로 줄어들 거야.

(   )

10 비생물 요소 중 온도가 생물에 미치는 영향은 무엇입니까? (   )

① 동물의 번식 시기에 영향을 준다.
② 동물이 물체를 보는 데 필요하다.
③ 식물의 잎에 단풍이 들거나 낙엽이 진다.
④ 생물이 생명을 유지하는 데 반드시 필요하다.
⑤ 식물이 양분을 만드는 광합성 과정에 필요하다.

서술형

11 사막에 사는 여우의 털 색깔이 모래와 비슷하여 유리한 점은 무엇인지 한 가지 쓰시오.

_____

_____

12 자동차나 공장의 매연이 생물에 미치는 영향을 모두 고르시오. (,   )

① 물이 더러워진다.
② 물에서 악취가 난다.
③ 생물의 성장에 피해를 준다.
④ 산소가 부족하여 물고기가 죽는다.
⑤ 동물의 호흡 기관에 이상이 생긴다.

3 날씨와 우리 생활

13 건구 온도는 26 ℃이고, 습구 온도는 23 ℃일 때 습도는 얼마입니까? (   )

(단위: %)

건구 온도 (℃)	건구 온도와 습구 온도의 차(℃)			
	0	1	2	3
24	100	92	84	77
25	100	92	84	77
26	100	92	85	78
27	100	92	85	78

① 77 %
② 78 %
③ 84 %
④ 85 %
⑤ 92 %

14 습도가 우리 생활에 미치는 영향을 나타낸 것입니다. 높은 습도와 낮은 습도를 구분해서 쓰시오.

(1)

(2)

(   ) (   )

[15~16] 집기병에 따뜻한 물을 가득 넣고 집기병 안을 데운 뒤에 물을 버리고 불을 붙인 향을 넣었다가 뺀 뒤 조각 얼음이 담긴 페트리 접시를 집기병 위에 올려놓았습니다.

15 집기병 안에서 어떤 변화가 나타납니까?

(   )

① 집기병이 깨진다.
② 집기병 안이 뿌옇게 흐려진다.
③ 얼음이 모두 집기병 안으로 들어간다.
④ 집기병의 바깥쪽에 큰 물방울이 맺힌다.
⑤ 향 연기가 점점 더 가득 차 검은색으로 변한다.

16 위 **15**번 정답의 현상과 관련된 자연 현상은 무엇인지 쓰시오.

(   )

17 구름 속 작은 물방울이 합쳐지면서 무거워져 떨어지거나, 크기가 커진 얼음 알갱이가 무거워져 떨어지면서 녹은 것은 무엇입니까? (   )

① 비   ② 눈
③ 구름   ④ 안개
⑤ 이슬

18 지면과 수면의 하루 동안 온도 변화를 나타낸 것입니다. 9시 무렵부터 18시 무렵까지 지면 위 공기와 수면 위 공기 중 온도가 높은 것은 어느 것인지 쓰시오.

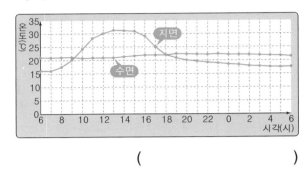

(   )

19 바닷가에서 밤에 부는 바람의 방향을 화살표로 나타내시오.

20 우리나라의 계절별 날씨에 영향을 미치는 공기 덩어리를 나타낸 것입니다. ㉠에 대한 설명으로 바른 것은 어느 것입니까? (   )

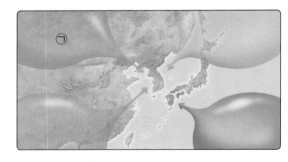

① 차갑고 습하다.
② 따뜻하고 습하다.
③ 차갑고 건조하다.
④ 기온이 매우 높다.
⑤ 따뜻하고 건조하다.

---

1 재미있는 나의 탐구

1 탐구 문제를 정하기 위해 모래시계의 작동 원리를 알아본 것으로 바르지 <u>않은</u> 것을 모두 고르시오.
(,)

① 모래가 아래로 떨어진다.
② 모래가 떨어지는 데 걸리는 시간이 일정하다
③ 모래가 떨어지는 것을 이용해 시간을 측정한다.
④ 모래 알갱이의 개수를 이용해 시간을 측정한다.
⑤ 같은 모래시계라도 측정할 때마다 측정하는 시간이 다르다.

서술형

2 1분을 측정하는 모래시계를 만들기 위한 탐구 계획을 세우는 과정입니다. 빈칸에 알맞은 과정을 쓰시오.

> • 탐구 기간과 장소를 정한다.
> • 만들기에 필요한 준비물을 정한다.
> • _____
> • 모둠 구성원끼리 역할을 분담한다.
> • 탐구할 때 주의할 점을 쓴다.

3 1분을 측정하는 모래시계를 240 g의 모래로 만들었더니 측정 시간이 57초였습니다. 필요한 모래의 양으로 알맞은 것은 어느 것입니까? ( )

① 210 g
② 220 g
③ 230 g
④ 240 g
⑤ 250 g

4 탐구 결과를 발표할 때 친구들의 탐구가 적절한지 확인하는 내용으로 알맞지 <u>않은</u> 것은 어느 것입니까? ( )

① 탐구 순서가 구체적이었나요?
② 탐구 문제가 잘 해결되었나요?
③ 알맞은 목소리와 말투로 발표했나요?
④ 준비물을 어떻게 준비할지 의논했나요?
⑤ 발표 자료를 이해하기 쉽게 만들었나요?

---

2 생물과 환경

5 생태계를 구성하는 요소 중 성질이 <u>다른</u> 하나는 무엇입니까? ( )

① 물
② 흙
③ 온도
④ 여우
⑤ 공기

6 양분을 얻는 방법이 같은 것끼리 선으로 연결하시오.

(1) ▲ 개망초

• ㉠ ▲ 참새

(2) ▲ 배추흰나비

• ㉡ ▲ 배추

7 다음과 같은 먹이 그물에 대한 설명으로 바른 것은 어느 것입니까? ( )

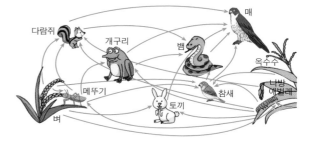

① 뱀은 매를 먹는다.
② 매는 2차 소비자이다.
③ 참새는 메뚜기만 먹는다.
④ 토끼는 벼와 옥수수를 먹는다.
⑤ 개구리가 사라지면 모든 생물들이 멸종된다.

8 생태 피라미드에서 생물들의 수가 가장 많은 것은 무엇인지 쓰시오.

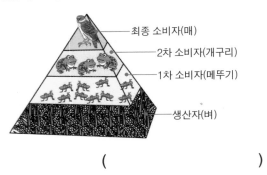

- 최종 소비자(매)
- 2차 소비자(개구리)
- 1차 소비자(메뚜기)
- 생산자(벼)

( )

9 물이 콩나물의 자람에 미치는 영향을 알아보기 위한 실험입니다. 일주일 이상 관찰한 내용으로 바른 것은 어느 것입니까? ( )

㉠ 햇빛 ○ 물 ○

㉡ 햇빛 ○ 물 ×

① ㉡만 떡잎이 노란색 그대로이다.
② ㉡은 떡잎 아래 몸통이 길고 굵어졌다.
③ ㉠, ㉡ 모두 떡잎이 노란색 그대로이다.
④ ㉠은 떡잎 아래 몸통이 가늘어지고 시들었다.
⑤ ㉠은 떡잎 아래 몸통이 길고 굵어졌으며, ㉡은 떡잎 아래 몸통이 가늘어지고 시들었다.

10 선인장이 환경에 적응한 점으로 바른 것은 어느 것입니까? ( )

① 잎이 넓다.
② 잎이 두껍고 질기다.
③ 잎의 가장자리가 둥글다.
④ 줄기가 굵고 뾰족한 가시가 있다.
⑤ 기온이 높은 낮에는 잎이 오므라든다.

서술형

11 대벌레는 환경에 어떻게 적응되었는지 쓰시오.

_____

_____

12 생태계 보전을 위해 우리가 실천할 수 있는 방법을 모두 고르시오. (,)

① 나무를 심는다.
② 물을 절약한다.
③ 일회용품을 많이 사용한다.
④ 짧은 거리도 차를 이용한다.
⑤ 냄새가 나지 않도록 냉장고를 자주 열고 닫는다.

3 날씨와 우리 생활

13 습도를 측정할 수 있는 기구는 무엇입니까?

( )

① 액정 온도계　　② 초시계
③ 알코올 온도계　④ 전자저울
⑤ 건습구 습도계

14 이슬 발생 실험을 하는 것은 어느 것인지 ○표 하시오.

(1)

( )

(2)

( )

15 오른쪽 실험은 무엇을 알아 보기 위한 것입니까?
( )

① 눈이 내리는 과정
② 비가 내리는 과정
③ 물이 증발하는 과정
④ 물이 응결하는 과정
⑤ 구름이 만들어지는 과정

16 공기를 이루고 있는 알갱이의 양에 따른 무게를 비교한 것입니다. 일정한 부피에 공기 알갱이가 더 많은 경우를 나타낸 것은 어느 것인지 기호를 쓰시오.

( )

17 하루 동안 지면과 수면의 온도 변화를 나타낸 그래프를 보고 잘못 설명한 사람을 쓰시오.

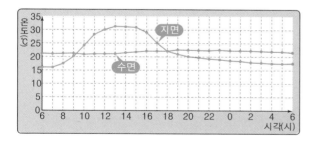

• 나나: 지면은 수면보다 빨리 데워지고 빨리 식어.
• 보라: 수면의 온도 변화가 지면의 온도 변화보다 커.
• 하니: 18시 무렵부터 수면이 지면보다 온도가 높아.

( )

18 햇빛이 비치는 낮 동안에 바닷가에서 공기가 움직이는 모습으로 바른 것을 모두 고르시오.
(,)

① 파도가 공기를 이동시킨다.
② 바다가 육지보다 온도가 높다.
③ 따뜻한 육지 위는 저기압이 된다.
④ 차가워진 육지 위의 공기는 움직이지 않고 그대로 있다.
⑤ 육지 위보다 온도가 낮은 바다 위의 공기는 육지로 이동한다.

19 여러 가지 날씨에 알맞은 옷차림과 활동으로 바르지 않은 것은 어느 것입니까? ( )

① 황사가 많은 날은 외출할 때 마스크를 착용한다.
② 미세 먼지가 많은 날은 외출 등의 야외 활동을 자제한다.
③ 맑고 따뜻한 날은 간편한 옷차림을 하고 야외활동을 주로 한다.
④ 춥고 눈이 내리는 날은 두꺼운 옷을 입고 실내활동을 주로 한다.
⑤ 비가 내리고 바람이 세게 부는 날은 두꺼운 옷을 입고 야외 활동을 주로 한다.

100점 예상 문제

20 감기 가능 지수가 매우 높음 단계일 때 하는 행동으로 바른 것은 어느 것입니까? ( )

① 충분한 수면을 취한다.
② 규칙적인 생활 습관을 유지한다.
③ 가급적 외출을 자제하고 과로하지 않는다.
④ 수분을 적절히 섭취하고 외출 후 손과 발을 씻는다.
⑤ 체온을 유지하고 실내를 적정한 온도와 습도로 유지한다.

4 물체의 운동 🪐

1 그림을 보고 1초 동안 운동하지 <u>않은</u> 물체를 모두 고르시오. (　　,　　)

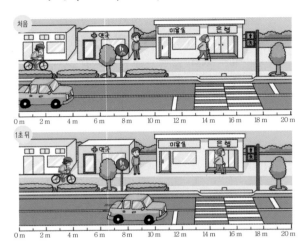

① 자전거　　　　② 나무
③ 자동차　　　　④ 도로 표지판
⑤ 할머니

2 위 그림을 보고 할머니의 운동을 걸린 시간과 이동 거리로 나타내시오.

_____

3 보 기 의 물체를 빠르기가 변하는 운동을 하는 물체와 빠르기가 일정한 운동을 하는 물체로 분류해서 쓰시오.

보 기

자동계단, 롤러코스터, 비행기,
자동길, 케이블카, 컬링 스톤

⬇

빠르기가 변하는 운동을 하는 물체	빠르기가 일정한 운동을 하는 물체

4 50 m 달리기를 한 후 친구들의 기록을 측정하였습니다. 가장 빠르게 달린 친구를 찾는 방법을 한 가지 쓰시오.

_____

_____

5 위 4번에서 일정한 거리를 이동한 물체의 빠르기를 비교하기 위해서 다음과 같은 기구가 필요합니다. 이 기구의 이름은 무엇인지 쓰시오.

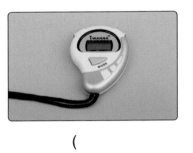

(　　　　　　　　　)

6 (　　) 안에 알맞은 말을 쓰시오.

일정한 시간 동안 이동한 물체의 빠르기는 물체가 이동한 거리로 비교할 수 있다. 일정한 시간 동안 (　㉠　) 거리를 이동한 물체가 (　㉡　) 거리를 이동한 물체보다 더 빠르다.

㉠: (　　　　　　　　)
㉡: (　　　　　　　　)

7 60 km/h가 의미하는 것은 무엇입니까?
(　　　)

① 1초 동안 60 m를 이동한 물체의 속력이다.
② 1초 동안 60 km를 이동한 물체의 속력이다.
③ 1분 동안 60 km를 이동한 물체의 속력이다.
④ 1시간 동안 60 m를 이동한 물체의 속력이다.
⑤ 1시간 동안 60 km를 이동한 물체의 속력이다.

8 다음과 같이 읽은 속력을 바르게 나타낸 것은 어느 것입니까? ( )

> 십칠 미터 퍼 세컨드

① 17 m/s
② 17 km/s
③ 17 cm/s
④ 17 mm/s
⑤ 17 m/h

9 우리 학급 교통안전 수칙을 만든 것으로 알맞지 않은 것은 어느 것입니까? ( )

① 횡단보도를 건널 때 좌우를 살핀다.
② 바퀴 달린 신발은 안전한 장소에서 탄다.
③ 도로 주변에서는 공을 공 주머니에 넣고 다닌다.
④ 버스가 정류장에 도착할 때까지 차도에 내려가 기다린다.
⑤ 횡단보도에서 길을 건너기 전에 자동차가 멈췄는지 확인한다.

10 스마트 기기를 이용해 우리 학교 안내 지도를 만들때 안내 지도에 들어갈 주요 장소로 알맞지 <u>않은</u> 곳은 어디입니까? ( )

① 교문
② 현관
③ 연못
④ 학교 옆 노래방
⑤ 체육관

5 산과 염기

11 여러 가지 용액을 분류할 수 있는 기준으로 알맞지 않은 것은 어느 것입니까? ( )

① 투명한 것과 그렇지 않은 것
② 냄새가 나는 것과 그렇지 않은 것
③ 색깔이 있는 것과 그렇지 않은 것
④ 사람들이 좋아하는 것과 그렇지 않은 것
⑤ 흔들었을 때 거품이 3초 이상 유지되는 것과 그렇지 않은 것

12 여러 가지 용액을 다음과 같이 분류하였습니다. ㉠의 특징은 무엇입니까? ( )

㉠    ㉡

① 투명하다.
② 색깔이 있다.
③ 먹을 수 있다.
④ 냄새가 나지 않는다.
⑤ 흔들었을 때 거품이 3초 이상 유지된다.

13 여러 가지 용액에 페놀프탈레인 용액을 떨어뜨렸을 때의 결과를 <u>잘못</u> 설명한 사람은 누구인지 쓰시오.

> • 승환: 식초, 레몬즙, 사이다, 묽은 염산은 페놀프탈레인 용액의 색깔을 변하지 않게 해.
> • 단비: 빨랫비누 물은 페놀프탈레인 용액의 색깔을 붉은색으로 변하게 하지만, 유리 세정제는 색깔을 변하지 않게 해.
> • 대경: 석회수는 페놀프탈레인 용액의 색깔을 붉은색으로 변하게 해.

( )

14 자주색 양배추 지시약을 떨어뜨렸을 때 산성 용액에서 나타나는 공통점은 무엇입니까? ( )

① 투명해진다.
② 먹을 수 있다.
③ 거품이 발생한다.
④ 붉은색 계열의 색깔로 변한다.
⑤ 푸른색이나 노란색 계열의 색깔로 변한다.

15 묽은 염산에 달걀 껍데기를 넣었을 때와 비슷한 변화가 나타나는 경우는 어느 것을 넣었을 때입니까?
( )

① 비누
② 닭 가슴살
③ 대리석 조각
④ 삶은 달걀 흰자
⑤ 삶은 달걀 노른자

16 어떤 용액에 삶은 달걀 흰자를 넣었더니 다음과 같이 변하였습니다. 이 용액의 성질은 무엇인지 쓰시오.

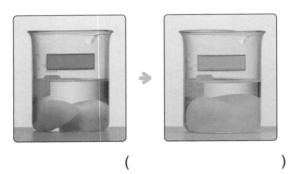

( )

[17~18] 다음 실험을 보고 물음에 답하시오.

> ㉠ 삼각 플라스크에 묽은 염산 20 mL를 넣고, 자주색 양배추 지시약을 열 방울 떨어뜨린다.
> ㉡ ㉠의 삼각 플라스크에 묽은 수산화 나트륨 용액을 5 mL씩 여섯 번 넣으면서 색깔 변화를 관찰한다.

17 ㉠에서 자주색 양배추 지시약을 떨어뜨렸을 때, 삼각 플라스크 안의 용액은 어떤 색깔로 변합니까?
( )

① 붉은색 ② 흰색
③ 푸른색 ④ 노란색
⑤ 보라색

18 앞 17번 ㉡ 과정에서 볼 수 있는 색깔 변화를 잘 설명한 사람은 누구인지 쓰시오.

> • 윤혜: 묽은 수산화 나트륨 용액을 조금씩 계속 넣으면 용액의 붉은색이 점점 더 진해진다.
> • 아람: 묽은 수산화 나트륨 용액을 조금씩 계속 넣으면 용액이 점점 무색투명해진다.
> • 재경: 묽은 수산화 나트륨 용액을 조금씩 계속 넣으면 용액의 색깔이 분홍색 → 보라색 → 청록색으로 변한다.

( )

19 물에 녹인 치약을 유리 막대로 붉은색 리트머스 종이에 묻혔을 때의 변화로 바른 것에 ○표 하시오.

(1) (2)

( ) ( )

20 우리 생활에서 산성 용액이나 염기성 용액을 이용하는 경우는 어느 것입니까? ( )

① 빨래를 바람에 말린다.
② 물은 100 ℃가 되어야 끓는다.
③ 새벽에 안개와 이슬을 보기 쉽다.
④ 각설탕보다 가루 설탕이 빨리 녹는다.
⑤ 생선을 손질한 도마를 식초로 닦아 낸다.

4 물체의 운동

1 바람으로 움직이는 종이 자동차 경주를 하는 모습입니다. 종이 자동차가 '빠르다.'는 것이 뜻하는 것을 바르게 나타낸 것을 모두 고르시오. (,)

① 종이 자동차의 위치가 변하지 않는 것이다.
② 종이 자동차가 결승선에 먼저 도착하는 것이다.
③ 종이 자동차가 결승선에 늦게 도착하는 것이다.
④ 종이 자동차가 출발선에서 더 멀리 가는 것이다.
⑤ 종이 자동차가 출발선에서 더 가까이 가는 것이다.

2 ( ) 안에 알맞은 말을 한 가지 쓰시오.

> 도로에서 ( )은 시간이 지나도 위치가 변하지 않지만, 움직이는 사람과 자동차는 시간이 지나는 동안 위치가 변한다.

( )

3 그림을 보고 1초 동안 운동한 물체와 운동하지 않은 물체로 나누어 쓰시오.

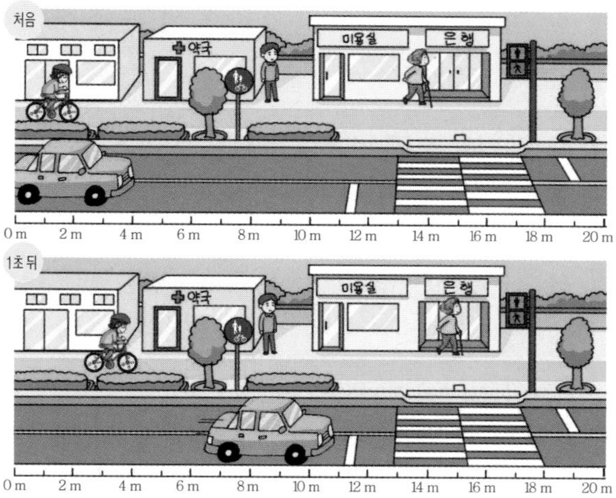

운동한 물체	운동하지 않은 물체

4 빠르기가 변하는 운동을 하는 물체는 '변', 빠르기가 일정한 운동을 하는 물체는 '일'이라고 쓰시오.

⑴ 롤러코스터: ( )
⑵ 자동계단: ( )
⑶ 케이블카: ( )
⑷ 컬링 스톤: ( )

5 다음은 자유형 50 m 수영 경기의 기록입니다. 가장 빠른 사람은 누구인지 쓰시오.

성명	기록
남성욱	28초 50
윤건식	28초 75
박승환	29초 05
위성군	29초 20
임대경	30초 50

( )

100점 예상 문제

서술형

6 위 **5**번 정답을 통해 무엇을 알 수 있는지 '일정한 거리'와 '걸린 시간'이라는 단어를 사용해 쓰시오.

_____

_____

7 3시간 동안 여러 교통수단이 이동한 거리를 나타낸 그래프를 보고 바르게 설명한 것은 어느 것입니까? ( )

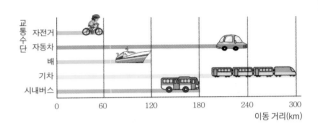

① 자동차는 배보다 느리다.
② 시내버스는 자동차보다 빠르다.
③ 가장 느린 교통수단은 기차이다.
④ 가장 빠른 교통수단은 자전거이다.
⑤ 교통수단을 빠른 순서대로 나열하면 기차, 자동차, 시내버스, 배, 자전거이다.

8 4 m/s를 바르게 읽은 것을 모두 고르시오.
(,)

① 초속 사 미터
② 초속 사 센티미터
③ 사 미터 퍼 아워
④ 사 미터 퍼 세컨드
⑤ 사 센티미터 퍼 세컨드

9 5시간 동안 400 km를 이동한 자동차와 3시간 동안 360 km를 이동한 기차 중에서 더 빠른 것과 그 물체의 속력을 바르게 짝 지은 것은 어느 것입니까? ( )

① 기차, 80 km/h
② 기차, 120 km/h
③ 자동차, 80 km/h
④ 자동차, 120 km/h
⑤ 속력이 같다.

10 횡단보도를 건널 때 바른 행동은 어느 것인지 기호를 쓰시오.

┌─────────────────────────────────────┐
│ ㉠ 초록불이 켜지면 바로 뛰어서 건넌다.   │
│ ㉡ 초록불이 켜지면 자동차가 오지 않는 것   │
│   을 확인하고 건넌다.   │
└─────────────────────────────────────┘

( )

5 산과 염기

11 형형색색 염색 천을 만드는 실험에서 바르지 않은 것은 어느 것입니까? ( )

① 가루 물질은 물에 녹여 사용한다.
② 염색 놀이가 끝난 뒤 천을 햇볕에 말린다.
③ 용액이 손이나 눈에 튀지 않도록 조심한다.
④ 자주색 양배추즙으로 물들인 천을 사용한다.
⑤ 한 가지 용액을 선택해 천을 1시간 정도 담근다.

12 다음은 어떤 용액에 대한 설명입니까? ( )

┌─────────────────────────────────────┐
│ • 불투명하다.   │
│ • 연한 노란색을 띤다.   │
└─────────────────────────────────────┘

① 식초
② 레몬즙
③ 사이다
④ 묽은 염산
⑤ 빨랫비누 물

서술형

13 묽은 염산, 묽은 수산화 나트륨 용액, 석회수를 분류하려고 합니다. 이때 겉보기 성질만으로 용액을 분류할 때 어려운 점을 한 가지 쓰시오.

_____

_____

[14~15] 다음 표를 보고 물음에 답하시오.

용액 이름	푸른색 리트머스 종이		붉은색 리트머스 종이	
	붉은색으로 변한다.	변화가 없다.	푸른색으로 변한다.	변화가 없다.
㉠	○			○
㉡	○			○
㉢		○	○	

14 위 실험에서 ㉠~㉢ 용액 중 비슷한 성질을 가진 용액이라고 예상할 수 있는 용액을 기호로 쓰시오.

( )

15 앞 14번 실험에서 ㉠~㉢ 용액 중 페놀프탈레인 용액의 색깔을 붉은색으로 변하게 하는 용액의 기호를 쓰시오.

( )

[16~17] 묽은 수산화 나트륨 용액에 삶은 달걀 흰자와 두부를 각각 넣고 변화를 관찰하였습니다.

16 위 실험에서 관찰할 수 있는 모습을 바르게 설명한 것은 어느 것입니까? ( )

① 두부와 삶은 달걀 흰자 모두 별다른 변화가 없다.
② 두부는 변화가 없지만, 삶은 달걀 흰자는 흐물흐물해진다.
③ 두부는 흐물흐물해지지만, 삶은 달걀 흰자는 변화가 없다.
④ 두부와 삶은 달걀 흰자를 넣은 용액이 염기성에서 산성으로 바뀐다.
⑤ 두부와 삶은 달걀 흰자 모두 흐물흐물해지고 용액이 뿌옇게 흐려진다.

17 묽은 수산화 나트륨 용액에 넣었을 때 위 16번 정답과 비슷한 결과가 나타나는 것은 무엇입니까?

( )

① 분필　　　　　② 고구마
③ 닭 가슴살　　　④ 달걀 껍데기
⑤ 대리석 조각

18 다음 실험에서 자주색 양배추 지시약의 역할을 가장 바르게 설명한 것은 어느 것입니까? ( )

• 삼각 플라스크에 묽은 수산화 나트륨 용액 20 mL를 넣고, 자주색 양배추 지시약을 열 방울 떨어뜨린다.
• 위 삼각 플라스크에 묽은 염산을 5 mL씩 여섯 번 넣으면서 지시약의 색깔 변화를 관찰해 본다.

① 용액의 양을 색깔 변화를 통하여 알려준다.
② 용액의 온도를 색깔 변화를 통하여 알려준다.
③ 산성 용액에서는 푸른색 계열의 색깔로 변한다.
④ 염기성 용액에서는 붉은색 계열의 색깔로 변한다.
⑤ 용액의 성질이 바뀌는 것을 색깔 변화를 통하여 알려준다.

19 삼각 플라스크에 묽은 염산을 넣고 자주색 양배추 지시약을 떨어뜨렸습니다. 여기에 묽은 수산화 나트륨 용액을 5 mL씩 계속 떨어뜨릴 때 묽은 수산화 나트륨 용액을 가장 많이 넣은 것은 어느 것입니까? ( )

① 　② 　③

④ 　⑤

20 천연 지시약으로 협동화를 그리려고 합니다. 지시약을 만들 수 있는 천연 재료로 알맞은 것을 두 가지 쓰시오.

( )

1 재미있는 나의 탐구

1 탐구 계획서에 들어갈 내용 중 빠진 것은 무엇인지 쓰시오.

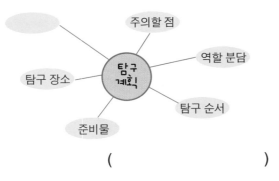

(   )

2 오른쪽은 강은이네 모둠에서 만든 모래시계입니다. 모래가 아래쪽으로 떨어지지 않을 때 개선하는 방법으로 알맞은 것은 어느 것입니까? (   )

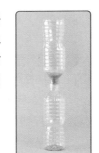

① 페트병에 모래를 더 넣는다.
② 페트병에서 모래를 덜어 낸다.
③ 연결판의 구멍을 더 작게 한다.
④ 연결판의 구멍을 더 크게 한다.
⑤ 모래를 체로 걸러서 알갱이의 크기를 일정하게 한다.

2 생물과 환경

3 생물 요소에 대한 설명으로 바르지 <u>않은</u> 것은 어느 것입니까? (   )

① 벼, 이끼, 참새 등은 생산자이다.
② 풀을 먹는 토끼, 메뚜기는 소비자이다.
③ 곰팡이는 죽은 생물이나 배출물을 분해한다.
④ 생산자는 살아가는 데 필요한 양분을 스스로 만든다.
⑤ 양분을 얻는 방법에 따라 생산자, 소비자, 분해자로 분류한다.

4 보기 의 생물들을 이용하여 먹이 사슬을 만드시오.

보기
> 벼, 매, 개구리, 메뚜기

_____

5 생태 피라미드에 대하여 <u>잘못</u> 설명한 것은 어느 것입니까? (   )

최종 소비자(매)
2차 소비자(개구리)
1차 소비자(메뚜기)
생산자(벼)

① 매의 수가 가장 적다.
② 메뚜기는 벼를 먹는다.
③ 2차 소비자의 수는 생산자의 수보다 많다.
④ 벼, 메뚜기, 개구리, 매 순으로 먹이 사슬을 만들 수 있다.
⑤ 메뚜기가 갑자기 사라지면 개구리와 매의 수가 일시적으로 줄어들 것이다.

6 다음은 어떤 비생물 요소가 생물에 미치는 영향을 나타낸 것인지 쓰시오.

> • 식물이 양분을 만드는 데 필요하다.
> • 동물이 물체를 보는 데 필요하다.
> • 꽃이 피는 시기에 영향을 준다.
> • 동물의 번식 시기에 영향을 준다.

(   )

서술형

7 밤송이는 환경에 어떻게 적응되었는지 한 가지 쓰시오.

_____

_____

8 습도가 우리 생활에 미치는 영향을 나타낸 것입니다. 높은 습도의 영향은 '높', 낮은 습도의 영향은 '낮'이라고 쓰시오.

(1) 곰팡이가 잘 피게 합니다. ( )
(2) 피부를 건조하게 합니다. ( )
(3) 쉽게 산불이 발생하게 합니다. ( )

9 우리 생활에서 차가운 물체 표면에 수증기가 응결해 물방울로 맺히는 현상과 거리가 먼 것은 어느 것입니까? ( )

① 뿌옇게 흐려진 안경알
② 거미줄에 맺힌 물방울
③ 풀잎 표면에 맺힌 물방울
④ 호수 주변의 뿌연 물방울
⑤ 목욕탕 천정에 맺힌 물방울

10 기압에 대한 설명으로 바르지 않은 것은 어느 것입니까? ( )

① 기압과 바람의 방향은 관련이 없다.
② 공기의 무게로 생기는 누르는 힘을 뜻한다.
③ 상대적으로 공기가 무거운 것을 고기압이라고 한다.
④ 상대적으로 공기가 가벼운 것을 저기압이라고 한다.
⑤ 기압 차가 생기면 공기는 고기압에서 저기압으로 이동한다.

11 바닷가에서 낮과 밤에 바람이 부는 방향이 바뀌는 까닭으로 바른 것의 기호를 쓰시오.

> ㉠ 육지와 바다가 같은 빠르기로 데워지기 때문이다.
> ㉡ 육지가 바다보다 빨리 데워지고 빨리 식기 때문이다.

( )

12 1초 동안 운동한 물체를 찾아 아래쪽 그림에 ○표 하시오.

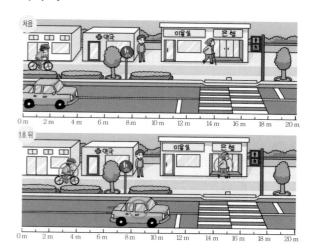

13 50 m 달리기 경기를 할 때 결승선의 모습입니다. 가장 빠른 사람을 쓰시오.

( )

14 같은 시각에 달리기를 시작하여 3분 동안 달렸습니다. 가장 빠른 사람은 누구인지 쓰시오.

이름	이동 거리(m)
성욱	550
성군	750
대경	800

( )

100점 예상 문제

15 다음 두 가지 물체의 속력을 비교하여 속력이 더 큰 물체를 쓰고, 그 물체의 속력을 구하시오.

> • 배: 3시간 동안 120 km를 이동했다.
> • 시내버스: 2시간 동안 120 km를 이동했다.

(1) 속력이 큰 물체: (   )

(2) 속력이 큰 물체의 속력:
(   )

16 자동차의 속력을 줄여서 사고를 막는 기능을 하는 안전장치는 어느 것인지 기호와 이름을 쓰시오.

 ㉠
 ㉡
 ㉢
 ㉣

(   )

5 산과 염기

17 리트머스 종이에 어떤 용액을 떨어뜨렸더니 색깔이 다음과 같이 변하였습니다. 이 용액으로 알맞은 것은 무엇입니까? (   )

① 식초   ② 석회수
③ 유리 세정제   ④ 빨랫비누 물
⑤ 묽은 수산화 나트륨 용액

18 다음 표는 여러 가지 용액에 자주색 양배추 지시약을 떨어뜨리고 난 다음 색깔 변화를 정리한 것입니다. 빈칸에 알맞은 것은 무엇입니까? (   )

용액 이름	색깔
식초	붉은색
빨랫비누 물	연한 푸른색
묽은 염산	
묽은 수산화 나트륨 용액	노란색

① 붉은색   ② 푸른색
③ 노란색   ④ 초록색
⑤ 보라색

19 산성 용액에 여러 가지 물질을 넣었을 때의 변화로 바른 것은 어느 것입니까? (   )

① 두부 – 맛이 더 좋아진다.
② 닭 가슴살 – 크기가 커진다.
③ 삶은 달걀 흰자 – 노란색으로 변한다.
④ 대리석 조각 – 표면에서 기포가 발생한다.
⑤ 달걀 껍데기 – 달걀 껍데기가 더 두꺼워진다.

20 속 쓰릴 때 제산제를 먹는 것과 관련 있는 현상은 무엇입니까? (   )

① 산성비가 내려 문화재가 훼손된다.
② 염산 누출 사고에 소석회를 뿌린다.
③ 우유의 단백질을 굳혀서 치즈를 만든다.
④ 공기 중 수증기가 응결하여 안개나 이슬이 된다.
⑤ 묽은 수산화 나트륨 용액에 두부를 넣으면 흐물흐물해진다.

---

1 재미있는 나의 탐구

1 1분을 측정하는 모래시계를 만들 때 필요한 준비물입니다. 실험 기구 이름을 쓰시오.

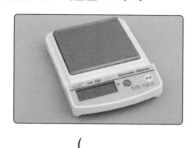

(   )

2 탐구 결과를 발표하는 순서대로 기호를 쓰시오.

> ㉠ 발표 자료를 만든다.
> ㉡ 탐구 결과를 발표한다.
> ㉢ 발표 방법을 정한다.

(   )

2 생물과 환경

3 연못 생태계를 나타낸 것입니다. 비생물 요소를 찾아 ×표 하시오.

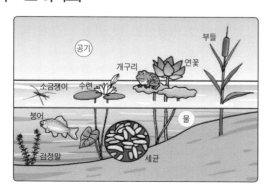

4 양분을 얻는 방법에 따라 선으로 연결하시오.

(1)  •

(2)  •

(3)  •

• ㉠ 다른 생물을 먹이로 한다.

• ㉡ 양분을 스스로 만든다.

• ㉢ 죽은 생물이나 배출물을 분해한다.

5 여러 생물들이 함께 살아가기에 먹이 그물이 이로운 점을 한 가지 쓰시오.

_____

_____

_____

6 다람쥐가 환경에 어떻게 적응되었는지 바르게 설명한 것은 어느 것입니까? (   )

① 겨울잠을 잔다.
② 몸 표면에 가시가 많다.
③ 몸에서 지독한 냄새가 난다.
④ 생김새가 나뭇가지와 닮았다.
⑤ 몸을 오므려 적에게서 몸을 보호한다.

3 날씨와 우리 생활

7 건구 온도계와 습구 온도계의 온도가 다른 까닭은 무엇입니까? (   )

① 서로 다른 장소에 두었기 때문에
② 건구 온도계를 헝겊으로 감쌌기 때문에
③ 건구 온도계는 따뜻한 곳에 두었기 때문에
④ 습구 온도계는 냉장고 속에 두었기 때문에
⑤ 습구 온도계는 헝겊에서 물이 증발하면서 온도가 낮아지기 때문에

8 (   ) 안에 알맞은 말을 쓰시오.

차가운 물이 들어 있는 컵 표면에 맺힌 물방울은 공기 중 (   )가 차가운 컵 표면에서 응결하여 나타나는 현상이다.

(   )

9 구름 속 작은 물방울이 합쳐져 얼음 알갱이의 크기가 커지면서 무거워져 떨어질 때 녹지 않은 채로 떨어지는 것은 무엇입니까? (   )

① 비   ② 눈
③ 이슬   ④ 구름
⑤ 안개

10 무더운 여름철에 바닷가에 갔을 때 맨발로 모래를 밟으면 뜨겁지만, 바닷물에 들어가면 시원한 까닭은 무엇입니까? (   )

① 모래가 더 빨리 식기 때문이다.
② 바닷물이 천천히 식기 때문이다.
③ 모래가 더 빨리 데워지기 때문이다.
④ 바닷물이 더 빨리 데워지기 때문이다.
⑤ 햇빛이 모래만 비추고, 바닷가는 비추지 않기 때문이다.

[11~12] 사각 플라스틱 그릇 두 개에 모래와 물을 각각 담고 열 전구를 사용하여 5~6분 동안 가열하고 투명한 상자로 덮었습니다

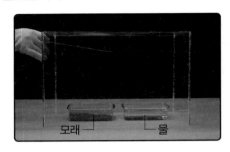

모래 ─   물 ─

11 위 실험에서 공기의 움직임을 알아보기 위하여 필요한 것은 무엇입니까? (   )

① 우유   ② 모래
③ 열 전구   ④ 향 연기
⑤ 알코올램프

12 위 실험에서 모래와 물 중 온도가 더 높은 것은 무엇인지 쓰시오.

(   )

4 물체의 운동

13 물체의 운동을 나타내는 방법으로 바른 것은 어느 것입니까? (   )

① 물체가 이동하는 데 필요한 바퀴의 개수로 나타낸다.
② 물체가 이동하는 데 걸린 시간과 모양 변화로 나타낸다.
③ 물체가 이동하는 데 걸린 시간과 이동 거리로 나타낸다.
④ 물체가 이동하는 데 드는 비용과 이동 거리로 나타낸 다.
⑤ 물체가 이동하는 데 변하지 않는 주변의 물체의 종류로 나타낸다.

14 일정한 거리를 이동하는 데 걸린 시간을 측정해 빠르기를 비교하는 운동 경기가 <u>아닌</u> 것은 어느 것입니까? (   )

① 마라톤
② 쇼트 트랙
③ 배드민턴
④ 자동차 경주
⑤ 100 m 달리기

15 3시간 동안 여러 교통수단이 이동한 거리입니다. 3시간 동안 200 km를 이동하는 고속버스보다 빠른 교통수단을 모두 쓰시오.

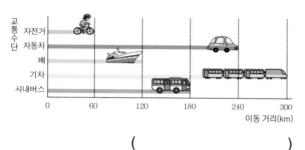

(   )

🖐서술형

16 60 km/h를 읽는 방법을 두 가지 쓰시오.

_____

🖐서술형

17 학교 주변에서 일어날 수 있는 교통 안전사고의 예와 그 원인을 보고, 교통 안전사고를 막기 위하여 어린이들이 실천할 수 있는 교통안전 수칙을 한 가지 쓰시오.

> • 교통 안전사고의 예: 횡단보도 사고
> • 원인: 신호등에 초록불이 켜지자마자 건너기 때문이다.

_____
_____

5 산과 염기

18 빈칸에 들어갈 분류 기준으로 알맞지 <u>않은</u> 것은 어느 것입니까? (   )

분류 기준:	
식초, 레몬즙, 묽은 염산	묽은 수산화 나트륨 용액, 유리 세정제, 빨랫비누 물

① 산성 용액과 염기성 용액
② 홈판에 넣었을 때 색깔이 변하는 용액과 변하지 않는 용액
③ 페놀프탈레인 용액의 색깔을 변하게 하는 용액과 그렇지 않은 용액
④ 붉은색 리트머스 종이를 푸른색으로 변하게 하는 용액과 그렇지 않은 용액
⑤ 푸른색 리트머스 종이를 붉은색으로 변하게 하는 용액과 그렇지 않은 용액

19 어떤 용액에 페놀프탈레인 용액을 떨어뜨렸더니 색깔이 오른쪽과 같이 변했습니다. 이 용액으로 알맞은 것은 무엇입니까? (   )

① 식초
② 사이다
③ 레몬즙
④ 석회수
⑤ 묽은 염산

20 산성 용액에 여러 가지 물질을 넣었을 때의 변화를 잘 관찰한 사람은 누구인지 쓰시오.

> • 상근: 대리석 조각을 넣으면 기포가 발생하고 크기가 작아져.
> • 보연: 두부를 넣으면 흐물흐물해지면서 용액이 뿌옇게 흐려져.
> • 승윤: 삶은 달걀 흰자를 넣으면 기포가 발생하고 용액의 색깔이 변해.

(   )

메모 Memo

선생님이 강력 추천하는
개념 PLUS
단원평가

9종 검정 교과서

완벽 분석

과학

종합평가

5·2

5~6학년군

교육의 길잡이·학생의 동반자

(주)교학사

1 탐구 문제를 정할 때 주의할 점으로 알맞지 <u>않은</u> 것은 어느 것입니까? (   )

① 스스로 탐구할 수 있는 문제여야 한다.
② 탐구 문제는 "~까?"와 같은 형태로 쓴다.
③ 탐구 준비물을 쉽게 구할 수 있어야 한다.
④ 간단한 조사로 쉽게 답을 찾을 수 있는 문제가 좋다.
⑤ 탐구하고 싶은 내용이 탐구 문제에 분명하게 드러나 있어야 한다.

2 탐구 문제를 해결하기 위한 실험 계획서에 들어가지 <u>않아도</u> 되는 내용은 어느 것입니까? (   )

① 탐구 문제
② 탐구 결과
③ 같게 해야 할 조건
④ 관찰하거나 측정할 것
⑤ 탐구 문제를 해결할 방법

3 (   ) 안에 공통으로 알맞은 말을 쓰시오.

> 생물이 살아가려면 햇빛, 물, 적당한 온도, 공기 등이 필요하다. 생물이 사는 곳을 (   )라고 하는데, (   )가 다르면 그곳에 사는 생물도 다르다.

(   )

4 비생물 요소에 대한 설명으로 바른 것은 어느 것입니까? (   )

① 필요한 양분을 스스로 만든다.
② 생태계를 이루는 요소가 아니다.
③ 다른 생물을 먹이로 하여 양분을 얻는다.
④ 햇빛이나 물처럼 살아 있지 않은 것이다.
⑤ 검정말이나 개구리처럼 살아 있는 것이다.

5 생태계의 구성 요소 중 비생물 요소를 골라 기호를 쓰시오.

ㄱ   ㄴ
ㄷ   ㄹ

(   )

관련 교과서 돋보기

학교 화단 생태계 예
• 생물 요소: 배추흰나비, 왕벚나무, 향나무, 공벌레, 거미, 참새, 지렁이, 개미 등
• 비생물 요소: 흙, 햇빛, 공기 등

6 생산자, 소비자, 분해자의 예를 바르게 짝 지은 것은 어느 것입니까? (   )

구분	생산자	소비자	분해자
①	참새	토끼풀	나방 애벌레
②	민들레	참새	토끼풀
③	참새	나방 애벌레	버섯
④	토끼풀	참새	세균
⑤	버섯	민들레	세균

7 생물 요소가 양분을 얻는 방법을 바르게 설명한 것은 어느 것입니까? (   )

① 수달–물고기를 먹어 양분을 얻는다.
② 옥수수–나비를 먹어 양분을 얻는다.
③ 곰팡이–햇빛을 이용해 스스로 양분을 만든다.
④ 소나무–죽은 개미를 분해하여 양분을 얻는다.
⑤ 고라니–햇빛을 이용해 스스로 양분을 만든다.

8 ( ) 안에 알맞은 말을 쓰시오.

> 생물 사이의 먹고 먹히는 관계가 사슬처럼 연결되어 있는 것을 ( )이라고 한다.

( )

🔍 **관련 교과서 돋보기**

먹이 사슬 예
• 벼 ➡ 메뚜기 ➡ 개구리 ➡ 올빼미
• 배추 ➡ 배추흰나비 ➡ 개구리 ➡ 족제비 ➡ 올빼미
• 벼 ➡ 참새 ➡ 올빼미
• 옥수수 ➡ 참새 ➡ 족제비 ➡ 올빼미

[9～10] 생물들의 먹고 먹히는 관계를 나타낸 것입니다.

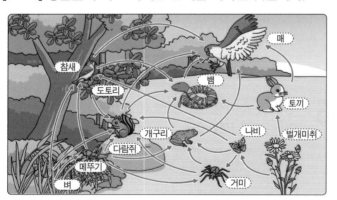

9 위와 같이 여러 개의 먹이 사슬이 얽혀 그물처럼 연결되어 있는 것을 무엇이라고 하는지 쓰시오.

( )

10 위 9번의 먹고 먹히는 관계에 대한 설명으로 바르지 않은 것은 어느 것입니까? ( )

① 토끼는 벌개미취를 먹는다.
② 다람쥐는 매나 뱀의 먹이가 된다.
③ 뱀은 참새 외에 다른 먹이도 먹는다.
④ 여러 개의 먹이 사슬이 그물처럼 얽혀 있다.
⑤ 거미는 나비가 없어지면 다른 먹이가 없으므로 죽게 된다.

11 생태계를 구성하고 있는 생물의 수 또는 양이 균형을 이루며 안정된 상태를 유지하는 것을 무엇이라고 합니까? ( )

① 생물 요소
② 먹이 사슬
③ 먹이 그물
④ 생태계 평형
⑤ 비생물 요소

12 생태계 평형이 깨지는 원인으로 알맞지 않은 것은 어느 것입니까? ( )

① 댐을 건설할 때
② 홍수가 일어났을 때
③ 가뭄이 일어났을 때
④ 산불이 발생했을 때
⑤ 생물의 종류와 수가 안정된 상태를 유지할 때

[13～14] 페트병 네 개를 다음과 같이 꾸미고 콩나물의 자람을 일주일 이상 관찰하였습니다.

13 위 실험에서 물이 콩나물의 자람에 미치는 영향을 알아보기 위해 비교해야 하는 것끼리 짝 지은 것은 어느 것입니까? ( )

① ㉠, ㉡
② ㉠, ㉢
③ ㉡, ㉢
④ ㉡, ㉣
⑤ ㉠, ㉣

🔍 **관련 교과서 돋보기**

햇빛과 물이 식물의 자람에 미치는 영향 알아보기
• 자른 페트병 네 개의 입구 부분을 거꾸로 하여 탈지면을 깔고 굵기와 길이가 비슷한 콩나물을 같은 양으로 담습니다.
• 두 개는 햇빛이 잘 드는 곳에, 두 개는 어둠상자를 덮고 각각 하나에만 물을 줍니다.

14 앞 13번 실험에서 일주일 후 관찰했을 때 다음과 같이 자란 것은 어느 것인지 기호를 쓰시오.

• 떡잎과 떡잎 아래 몸통이 초록색이다. • 떡잎 아래 몸통이 길고 굵어졌다. • 햇빛을 향해 굽어 자랐다.
• 떡잎이 노란색이다. • 떡잎 아래 몸통이 매우 가늘어지고 시들었다.

15 다음과 같은 영향을 미치는 비생물 요소로 알맞은 것은 어느 것입니까? (   )

• 낙엽이 진다.
• 다람쥐가 겨울잠을 잔다.

① 물   ② 온도
③ 흙   ④ 공기
⑤ 햇빛

16 (   ) 안에 알맞은 말은 어느 것입니까? (   )

생물은 오랜 기간에 걸쳐 사는 곳의 환경에 알맞은 생김새와 생활 방식을 갖게 되는데, 이를 (   )이라고 한다.

① 적응   ② 특징
③ 환경   ④ 서식지
⑤ 생태계

17 수련이 물 위에 떠서 살기 위해 환경에 적응된 것은 무엇인지 모두 고르시오.
(,   )

① 잎이 넓다.
② 잎자루가 길다.
③ 꽃이 밤에만 핀다.
④ 꽃의 크기가 작다.
⑤ 잎에서 고약한 냄새가 난다.

18 생물이 환경에 어떻게 적응하며 살아가는지 알맞게 선으로 연결하시오.

(1) 수리부엉이   •   • ㉠ 물이 부족한 환경에 적응했다.

(2) 곰이나 뱀   •   • ㉡ 겨울잠을 잔다.

(3) 선인장의 가시 모양 잎   •   • ㉢ 밤에도 먹이를 잡는다.

> **관련 교과서 돋보기**
>
> 환경에 적응하며 살아가는 생물 예
> • 뇌조: 온도가 낮은 겨울에는 깃털이 하얀색을 띠고, 온도가 높은 여름철에는 깃털이 얼룩덜룩한 색을 띱니다.
> • 바위손: 물이 적을 때는 바위손의 잎이 오그라들고 연갈색을 띠며, 물이 충분할 때는 바위손의 잎이 펴지고 초록색을 띱니다.

19 환경 오염에 대한 설명으로 바르지 않은 것은 어느 것입니까? (   )

① 환경 오염은 생태계 평형을 유지하는 데 도움을 준다.
② 환경 오염에는 대기 오염, 수질 오염, 토양 오염 등이 있다.
③ 자연환경이나 생활 환경이 사람들의 활동으로 더럽혀지거나 훼손되는 것이다.
⑤ 쓰레기, 매연, 폐수, 기름 유출, 농약의 지나친 사용 등이 환경 오염의 원인이다.
④ 환경이 오염되면 그곳에 사는 생물의 종류와 수 또는 양이 줄어들거나 멸종되기도 한다.

20 유조선의 기름이 바다에 유출되었을 때 생물에 미치는 영향을 한 가지 쓰시오.

1 오른쪽과 같이 알코올 온도계 두 개를 이용하여 습도를 측정하는 장치를 무엇이라고 하는지 쓰시오.

( )

🔍 관련 교과서 **돋보기**

습도 측정하기
• 알코올 온도계 두 개 중 하나만 액체샘 부분을 헝겊으로 감싸고 스탠드에 설치합니다.
• 헝겊으로 감싼 온도계 아래에 물이 담긴 비커를 놓고, 헝겊 끝부분이 물에 잠기도록 합니다.
• 5분 뒤 온도계의 온도를 읽어 습도를 구합니다.

2 위 **1**번 장치의 ㉠과 ㉡ 중 건구 온도계는 어느 것인지 기호를 쓰시오.

( )

3 습도표를 읽는 방법을 설명한 것입니다. ( ) 안에 알맞은 말을 ◦보기◦에서 골라 기호를 쓰시오.

> 습도표에서 세로줄의 건구 온도와 가로줄의 ( )이/가 만나는 지점이 현재 습도를 나타낸다.

◦보기◦
㉠ 습구 온도
㉡ 건구 온도와 습구 온도의 차
㉢ 건구 온도와 습구 온도의 합

( )

4 습도가 높을 때 나타나는 현상을 모두 고르시오.
(,)

① 곰팡이가 잘 핀다.　② 피부가 건조해진다.
③ 빨래가 잘 마른다.　④ 산불이 발생하기 쉽다.
⑤ 음식물이 쉽게 부패한다.

[5~7] 다음과 같이 꾸미고 유리병 안과 나뭇잎 모형의 표면에 어떤 변화가 나타나는지 알아보았습니다.

5 위 실험에서 나뭇잎 모형의 표면에 어떤 변화가 나타납니까? ( )

① 나뭇잎 모형이 언다.
② 나뭇잎 모형은 변화가 없다.
③ 나뭇잎 모형의 색깔이 변했다.
④ 나뭇잎 모형의 온도가 높아진다.
⑤ 나뭇잎 모형의 표면에 작은 물방울이 맺혔다.

🔍 관련 교과서 **돋보기**

이슬과 안개 발생 실험
• 밑면에 나뭇잎 모형을 붙인 페트리 접시를 냉장고에 5분 이상 보관합니다.
• 따뜻한 물로 유리병 안쪽을 데운 뒤에 물을 버리고 향 연기를 조금 넣습니다.
• 유리병 위에 페트리 접시를 올려놓고, 그 위에 얼음이 담긴 비닐을 올려놓습니다.

6 위 **5**번 정답과 같은 변화가 나타나는 까닭으로 알맞은 것에 ○표 하시오.

(1) 비닐 안의 얼음이 녹아 페트리 접시로 스며들어 나뭇잎 모형에 닿기 때문이다. ( )
(2) 유리병 안의 수증기가 차가워진 나뭇잎 모형의 표면에 닿아 응결하기 때문이다. ( )

7 위 실험에서 유리병 안이 뿌옇게 흐려지는 것과 비슷한 자연 현상은 무엇입니까? ( )

① 비　　　　　② 눈
③ 이슬　　　　④ 안개
⑤ 번개

서술형

8 이슬과 안개의 공통점을 한 가지 쓰시오.

_____

[9~10] 비커에 뜨거운 물을 넣고 화장지를 만 빨대로 비커 안쪽에 세제를 바른 다음, 얼음물을 넣은 투명 반구를 비커 위에 올려놓습니다.

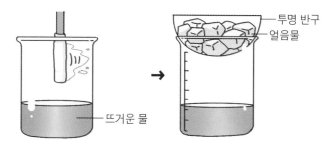

9 위 실험을 할 때 필요하지 않은 실험 기구는 어느 것입니까? (   )

① 비커　　　　　② 빨대
③ 스포이트　　　④ 액체 세제
⑤ 투명 반구

10 위 실험은 무엇을 알아보기 위한 실험입니까?

(   )

① 얼음이 어는 과정
② 비가 내리는 과정
③ 눈이 내리는 과정
④ 구름이 만들어지는 과정
⑤ 이슬이 만들어지는 과정

11 눈이 내리는 과정을 설명한 것입니다. (   ) 안에 알 맞은 말을 쓰시오.

> 구름 속 작은 (   ) 알갱이가 커지면서 무 거워져 떨어질 때 녹지 않은 채로 떨어지는 것이 다.

(   )

12 공기는 무게를 가지고 있습니다. 공기의 무게로 가해 지는 힘을 무엇이라고 합니까? (   )

① 무게　　　　　② 부피
③ 기압　　　　　④ 온도
⑤ 습도

[13~14] 플라스틱 통 안에 온도가 다른 공기를 각각 넣고 무게를 비교해 보았습니다.

▲ 차가운 공기　　　　　▲ 따뜻한 공기

13 위 실험에서 ㉠과 ㉡ 플라스틱 통의 무게를 비교하여 <, =, >로 나타내시오.

㉠ (   ) ㉡

🔍 **관련 교과서 돋보기**

공기의 온도에 따른 공기의 무게 비교 실험
• 플라스틱 통 안에 디지털 온도계를 붙인 뒤 뚜껑을 닫고 무게를 측정합니다.
• 플라스틱 통을 뒤집어서 헤어드라이어로 따뜻한 공기를 넣은 뒤 뚜껑을 닫고 무게를 측정합니다.

14 위 실험 결과를 통해 알 수 있는 사실로 바른 것은 어 느 것입니까? (   )

① 공기의 무게는 습도에 따라 달라진다.
② 차가운 공기는 따뜻한 공기보다 무겁다.
③ 따뜻한 공기는 차가운 공기보다 무겁다.
④ 공기의 온도에 관계없이 공기의 무게는 항상 같다.
⑤ 따뜻한 공기는 차가운 공기보다 수증기의 양이 많다.

15 뒷면이 검은 투명한 상자 안에 따뜻한 물과 얼음물을 넣고 향에 불을 붙였을 때 향 연기는 어떻게 움직이는지 ○표 하시오.

(1) ( ) (2) ( )

• 서술형 •

16 위 실험에서 향 연기가 15번 정답과 같이 움직이는 까닭을 기압과 관련지여 쓰시오.

_____

_____

_____

17 새벽에 바닷가에서는 모래사장에서 바닷물 쪽으로 바람이 부는 까닭을 모두 고르시오. (,)

① 모래사장과 바닷물의 온도가 같기 때문에
② 모래사장의 온도가 바닷물보다 높기 때문에
③ 바닷물의 온도가 모래사장보다 높기 때문에
④ 모래사장 위는 고기압, 바닷물 위는 저기압이 되기 때문에
⑤ 모래사장 위는 저기압, 바닷물 위는 고기압이 되기 때문에

[18~19] 우리나라에 영향을 주는 공기 덩어리를 나타낸 것입니다.

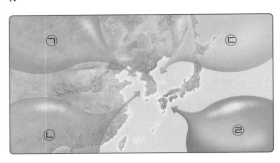

18 위 ㉠~㉣ 중 우리나라의 겨울에 영향을 미치는 공기 덩어리를 골라 기호를 쓰시오.

( )

19 위 ㉠~㉣ 중 덥고 습한 성질을 가진 공기 덩어리를 골라 기호를 쓰시오.

( )

🔍 관련 교과서 돋보기

우리나라의 계절별 날씨에 영향을 주는 공기 덩어리의 성질
• 봄, 가을: 따뜻하고 건조합니다.
• 초여름: 차갑고 습합니다.
• 여름: 덥고 습합니다.
• 겨울: 차갑고 건조합니다.

20 우리나라의 계절별 날씨의 특징을 바르게 선으로 연결하시오.

(1) 봄 •   • ㉠ 춥고 건조하다.

(2) 여름 •   • ㉡ 따뜻하고 건조하다.

(3) 가을 •   • ㉢ 덥고 습하다.

(4) 겨울 •   • ㉣ 춥고 습하다.

1 ( ) 안에 알맞은 말을 쓰시오.

> 시간이 지남에 따라 물체의 위치가 변할 때 물체가 ( )한다고 한다.

( )

[2~3] 그림을 보고 물음에 답하시오.

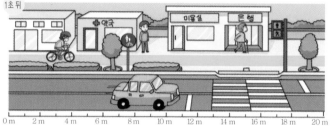

2 물체의 운동을 나타내기 위해 필요한 것을 모두 고르시오. (,)

① 이동 거리 ② 이동 방향
③ 걸린 시간 ④ 이동 시각
⑤ 물체의 무게

3 위 **2**번에서 운동한 물체는 무엇입니까? ( )

① 나무 ② 할머니
③ 남자 아이 ④ 신호등
⑤ 도로 표지판

🔍 **관련 교과서 돋보기**

물체의 운동 나타내기
• 할머니: 1초 동안 1 m를 이동했습니다.
• 자전거: 1초 동안 2 m를 이동했습니다.
• 자동차: 1초 동안 7 m를 이동했습니다.

4 고양이와 달팽이를 비교했을 때 더 빠르게 운동하는 것은 어느 것인지 쓰시오.

▲ 고양이   ▲ 달팽이

( )

서술형
5 ●보기●의 물체는 빠르기와 관련된 공통점이 있습니다. 공통점을 한 가지 쓰시오.

> ●보기●
> • 정류장에 도착하는 버스
> • 내리막길을 따라 내려가는 자전거

6 점점 빨라지는 운동을 하는 물체는 어느 것입니까?
( )

① 착륙하는 비행기
② 정류장에 도착하는 버스
③ 아래로 내려가는 대관람차
④ 자이로 드롭이 위로 올라갈 때
⑤ 출발한 후 시간이 지난 고속 열차

🔍 **관련 교과서 돋보기**

빠르기가 일정한 운동을 하는 물체와 빠르기가 변하는 운동을 하는 물체

대관람차	원을 그리며 회전하는 동안 빠르기가 일정한 운동을 한다.
케이블카	한 방향으로 이동하는 동안 빠르기가 일정한 운동을 한다.
자이로 드롭	올라갈 때에는 느리게 운동하고 내려갈 때에는 빠르게 운동한다.
바이킹	내리막길에서는 빠르기가 점점 빨라지고, 오르막길에서는 점점 느려지는 운동을 한다.

[7~8] 장난감 자동차를 만들어 출발선에 놓고 출발 신호에 맞춰 결승선에 도착할 때까지 부채질하였습니다.

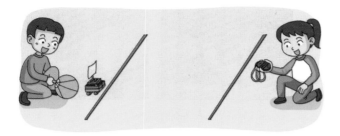

7 위와 같이 같은 거리를 이동한 물체의 빠르기를 비교할 때 측정해야 할 것은 무엇인지 기호를 쓰시오.

> ㉠ 이동한 거리
> ㉡ 도착하는 장소
> ㉢ 이동하는 데 걸린 시간

(   )

8 위 7번에서 장난감 자동차가 출발선에서 결승선에 도착할 때까지 걸린 시간을 측정한 것입니다. 가장 빠른 자동차는 누가 만든 것인지 쓰시오.

이름	승윤	도건	하린	경태
걸린 시간	18초	13초	11초	16초

(   )

9 같은 거리를 이동할 때 물체의 빠르기가 더 빠른 경우는 어느 것인지 기호를 쓰시오.

> ㉠ 짧은 시간이 걸린 물체
> ㉡ 긴 시간이 걸린 물체

(   )

10 같은 거리를 이동하는 데 걸린 시간을 측정해 빠르기를 비교하는 운동 경기를 한 가지 쓰시오.

(   )

[11~12] 10초 동안 여러 동물이 이동한 거리를 비교한 그래프입니다.

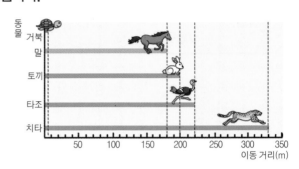

11 위 동물 중 가장 빠른 것은 무엇인지 쓰시오.

(   )

12 위 그래프에서 토끼보다 느린 동물을 모두 골라 쓰시오.

(   )

13 같은 시간 동안 이동한 물체의 빠르기에 대한 설명으로 바른 것은 어느 것입니까? (   )

① 먼저 출발한 물체일수록 빠르다.
② 긴 거리를 이동한 물체가 빠르다.
③ 나중에 출발한 물체일수록 빠르다.
④ 짧은 거리를 이동한 물체가 빠르다.
⑤ 여러 물체가 동시에 출발했을 때 가장 늦게 도착한 물체가 빠르다.

14 물체의 빠르기를 비교하는 방법을 ●보기●에서 골라 기호를 쓰시오.

> ─●보기●─
> ㉠ 물체가 이동하는 데 걸린 시간으로 비교한다.
> ㉡ 물체가 이동한 거리로 비교한다.

(1) 같은 시간 동안 이동한 물체의 빠르기

(   )

(2) 같은 거리를 이동한 물체의 빠르기

(   )

15 속력을 구하는 방법입니다. ( ) 안에 알맞은 말을 쓰시오.

속력=(㉠)÷(㉡)

㉠: ( )

㉡: ( )

16 자동차의 속력 70 km/h가 의미하는 것은 무엇입니까? ( )

① 1초 동안 70 m를 이동한 것을 말한다.
② 1초 동안 70 km를 이동한 것을 말한다.
③ 1시간 동안 70 m를 이동한 것을 말한다.
④ 1시간 동안 7 km를 이동한 것을 말한다.
⑤ 1시간 동안 70 km를 이동한 것을 말한다.

17 여러 가지 교통수단 중 가장 빠른 것은 어느 것인지 쓰시오.

비행기: 2시간 동안 1400 km를 이동했다.
배: 6시간 동안 120 km를 이동했다.
자전거: 2시간 동안 22 km를 이동했다.
기차: 3시간 동안 480 km를 이동했다.
버스: 5시간 동안 300 km를 이동했다.
승용차: 4시간 동안 280 km를 이동했다.

( )

18 빠른 속력으로 달리는 자동차끼리 충돌했을 때 피해를 줄일 수 있도록 자동차에 설치한 안전장치는 어느 것인지 기호를 쓰시오.

㉠

▲ 과속 방지 턱

㉡
▲ 안전띠

㉢

▲ 어린이 보호 구역 표지판

㉣

▲ 횡단보도

( )

19 다음에서 설명하는 안전장치는 무엇입니까?

( )

자동차를 타고 가다가 속력이 빠른 물체와 부딪칠 때 탑승자의 몸에 가해지는 충격을 줄여준다.

① 횡단보도   ② 에어백
③ 과속 방지 턱   ④ 무릎 보호대
⑤ 긴급 제동 시설

20 횡단보도를 건널 때 모습입니다. 가장 안전하게 행동한 경우는 어느 것입니까? ( )

① 초록색 불이 켜진 후 좌우를 살피고 건넌다.
② 빨간색 불이 켜진 후 좌우를 살피고 건넌다.
③ 초록색 불이 켜진 후 양손을 모두 들고 건넌다.
④ 초록색 불이 켜진 후 휴대 전화를 보면서 건넌다.
⑤ 자전거를 타고 있는 경우 자전거에서 내리지 않고 빠르게 건넌다.

1 ( ) 안에 알맞은 말을 쓰시오.

> 여러 가지 용액을 분류하려면 용액을 관찰한 뒤 ( )을 정해 분류해야 한다.

( )

2 여러 가지 용액을 다음과 같이 분류했을 때 ㈎에 알맞은 용액을 모두 고르시오. (,)

분류 기준

색깔이 있는가?

그렇다.   그렇지 않다.

㈎   ㈏

① 석회수
② 레몬즙
③ 묽은 염산
④ 유리 세정제
⑤ 묽은 수산화 나트륨 용액

3 다음과 같은 특징을 가진 용액은 어느 것입니까? ( )

> • 냄새가 난다.
> • 무색이고 투명하다.
> • 흔들었을 때 거품이 3초 이상 유지되지 않는다.

① 식초
② 묽은 염산
③ 빨랫비누 물
④ 탄산수소 나트륨 용액
⑤ 묽은 수산화 나트륨 용액

4 여러 가지 용액을 분류한 결과가 다음과 같을 때 알맞은 분류 기준을 한 가지 쓰시오.

그렇다.	그렇지 않다.
식초, 사이다, 석회수, 유리 세정제, 묽은 염산, 묽은 수산화 나트륨 용액	레몬즙, 빨랫비누 물

5 어떤 용액에 닿았을 때 그 용액의 성질에 따라 색깔 변화가 나타나는 물질을 무엇이라고 하는지 쓰시오.

( )

6 붉은색 리트머스 종이를 푸른색으로 변하게 하는 용액을 모두 고르시오. (,)

① 식초   ② 탄산음료
③ 묽은 염산   ④ 빨랫비누 물
⑤ 탄산수소 나트륨 용액

🔍 **관련 교과서 돋보기**

리트머스 종이의 색깔 변화
• 푸른색 → 붉은색: 식초, 탄산음료, 묽은 염산
• 붉은색 → 푸른색: 빨랫비누 물, 탄산수소 나트륨 용액, 묽은 수산화 나트륨 용액

7 페놀프탈레인 용액을 떨어뜨렸을 때 색깔이 변하지 않는 용액을 ●보기●에서 모두 골라 기호를 쓰시오.

> ●보기●
> ㉠ 자몽 주스   ㉡ 표백제
> ㉢ 식초   ㉣ 콜라
> ㉤ 하수구 세정제   ㉥ 제빵 소다 용액

( )

[8~9] 붉은 양배추 지시약을 만들어 보았습니다.

ㄱ

▲ 붉은 양배추 용액을 체로 거른다.

ㄴ

▲ 붉은 양배추를 잘게 잘라 비커에 담는다.

ㄷ

▲ 붉은 양배추가 잠기 도록 물을 넣는다.

8 붉은 양배추 지시약을 만들 때 필요하지 않은 실험 기구는 무엇입니까? (   )

① 체
② 비커
③ 가위
④ 반코팅 면장갑
⑤ 알코올램프

🔍 **관련 교과서 돋보기**

붉은 양배추 지시약을 만들 때 주의할 점
• 가위를 사용할 때 손을 다치지 않도록 조심합니다.
• 비커에 뜨거운 물을 넣을 때 화상을 입지 않도록 반코팅 면장갑을 착용하고 조심합니다.
• 뜨거운 물은 60 ℃ 정도의 물을 사용합니다.

9 위 8번에서 붉은 양배추 지시약을 만드는 순서대로 기호를 쓰시오.

(   )

10 용액에 붉은 양배추 지시약을 떨어뜨렸을 때의 색깔 변화를 바르게 선으로 연결하시오.

(1) 식초 •

(2) 석회수 •   • ㉠ 붉은색 계열

(3) 탄산수 •   • ㉡ 푸른색 계열

(4) 유리 세정제 •

・서술형・

11 붉은 양배추 지시약을 이용하여 산성 용액과 염기성 용액을 분류할 수 있는 까닭을 쓰시오.

_____

_____

12 6홈판에 묽은 염산을 넣고 메추리알 껍데기를 넣었을 때의 변화로 바른 것을 모두 고르시오. (,   )

메추리알 껍데기

묽은 염산

① 변화가 없다.
② 기포가 발생한다.
③ 메추리알 껍데기가 녹는다.
④ 묽은 염산이 뿌옇게 흐려진다.
⑤ 메추리알 껍데기가 붉은색으로 변한다.

13 염기성 용액에 넣었을 때 흐물흐물해지는 것을 ○보기○에서 모두 골라 기호를 쓰시오.

┌─○보기○─┐
㉠ 두부   ㉡ 메추리알 껍데기
㉢ 조개껍데기   ㉣ 삶은 메추리알 흰자
└─────────┘

(   )

・서술형・

14 대리암으로 만들어진 원각사 지 십층 석탑에 유리 보호 장 치를 한 까닭을 한 가지 쓰시 오.

_____

_____

15 붉은 양배추 지시약을 넣은 묽은 염산에 묽은 수산화 나트륨 용액을 점점 많이 넣을 때 색깔은 어떻게 변합니까? (   )

① 붉은색 계열에서 노란색 계열로 변한다.
② 보라색 계열에서 붉은색 계열로 변한다.
③ 노란색 계열에서 붉은색 계열로 변한다.
④ 푸른색 계열에서 노란색 계열로 변한다.
⑤ 검은색 계열에서 푸른색 계열로 변한다.

🔍 관련 교과서 **돋보기**

산성 용액과 염기성 용액을 섞는 실험
• 삼각 플라스크에 묽은 염산을 넣고 붉은 양배추 지시약을 떨어뜨립니다.
• 붉은 양배추 지시약을 떨어뜨린 삼각 플라스크에 묽은 수산화 나트륨 용액을 넣으면서 색깔 변화를 관찰합니다.

[16~17] 염기성 용액에 산성 용액을 넣으면서 지시약의 색깔 변화를 관찰해 보았습니다.

• 6홈판에 묽은 수산화 나트륨 용액을 3 mL씩 넣고, 여기에 붉은 양배추 지시약을 두세 방울씩 떨어뜨린다.
• 묽은 수산화 나트륨 용액이 들어 있는 홈에 묽은 염산을 각각 넣고 색깔 변화를 관찰한다.

16 위 실험에서 색깔이 가장 붉은색 계열인 경우는 묽은 염산을 몇 mL 넣은 경우입니까? (   )

① 1 mL   ② 2 mL
③ 3 mL   ④ 4 mL
⑤ 6 mL

17 위 실험에서 용액의 성질은 어떻게 변하는지 바르게 말한 친구의 이름을 쓰시오.

• 동완: 용액의 성질은 변하지 않아.
• 전진: 산성 용액을 넣을수록 산성이 점점 약해져.
• 은주: 산성 용액을 넣을수록 염기성이 점점 약해져.

(   )

18 (   ) 안에 알맞은 말을 쓰시오.

우리 생활에서 제산제와 유리 세정제는 (㉠) 용액을 이용하는 예이고, 식초와 변기용 세제는 (㉡) 용액을 이용하는 예이다.

㉠: (   )
㉡: (   )

19 ㉠과 ㉡ 중 염기성 용액을 이용하는 경우는 어느 것인지 기호를 쓰시오.

㉠	㉡
• 속이 쓰릴 때 제산제를 먹는다. • 더러워진 유리를 닦을 때 유리 세정제를 이용한다.	• 신맛을 낼 때 음식에 식초를 넣는다. • 생선을 손질한 도마를 닦을 때 식초를 이용한다.

(   )

🔍 관련 교과서 **돋보기**

제산제
• 사람의 위에서는 약 pH2의 강한 산성을 띤 위액이 분비됩니다.
• 위액이 필요 이상으로 많이 분비되는 증상을 위산 과다증이라고 하는데, 보통 속이 쓰린 증상으로 나타납니다.
• 위산이 많이 분비되어 속이 쓰릴 때 염기성인 제산제를 복용함으로써 위산 과다증이 감소하는 것입니다.

•서술형•

20 요구르트를 마신 뒤 양치질을 해야 하는 까닭을 •보기•의 단어를 모두 사용하여 쓰시오.

╭─•보기•─────────────╮
│ 산성 환경   염기성   세균 활동 │
╰──────────────────╯

_____

_____

_____

1 탐구 계획을 세울 때 하는 일로 알맞지 <u>않은</u> 것은 어느 것입니까? (　　　　)

① 준비물을 정한다.
② 모둠 구성원끼리 역할을 정한다.
③ 탐구 방법에 따라 탐구 순서를 정한다.
④ 탐구 문제를 해결할 수 있는 방법을 정한다.
⑤ 발표 자료에 들어갈 내용을 확인하고 발표 자료를 만든다.

2 탐구 결과를 발표하기 위해 발표 자료를 만들 때 들어가야 할 내용으로 알맞지 <u>않은</u> 것은 어느 것입니까?

(　　　　)

① 준비물 　　　　② 탐구 순서
③ 탐구 문제 　　　④ 발표 장소
⑤ 탐구 결과

3 ㉠과 ㉡에 알맞은 말을 쓰시오.

우리 주변은 식물, 동물, 균류 등의 (　㉠　) 요소와 햇빛, 물, 온도, 흙 등의 (　㉡　) 요소로 이루어져 있다.

㉠: (　　　　　　　　　　)
㉡: (　　　　　　　　　　)

4 생태계의 구성 요소를 알맞게 선으로 연결하시오.

(1) 물 ·

(2) 왜가리 ·

　　　　　· ㉠ 생물 요소

(3) 공기 ·

　　　　　· ㉡ 비생물 요소

(4) 토끼 ·

5 •보기•의 생물 요소를 생산자, 소비자, 분해자로 분류하여 기호를 쓰시오.

┌─보기─────────────────┐
㉠ 참새　　　㉡ 민들레　　㉢ 세균
㉣ 너구리　　㉤ 토끼풀　　㉥ 나방 애벌레
└───────────────────────┘

(1) 생산자: (　　　　　　　　　　)
(2) 소비자: (　　　　　　　　　　)
(3) 분해자: (　　　　　　　　　　)

6 생물 요소의 분류에 대한 설명으로 바른 것은 어느 것입니까? (　　　　)

① 햇빛, 공기, 물은 분해자이다.
② 스스로 양분을 만드는 생물은 소비자이다.
③ 다른 생물을 먹이로 하여 살아가는 생물은 분해자이다.
④ 주로 죽은 생물이나 배출물을 분해하여 양분을 얻는 생물은 생산자이다.
⑤ 양분을 얻는 방법에 따라 생물 요소를 생산자, 소비자, 분해자로 분류할 수 있다.

7 다음 생물 요소의 공통점을 모두 고르시오.

(　　　，　　　)

▲ 메뚜기　　　　　　　▲ 붕어

① 스스로 양분을 만든다.
② 생태계 구성 요소가 아니다.
③ 다른 생물을 먹어 양분을 얻는다.
④ 생태계를 구성하는 생물 요소이다.
⑤ 죽은 생물이나 다른 생물의 배설물을 분해하여 양분을 얻는다.

8 생물 사이의 먹고 먹히는 관계가 마치 사슬처럼 연결되어 있는 것을 무엇이라고 하는지 쓰시오.

( )

· 서술형 ·

9 먹이 사슬과 먹이 그물 중 생태계의 생물이 살아가기에 좋은 먹이 관계를 쓰고, 그 까닭을 쓰시오.

(1) 좋은 먹이 관계: ( )

(2) 까닭:

관련 교과서 돋보기

먹이 그물 예

10 다음과 같은 먹이 사슬에서 벼의 수가 갑자기 줄어들면 일시적으로 메뚜기, 참새, 매의 수는 어떻게 달라지는지 모두 고르시오. (,)

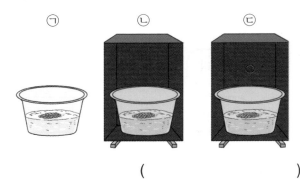

벼   메뚜기   참새   매

① 매의 수가 줄어든다.
② 참새의 수가 늘어난다.
③ 메뚜기의 수가 줄어든다.
④ 참새의 수는 변화가 없다.
⑤ 메뚜기의 수는 변화가 없다.

[11~12] 국립 공원의 생물 이야기를 읽고 물음에 답하시오.

· 무분별한 사냥으로 국립 공원의 늑대가 모두 사라졌다.
· 사슴의 수가 빠르게 늘어났다.
· 사슴이 풀, 나무를 닥치는 대로 먹어, 풀, 나무가 잘 자라지 못하였다.
· 나무를 이용해 집을 짓던 비버도 사라졌다.

11 위 이야기에서 생태계 평형이 깨어진 까닭은 무엇인지 모두 고르시오. (,)

① 국립 공원의 산불 때문에
② 사람들의 무분별한 사냥 때문에
③ 늑대가 갑자기 늘어났기 때문에
④ 풀과 나무가 갑자기 잘 자랐기 때문에
⑤ 사슴의 수가 빠르게 늘어나면서 풀과 나무가 사라졌기 때문에

· 서술형 ·

12 위 국립 공원의 깨어진 생태계 평형을 회복하는 방법을 한 가지 쓰시오.

13 ㉠~㉢ 중 싹이 초록색이고 곧게 잘 자라는 무순은 어느 것인지 기호를 쓰시오.

㉠   ㉡   ㉢

( )

14 앞 13번에서 일주일 동안 물을 주며 관찰했을 때 싹의 색깔이 달랐습니다. 이때 영향을 준 비생물 요소는 무엇입니까? (   )

① 흙　　　　　　　② 물
③ 온도　　　　　　④ 공기
⑤ 햇빛

🔍 **관련 교과서 돋보기**

햇빛이 생물에 미치는 영향 알아보기
• 플라스틱 용기에 탈지면을 깔고 무씨를 뿌린 뒤 물을 줍니다.
• 한 개는 그대로, 한 개는 어둠상자, 한 개는 구멍을 뚫은 어둠상자를 덮어 햇빛이 잘 드는 곳에 놓습니다.
• 일주일 동안 물을 주면서 관찰합니다.

15 (   ) 안에 알맞은 말을 쓰시오.

사막여우가 다른 곳에 사는 여우보다 몸집이 작고 귀가 큰 것은 비생물 환경 요인 중 (   )의 영향을 받아 적응한 예이다.

(   )

16 철새가 먹이를 구하거나 새끼를 기르기 위해 환경에 적응한 방법은 무엇입니까? (   )

① 겨울잠을 잔다.
② 깃털의 색깔이 변한다.
③ 몸의 생김새가 달라진다.
④ 계절에 따라 옮겨 다닌다.
⑤ 날카로운 발톱이 새로 자란다.

17 선인장이 환경에 적응된 방법을 설명한 것입니다. (   ) 안에 알맞은 말을 쓰시오.

선인장의 (   ) 모양 잎은 물이 부족한 환경에 적응한 결과이다.

(   )

18 생김새를 통해 환경에 적응된 예로 알맞은 것을 모두 골라 기호를 쓰시오.

㉠

▲ 철새의 이동

㉡
▲ 북극여우의 귀 크기

㉢

▲ 겨울잠

㉣

▲ 밤송이의 가시

(   )

19 환경 오염의 원인과 환경 오염의 종류를 바르게 선으로 연결하시오.

(1) 자동차의 매연　•　　　•㉠ 수질 오염

(2) 폐수 유출　•　　　•㉡ 토양 오염

(3) 쓰레기 매립　•　　　•㉢ 대기 오염

20 생태계를 보전하기 위한 다양한 노력으로 알맞지 않은 것은 어느 것입니까? (   )

① 가까운 거리는 걷는다.
② 일회용품의 사용을 줄인다.
③ 쓰레기는 종류별로 모아 태운다.
④ 보호가 필요한 생물이나 환경을 관리한다.
⑤ 국가는 생태계를 보전할 수 있는 규정을 만든다.

1 다음 장치에 대한 설명으로 바르지 <u>않은</u> 것은 어느 것입니까? (   )

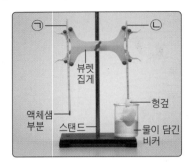

① 건습구 습도계이다.
② 공기 중의 습도를 측정할 수 있다.
③ ⓒ은 헝겊 끝부분이 물에 잠기도록 한다.
④ ㉠은 건구 온도계이고, ⓒ은 습구 온도계이다.
⑤ 대부분 ㉠으로 측정한 온도보다 ⓒ으로 측정한 온도가 높다.

2 위 장치를 이용해 습도를 측정하는 방법을 설명한 것입니다. (   ) 안에 알맞은 말을 순서대로 쓰시오.

> 두 온도계의 (   )를 각각 측정한 다음,
> (   )를 이용해 현재 습도를 구한다.

(   )

3 건구 온도가 18 ℃이고, 습구 온도가 16 ℃일 때 습도표를 이용하여 현재 습도를 구하시오.

건구 온도(℃)	건구 온도와 습구 온도의 차(℃)			
	0	1	2	3
15	100	90	80	71
16	100	90	81	71
17	100	90	81	72
18	100	91	82	73

(   ) %

4 습도가 우리 생활에 미치는 영향에 대한 설명으로 바르지 <u>않은</u> 것은 어느 것입니까? (   )

① 습도가 낮으면 빨래가 잘 마른다.
② 습도가 높으면 곰팡이가 잘 핀다.
③ 습도가 높으면 피부가 건조해진다.
④ 습도가 낮으면 산불이 쉽게 발생한다.
⑤ 습도가 높으면 식탁에 놓아둔 과자가 쉽게 눅눅해진다.

🔍 **관련 교과서 돋보기**

우리 생활에서 습도를 조절하는 방법
• 습도가 낮을 때: 가습기를 사용하거나 실내에 빨래를 널어 놓습니다.
• 습도가 높을 때: 제습기를 사용하거나 실내에 마른 숯을 놓아둡니다.

5 향 연기를 넣은 따뜻한 집기병에 얼음이 담긴 페트리 접시를 올려놓았을 때 집기병 안에 어떤 변화가 나타납니까? (   )

① 뿌옇게 흐려진다.
② 조각 얼음이 만들어진다.
③ 온도가 내려가 집기병이 깨진다.
④ 비가 내리는 것처럼 물방울이 흘러내린다.
⑤ 눈이 내리는 것처럼 작은 얼음 조각이 떨어진다.

6 위 실험 결과와 비슷한 자연 현상은 어느 것인지 기호를 쓰시오.

㉠ ▲ 이른 아침 풀잎에 맺힌 물방울   ⓒ ▲ 이른 아침 자욱한 안개

(   )

7 이슬, 안개, 구름의 공통점을 바르게 설명한 친구의 이름을 쓰시오.

> • 원종: 수증기가 응결해 나타나는 현상이야.
> • 호준: 물체 표면에 작은 물방울로 맺히는 현상이야.
> • 성욱: 공기 중에 작은 물방울이 하늘 높이 떠 있는 현상이야.

( )

8 구름에 대해 바르게 설명한 것은 어느 것입니까?

( )

① 날씨가 흐린 날에만 볼 수 있다.
② 수증기가 증발할 때 나타나는 현상이다.
③ 물체 표면에 물방울로 맺혀 있는 것이다.
④ 지표면 근처에 작은 물방울로 떠 있는 것이다.
⑤ 공기 중의 수증기가 응결하여 하늘에 떠 있는 것이다.

9 ( ) 안에 알맞은 말을 쓰시오.

> ( )은/는 구름 속 작은 얼음 알갱이가 커지면서 무거워져 떨어질 때 녹지 않은 채로 떨어지는 것이다.

( )

[10~11] 따뜻한 물과 얼음물에 5분 정도 넣었던 플라스틱 통의 뚜껑을 닫고 무게를 비교해 보았습니다.

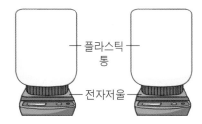

10 위 실험에서 무게가 더 무거운 것은 어느 곳에 넣었던 플라스틱 통인지 쓰시오.

( )

11 앞 10번 실험에 대한 설명으로 바른 것에 ○표, 바르지 않은 것에 ×표 하시오.

(1) 얼음물에 넣었던 통에 더 많은 수증기가 있다.

( )

(2) 얼음물에 넣었던 통이 따뜻한 물에 넣었던 통보다 공기의 양이 많다. ( )

(3) 공기 중 수증기의 양을 알아보는 실험이다.

( )

12 공기는 무게가 있어 공기의 양이 많을수록 무겁습니다. 공기의 무게로 생기는 힘을 무엇이라고 하는지 쓰시오.

( )

13 서로 관계있는 것끼리 선으로 연결하시오.

(1) 고기압 •   • ㉠ 주변보다 공기가 적어 기압이 낮은 곳

(2) 저기압 •   • ㉡ 주변보다 공기가 많아 기압이 높은 곳

14 바람 발생 모형실험에서 필요하지 않은 실험 기구는 어느 것입니까? ( )

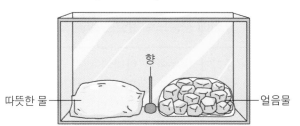

① 향   ② 지퍼 백
③ 전자저울   ④ 고무찰흙
⑤ 투명한 플라스틱 상자

15 앞 14번 실험에 대한 설명입니다. ㉠과 ㉡에 알맞은 말을 쓰시오.

> • 향 연기의 움직임은 투명한 상자 속 (㉠) 의 움직임을 나타낸다.
> • 향 연기가 수평으로 이동하는 것을 (㉡) 이라고 할 수 있다.

㉠: (   )
㉡: (   )

🔍 관련 교과서 돋보기

바람 발생 모형실험
• 지퍼 백 두 개에 따뜻한 물과 얼음물을 각각 넣습니다.
• 투명한 상자에 따뜻한 물과 얼음물을 넣은 지퍼 백을 넣습니다.
• 두 지퍼 백 사이에 향을 고무찰흙으로 고정합니다.
• 향에 불을 붙이고 향 연기의 움직임을 관찰합니다.

• 서술형 •

16 바닷가에서 맑은 날 밤에 부는 바람의 방향을 화살표로 표시하고, 그 까닭을 온도, 기압과 관련지어 쓰시오.

_____

_____

17 (   ) 안에 공통으로 알맞은 말을 쓰시오.

> • 공기가 대륙이나 바다와 같은 넓은 장소에 오랫동안 머물면 온도 등의 성질이 지표면과 비슷한 큰 (   )가 된다.
> • (   )는 주변 지역의 온도와 습도에 영향을 준다.

(   )

18 우리나라에 영향을 주는 공기 덩어리를 나타낸 것입니다. ㉠~㉣ 중 습한 성질을 가진 공기 덩어리와 건조한 성질을 가진 공기 덩어리를 각각 기호로 쓰시오.

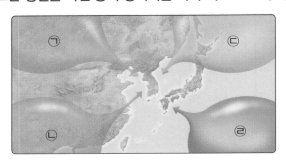

(1) 습한 성질: (   )
(2) 건조한 성질: (   )

19 우리나라의 계절별 날씨에 영향을 미치는 공기 덩어리가 이동해 오는 방향을 선으로 연결하시오.

(1) 봄, 가을 •   • ㉠ 남동쪽

(2) 초여름 •   • ㉡ 북서쪽

(3) 여름 •   • ㉢ 남서쪽

(4) 겨울 •   • ㉣ 북동쪽

20 우리나라의 겨울 날씨에 대한 설명으로 바른 것을 모두 고르시오. (,   )

① 춥고 습하다.
② 춥고 건조하다.
③ 따뜻하고 건조하다.
④ 북서쪽의 대륙에서 이동해 오는 공기 덩어리의 영향을 받는다.
⑤ 남서쪽의 대륙에서 이동해 오는 공기 덩어리의 영향을 받는다.

[1~2] 그림을 보고 물음에 답하시오.

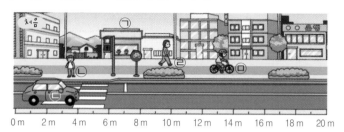

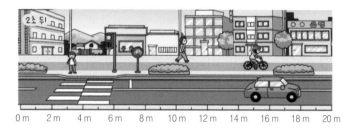

1 위에서 운동한 물체는 어느 것인지 기호를 쓰시오.

( )

2 위 1번에서 자전거의 운동을 나타낸 것으로 바른 것은 어느 것입니까? ( )

① 2초 동안 1 m를 이동했다.
② 2초 동안 2 m를 이동했다.
③ 2초 동안 3 m를 이동했다.
④ 2초 동안 13 m를 이동했다.
⑤ 2초 동안 14 m를 이동했다.

3 물체의 운동을 나타낼 때 반드시 필요한 것을 쓰시오.

( )

🔍 관련 교과서 돋보기

물체의 운동 나타내기
• 산책로에서 나무는 시간이 지나도 위치가 변하지 않지만 사람은 위치가 변합니다.
• 이때 나무는 운동하지 않았다고 말하고, 사람은 운동하였 다고 말합니다.
• 예를 들어 사람이 10초 동안 50 m를 움직였다면 '사람은 10초 동안 50 m를 이동했습니다.'라고 나타냅니다.

4 물체의 운동을 나타낸 것으로 바른 것은 어느 것입니까? ( )

① 민선이는 3 m를 이동했다.
② 경인이는 등산을 2시간 동안 했다.
③ 진우는 북쪽으로 150 m를 이동했다.
④ 기차는 2시간 동안 250 km를 이동했다.
⑤ 호준이는 공원 주변을 1시간 동안 걸었다.

5 ( ) 안에 알맞은 말을 쓰시오.

> 고양이는 달팽이보다 (㉠) 운동하고, 달 팽이는 고양이보다 (㉡) 운동한다.

㉠: ( )
㉡: ( )

6 물체와 물체의 운동 모습을 바르게 선으로 연결하 시오.

(1) 자동길, 대관람차 · · ㉠ 빠르기가 변하는 운동

(2) 고속 열차, 자이로 드롭 · · ㉡ 빠르기가 일정한 운동

서술형
7 자동길과 롤러코스터의 운동에서 차이점은 무엇인지 한 가지 쓰시오.

_____

_____

_____

8 빠르기가 변하는 운동을 하는 물체에 대한 설명으로 바르지 않은 것은 어느 것입니까? (   )

① 롤러코스터–내리막길에서 점점 빨라진다.
② 회전목마–한 바퀴를 돌 때마다 점점 빨라진다.
③ 자전거–달리다가 멈출 때는 빠르기가 느려진다.
④ 레일 바이크–발판을 빠르게 돌리면 빠르게 움직인다.
⑤ 배드민턴공–쳤을 때 빠르게 날아가다가 점점 느려지면서 바닥에 떨어진다.

·서술형·

9 프로펠러 자동차를 만들어 3 m 경주로를 그리고 출발시킬 때 가장 빠른 자동차를 어떻게 알 수 있는지 쓰시오.

_____

_____

> **관련 교과서 돋보기**
>
> 같은 거리를 이동한 물체의 빠르기 비교하기
> • 프로펠러 자동차를 만듭니다.
> • 색 테이프로 교실 바닥에 출발선에서 결승선까지의 거리가 3 m가 되는 경주로를 그립니다.
> • 출발 신호에 따라 프로펠러 자동차의 전원 스위치를 켜고 출발시킵니다.

10 같은 거리를 이동한 물체의 빠르기를 비교하는 방법으로 바른 것은 어느 것입니까? (   )

① 100 m를 이동하는 데 걸린 시간이 짧은 물체가 빠르다.
② 100 m를 이동하는 데 걸린 시간이 짧은 물체가 느리다.
③ 5초 동안 움직였을 때 긴 거리를 이동한 물체가 빠르다.
④ 5초 동안 움직였을 때 짧은 거리를 이동한 물체가 빠르다.
⑤ 한 물체는 10 m를 이동하고, 한 물체는 100 m를 이동했을 때 걸린 시간이 짧은 물체가 빠르다.

11 같은 거리를 이동하는 데 걸린 시간을 측정해 빠르기를 비교하는 운동 경기를 모두 고르시오. (,   )

① 농구   ② 유도
③ 축구   ④ 마라톤
⑤ 100 m 달리기

12 같은 시간 동안 이동한 장난감 자동차의 빠르기를 비교하기 위해 측정해야 하는 것은 무엇입니까?
(   )

① 장난감 자동차의 무게를 측정한다.
② 장난감 자동차가 이동한 거리를 측정한다.
③ 장난감 자동차가 이동한 시간을 측정한다.
④ 장난감 자동차가 이동한 방향을 측정한다.
⑤ 출발선에서 결승선까지의 거리를 측정한다.

13 위 **12**번에서 10초 동안 장난감 자동차가 이동한 거리를 나타낸 것입니다. 가장 빠른 장난감 자동차는 어느 것인지 기호를 쓰시오.

구분	이동 거리
장난감 자동차 ㉠	170 m
장난감 자동차 ㉡	130 m
장난감 자동차 ㉢	90 m

(   )

14 2초 동안 여러 동물이 이동한 거리를 비교한 표입니다. 가장 느린 동물은 무엇인지 쓰시오.

구분	이동 거리	걸린 시간
거북	0.2 m	2초
말	40 m	2초
개	34 m	2초
치타	60 m	2초
돌고래	22 m	2초

( )

15 속력을 구하는 방법을 바르게 나타낸 것은 어느 것입니까? ( )

① (이동 거리)+(걸린 시간)
② (이동 거리)÷(걸린 시간)
③ (이동 거리)−(걸린 시간)
④ (이동 거리)×(걸린 시간)
⑤ (이동 거리)÷(이동 거리+걸린 시간)

서술형

16 물체의 속력을 읽거나 쓰시오.

(1) 오 미터 매 초: ( )

(2) 30 km/h:

_____

17 100 cm/s가 의미하는 것을 바르게 나타낸 것을 모두 골라 기호를 쓰시오.

┌─────────────────────────────┐
│ ㉠ 1초 동안 100 m를 이동한다. │
│ ㉡ 10초 동안 1 m를 이동한다. │
│ ㉢ 1초 동안 100 cm를 이동한다. │
│ ㉣ 10초 동안 10 m를 이동한다. │
└─────────────────────────────┘

( )

18 가장 빠르게 운동한 친구는 누구입니까? ( )

① 500초 동안 2 km를 이동한 민수
② 100초 동안 200 m를 이동한 상희
③ 150초 동안 450 m를 이동한 웅이
④ 400초 동안 400 m를 이동한 경희
⑤ 500초 동안 1000 m를 이동한 서희

19 다음 안전장치의 이름을 쓰시오.

( )

🔍 **관련 교과서 돋보기**

도로를 다닐 때 안전장치
• 어린이 보호 구역 표지판: 차량이 일정한 속력 이상으로 달리지 못하도록 법으로 제한하여 어린이를 보호하거나 어린이가 입을 수 있는 피해를 줄입니다.
• 킥보드나 자전거 등을 탈 때: 안전모, 무릎 보호대, 팔꿈치 보호대 등을 착용하면 속력이 빠른 물체와 부딪쳤을 때 사람이 입을 수 있는 피해를 줄일 수 있습니다.

20 다음을 읽고 안전한 행동은 ○표, 안전하지 않은 행동은 ×표를 하시오.

(1) 어린이 보호 구역에서는 자동차의 속력을 50 km 이내로 줄여야 한다. ( )
(2) 킥보드를 탈 때는 보호대와 안전모를 착용해야 한다. ( )
(3) 자전거를 그대로 타고 횡단보도를 건너도 된다. ( )
(4) 도로 주변에서 공은 주머니에 넣어서 들고 간다 ( )

1 여러 가지 용액을 다음과 같이 분류했습니다. 분류가 잘못된 용액을 쓰시오.

분류 기준

냄새가 나는가?

그렇다. — 그렇지 않다.

식초, 레몬즙, 유리 세정제, 석회수, 묽은 염산	탄산수, 묽은 수산화 나트륨 용액

( )

2 용액을 다음과 같이 분류했을 때 알맞은 분류 기준을 ●보기●에서 골라 기호를 쓰시오.

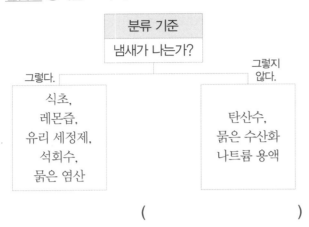

유리 세정제, 비눗방울 액	식초, 석회수, 묽은 염산, 묽은 수산화 나트륨 용액

●보기●
㉠ 색깔
㉡ 냄새
㉢ 투명한 정도
㉣ 거품이 3초 이상 유지되는가?

( )

〈서술형〉

3 여러 가지 용액을 분류할 때 겉으로 보이는 성질만으로 분류할 때의 어려움을 한 가지 쓰시오.

_____

_____

4 색깔, 투명한 정도, 냄새 등 겉보기 성질로 구분하기 어려운 용액을 분류할 때 사용하는 지시약으로 알맞지 않은 것은 어느 것입니까? ( )

① 소금물
② 페놀프탈레인 용액
③ 푸른색 리트머스 종이
④ 붉은색 리트머스 종이
⑤ 브로모티몰 블루 용액

🔍 관련 교과서 돋보기

브로모티몰 블루 용액
• 식초에서는 노란색으로 변합니다.
• 석회수에서는 푸른색으로 변합니다.

5 여러 가지 용액에 지시약을 넣었을 때의 변화로 바른 것은 어느 것입니까? ( )

① 식초는 푸른색 리트머스 종이를 변화시키지 않는다.
② 콜라는 푸른색 리트머스 종이를 붉은색으로 변하게 한다.
③ 표백제는 푸른색 리트머스 종이를 붉은색으로 변하게 한다.
④ 자몽 주스는 붉은색 리트머스 종이를 푸른색으로 변하게 한다.
⑤ 제빵 소다 용액은 페놀프탈레인 용액의 색깔을 변화시키지 않는다.

6 리트머스 종이를 이용했을 때 ●보기●의 용액을 어떻게 분류할 수 있는지 쓰시오.

●보기●

• 표백제	• 제빵 소다 용액
• 탄산음료	• 빨랫비누 물
• 하수구 세정제	• 레몬즙
• 식초	• 자몽 주스

(1) 산성 용액: _____

(2) 염기성 용액: _____

_____

· 서술형

7 붉은색 리트머스 종이를 푸른색으로 변하게 하는 어떤 용액이 있습니다. 이 용액에 페놀프탈레인 용액을 떨어뜨렸을 때의 색깔 변화를 쓰시오.

_____

8 다음 설명 중 바르지 <u>않은</u> 것은 어느 것입니까?
( )

① 탄산음료, 묽은 염산은 산성 용액이다.
② 염기성 용액은 페놀프탈레인 용액의 색깔을 붉은색으로 변하게 한다.
③ 푸른색 리트머스 종이에 묽은 염산을 떨어뜨리면 붉은색으로 변한다.
④ 리트머스 종이를 이용하면 산성 용액과 염기성 용액을 구별할 수 있다.
⑤ 푸른색 리트머스 종이에 빨랫비누 물과 식초를 각각 떨어뜨리면 색깔 변화가 같다.

9 붉은 양배추 지시약에 대한 설명 중 바른 것은 ○표, 바르지 <u>않은</u> 것은 ×표 하시오.

(1) 지시약을 만들 때 붉은 양배추를 자르지 않고 그대로 물에 잠기게 한다. ( )
(2) 지시약을 만들 때 붉은 양배추에는 뜨거운 물을 붓는다. ( )
(3) 붉은 양배추 지시약은 산성 용액만 구별할 수 있다. ( )

10 ( ) 안에 알맞은 말을 쓰시오.

> 붉은 양배추 지시약을 여러 가지 용액에 넣었을 때 (㉠) 용액에서는 붉은색 계열의 색깔로 변하고, (㉡) 용액에서는 푸른색이나 노란색 계열의 색깔로 변한다.

㉠: ( )
㉡: ( )

11 두 가지 용액에 붉은 양배추 지시약을 두세 방울 떨어뜨렸을 때의 색깔 변화입니다. 산성 용액은 어느 것인지 ○표 하시오.

(1)   (2)

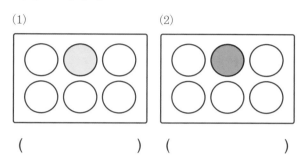

( ) ( )

12 BTB 용액을 떨어뜨렸을 때 노란색으로 변하는 용액은 어느 것입니까? ( )

① 비눗물
② 석회수
③ 레몬즙
④ 하수구 세정제
⑤ 묽은 수산화 나트륨 용액

13 묽은 염산을 $\frac{2}{3}$씩 넣은 6홈판에 ●보기●의 물질을 넣었을 때 기포가 발생하고 녹는 것을 모두 골라 기호를 쓰시오.

> ●보기●
> ㉠ 대리암 조각   ㉡ 삶은 닭 가슴살
> ㉢ 메추리알 껍데기   ㉣ 삶은 메추리알 흰자

( )

14 산성 용액이나 염기성 용액에 넣었을 때 아무런 변화가 없는 경우를 모두 고르시오. (,)

① 묽은 염산+대리암 조각
② 묽은 염산+달걀 껍데기
③ 묽은 염산+삶은 달걀 흰자
④ 묽은 수산화 나트륨 용액+대리암 조각
⑤ 묽은 수산화 나트륨 용액+삶은 달걀 흰자

15 묽은 수산화 나트륨 용액에 두부를 넣었을 때의 변화로 바른 것은 어느 것입니까?
( )

① 변화가 없다.
② 거품이 발생한다.
③ 두부의 색깔이 변한다.
④ 흐물흐물해지면서 녹는다.
⑤ 묽은 수산화 나트륨 용액의 색깔이 변한다.

관련 교과서 돋보기

묽은 수산화 나트륨 용액에 두부를 넣었을 때

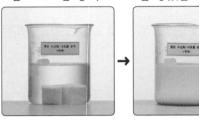

16 ( ) 안의 알맞은 말에 ○표 하시오.

대리암으로 만든 서울 원각사지 십층 석탑에 유리 보호 장치를 한 까닭은 (산성 물질, 염기성 물질)에 의해 석탑이 훼손되는 것을 막기 위해서이다.

17 묽은 염산에 붉은 양배추 지시약을 넣고 묽은 수산화 나트륨 용액을 점점 더 많이 넣을수록 색깔이 붉은색 계열에서 노란색 계열로 변하는 까닭이 맞도록 알맞은 말에 ○표 하시오.

산성 용액에 염기성 용액을 계속 넣으면 산성이 점점 (약해지기, 강해지기) 때문이다.

18 6홈판에 묽은 수산화 나트륨 용액을 3 mL씩 넣고 붉은 양배추 지시약을 두세 방울 떨어뜨린 다음 묽은 염산을 각각 1 mL~6 mL 넣을수록 어떤 색 계열로 변합니까? ( )

① 노란색　　　　② 초록색
③ 붉은색　　　　④ 푸른색
⑤ 변화 없다.

19 우리 생활에서 산성 용액을 이용하는 예는 어느 것입니까? ( )

① 욕실을 청소하는 표백제
② 음식에 신맛을 내는 식초
③ 속이 쓰릴 때 먹는 제산제
④ 더러워진 유리를 닦는 유리 세정제
⑤ 막힌 하수구를 뚫는 하수구 세정제

20 우리 생활에서 산성 용액과 염기성 용액을 이용하는 예에 맞도록 선으로 연결하시오.

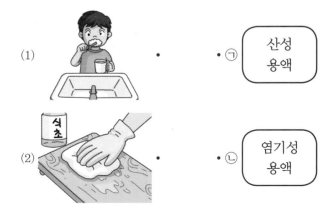

(1) · · ㉠ 산성 용액

(2) · · ㉡ 염기성 용액

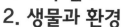

1 탐구 실행 방법을 간단히 나타낸 것입니다. 빈칸에 알맞은 것은 무엇입니까? (   )

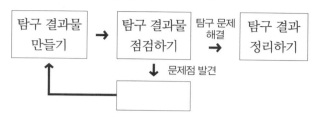

탐구 결과물 만들기 → 탐구 결과물 점검하기 → 탐구 문제 해결 → 탐구 결과 정리하기

↓ 문제점 발견

① 보완 방법 찾기
② 탐구 문제 정하기
③ 탐구 계획 세우기
④ 궁금한 점 생각하기
⑤ 발표 자료 만들고 발표하기

2 탐구 결과 발표 자료를 만들고 발표할 때 주의해야 할 점으로 알맞은 것은 ○표, 알맞지 <u>않은</u> 것은 ×표 하시오.

(1) 발표 자료에는 탐구 결과만 간단하게 나타낸다.
( )

(2) 탐구 결과물, 실험 방법 등은 생략할 수 있다.
( )

(3) 탐구 결과를 발표할 때는 큰 소리로 바르고 분명하게 말한다.
( )

3 지구에는 다양한 환경이 있으며, 환경에 따라 살아가는 생물도 다양합니다. 서로 영향을 주고받는 생물과 주변의 환경을 통틀어 무엇이라고 하는지 쓰시오.

(   )

🔍 관련 교과서 돋보기

생태계의 종류
• 바다나 산과 같이 규모가 큰 생태계가 있습니다.
• 화단이나 어항과 같이 규모가 작은 생태계가 있습니다.
• 북극이나 남극, 사막처럼 환경이 특별한 생태계도 있습니다.

[4~5] 숲 생태계를 나타낸 것입니다.

㉠	㉡
고라니, 신갈나무, 메뚜기, 뱀, 구절초, 개구리	공기, 햇빛, 물, 흙

4 ㉠과 ㉡은 생물 요소와 비생물 요소 중 어느 것에 해당하는지 쓰시오.

㉠: (   )
㉡: (   )

5 곰팡이는 구성 요소 ㉠과 ㉡ 중 어느 것에 해당하는지 기호를 쓰시오.

(   )

6 생물 요소 중 햇빛을 이용하여 스스로 양분을 만드는 생물을 모두 골라 기호를 쓰시오.

㉠ 수달	㉡ 잣나무
㉢ 고라니	㉣ 왜가리
㉤ 옥수수	㉥ 세균

(   )

🔍 관련 교과서 돋보기

생산자, 소비자, 분해자
• 생산자: 햇빛 등을 이용하여 스스로 양분을 만드는 생물입니다.
• 소비자: 다른 생물을 먹어 양분을 얻는 생물입니다.
• 분해자: 죽은 생물이나 배출물 등을 분해하여 양분을 얻는 생물입니다.

7 앞 6번 생물 요소 중 죽은 생물이나 배출물 등을 분해하여 양분을 얻는 생물을 골라 기호를 쓰시오.

( )

[8~9] 생물들이 먹고 먹히는 관계를 나타낸 것입니다.

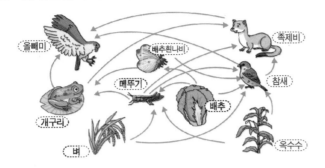

8 위 먹이 그물에서 찾을 수 있는 먹이 사슬의 예를 바르게 나타낸 것은 어느 것입니까? ( )

① 벼 → 개구리 → 올빼미
② 벼 → 배추흰나비 → 참새 → 족제비
③ 올빼미 → 족제비 → 참새 → 옥수수
④ 옥수수 → 메뚜기 → 개구리 → 올빼미
⑤ 배추 → 참새 → 배추흰나비 → 개구리

9 위 먹이 그물에서 먹고 먹히는 관계를 바르게 설명한 친구를 쓰시오.

• 호준: 참새는 최종 소비자야.
• 원종: 개구리가 없어지면 올빼미는 살지 못 해.
• 경인: 메뚜기는 벼 외의 다른 먹이도 먹어.

( )

10 먹이 사슬과 먹이 그물에 대한 설명으로 바른 것은 어느 것입니까? ( )

① 먹이 그물은 여러 개의 먹이 사슬이 얽혀 있다.
② 먹이 사슬은 여러 방향으로 먹이 관계가 연결된다.
③ 먹이 그물은 한 방향으로만 먹이 관계가 연결된다.
④ 먹이 사슬에서 하나의 생물은 다양한 생물을 먹이로 할 수 있다.
⑤ 실제 생태계에서의 먹이 관계는 먹이 그물보다 먹이 사슬의 형태로 나타난다.

11 ( ) 안에 알맞은 말을 쓰시오.

생태계 내에서 생물의 종류와 양이 급격한 변화 없이 균형을 이루며 안정된 상태를 유지하는 것을 ( )이라고 한다.

( )

12 어느 섬의 생물 이야기입니다. 늑대 무리가 섬에 들어오면서 일어나는 변화로 알맞지 않은 것은 어느 것입니까? ( )

식물이 잘 자라고 있는 어느 섬에 물사슴 무리가 정착했다.

↓

물사슴 무리가 계속 많아지면서 몇 년 뒤 식물이 줄어들어 섬이 황폐해졌다.

↓

어느 해 겨울에 늑대 무리가 섬에 들어왔다.

① 식물이 다시 많아졌다.
② 물사슴의 수가 줄어들었다.
③ 늑대가 물사슴을 잡아먹기 시작했다.
④ 물사슴의 수가 계속 늘어나 섬은 더 황폐해졌다.
⑤ 얼마 후 식물, 물사슴, 늑대의 수가 균형을 이루었다.

13 다음과 같이 장치하고 청경채가 자라는 것을 관찰했을 때 가장 튼튼하게 잘 자라는 것은 어느 것인지 기호를 쓰시오.

( )

14 앞 13번 실험을 통해 알게 된 사실을 한 가지 쓰시오.

_____

_____

15 비생물 요소가 생물에 미치는 영향을 바르게 말한 친구를 쓰시오.

> • 재경: 공기는 생물이 살아갈 장소를 제공해 줘.
> • 진우: 햇빛은 생물이 숨을 쉴 수 있게 해 줘.
> • 재화: 물은 생물이 생명을 유지하는 데 필요해.
> • 민선: 낙엽이 지는 것은 흙의 영향 때문이야.

(   )

[16~17] 사막과 극지방 환경을 나타낸 것입니다.

▲ 사막   ▲ 극지방

16 오른쪽과 같은 여우가 살아남기에 유리한 환경은 어느 것인지 기호를 쓰시오.

(   )

17 위 16번 정답을 고른 까닭을 보기 의 단어를 모두 사용하여 한 가지 쓰시오.

> ─보기─
> 털색, 적, 먹잇감, 귀의 크기

_____

_____

_____

18 생활 방식을 통해 생물이 적응된 예로 알맞은 것을 모두 고르시오. (,   )

① 철새의 이동
② 밤송이의 가시
③ 다람쥐의 겨울잠
④ 선인장의 가시 모양 잎
⑤ 부레옥잠 잎자루의 공기 주머니

19 환경 오염의 종류와 그 원인을 바르게 짝 지은 것은 어느 것입니까? (   )

① 대기 오염: 쓰레기
② 대기 오염: 기름 유출
③ 수질 오염: 공장 폐수
④ 토양 오염: 자동차, 공장의 매연
⑤ 수질 오염: 공장 폐기물 등의 중금속

> 관련 교과서 돋보기
>
> 환경 오염의 종류와 원인
>
> | 환경 오염의 종류 | 대기 오염 | 수질 오염 | 토양 오염 |
> |---|---|---|---|
> | 환경 오염의 원인 | 자동차, 비행기, 공장의 매연 등 | 음식물 찌꺼기, 쓰레기, 공장 폐수, 기름 유출 등 | 쓰레기, 농약, 공장 폐기물 등의 중금속 |

20 생태계 보전을 위해 할 수 있는 일로 알맞지 않은 것을 골라 기호를 쓰시오.

> ㉠ 숲에 나무를 심는다.
> ㉡ 일회용품 사용을 줄인다.
> ㉢ 쓰레기를 분리배출 한다.
> ㉣ 대중교통 수단과 자전거를 이용한다.
> ㉤ 목욕을 할 때는 비누를 최대한 사용해서 깨끗하게 씻는다.

(   )

1 오른쪽 장치는 무엇을 측정하는 것입니까?

(   )

① 부피
② 무게
③ 길이
④ 온도
⑤ 습도

2 건습구 습도계에 대한 설명으로 바른 것에 ○표, 바르지 <u>않은</u> 것에 ×표 하시오.

(1) 액체샘 부분으로부터 2 cm~3 cm 정도 올라오도록 헝겊으로 감싼 온도계는 습구 온도계이다.

(   )

(2) 건구 온도계와 습구 온도계의 온도는 항상 같다.

(   )

(3) 헝겊으로 감싼 온도계의 액체샘이 물에 잠기지 않게 해야 한다.

(   )

🔍 **관련 교과서 돋보기**

건습구 습도계
• 공기 중에 수증기가 포함되어 있는 정도를 측정할 수 있습니다.
• 건구 온도계와 습구 온도계로 이루어져 있습니다.
• 습도는 건구 온도와 습구 온도의 차를 이용해 알 수 있습니다.
• 측정한 습도는 숫자에 단위 %(퍼센트)를 붙여 나타냅니다.

3 건구 온도가 21 ℃이고, 습구 온도가 19 ℃일 때 습도표를 이용하여 현재 습도를 구하시오.

건구 온도(℃)	건구 온도와 습구 온도의 차(℃)			
	0	1	2	3
20	100	91	83	74
21	100	91	83	75
22	100	92	83	75
23	100	92	84	76

(   ) %

4 습도가 낮을 때 우리 생활에 미치는 형향을 모두 고르시오. (,   )

① 곰팡이가 잘 자란다.
② 쉽게 감기에 걸린다.
③ 화재가 발생하기 쉽다.
④ 음식물이 쉽게 부패한다.
⑤ 빨래가 잘 마르지 않는다.

[5~6] 물기가 없는 비커에 물과 조각 얼음을 넣고 비커 표면을 마른 수건으로 닦았습니다.

물과 조각 얼음

서술형

5 오른쪽 실험에서 비커 표면에 작은 물방울이 생기는 까닭을 쓰시오.

_____

_____

6 위 **5**번 실험 결과와 비슷한 자연 현상은 어느 것입니까? (   )

① 비   ② 눈
③ 이슬   ④ 안개
⑤ 구름

7 ㉠과 ㉡에 알맞은 말을 쓰시오.

• (㉠)은/는 공기 중의 수증기가 차가워진 물체 표면에 응결해 물방울로 맺혀 있는 것이다.
• (㉡)은/는 지표면 가까이에 있는 공기 중의 수증기가 응결해 작은 물방울로 떠 있는 것이다.

㉠: (   )
㉡: (   )

8 구름이 만들어지는 과정을 설명한 것입니다. ( ) 안에 알맞은 말을 골라 ○표 하시오.

> 공기가 하늘로 올라가면서 온도가 (높아, 낮아) 지고, 공기 중의 수증기가 (응결, 증발)하여 하늘에 떠 있는 것이다.

9 다음 자연 현상의 공통점으로 알맞은 것은 어느 것입니까? ( )

▲ 이슬

▲ 안개

▲ 구름

① 물체 표면에 맺힌다.
② 지표면 근처에 떠 있다.
③ 수증기가 응결해 나타나는 현상이다.
④ 기체 상태인 수증기로 이루어져 있다.
⑤ 고체 상태인 얼음 알갱이로 이루어져 있다.

10 비에 대한 설명으로 바른 것에 ○표, 바르지 않은 것에 ×표 하시오.

(1) 구름 속 작은 물방울이 합쳐지면서 무거워져 떨어지는 것이다. ( )
(2) 구름 속 작은 얼음 알갱이가 커지면서 무거워져 떨어질 때 녹은 것이다. ( )
(3) 공기 중의 수증기가 응결해 작은 물방울로 지표면 가까이에 떠 있는 것이다. ( )

11 다음에서 설명하는 자연 현상은 무엇인지 쓰시오.

> 구름 속 작은 얼음 알갱이가 커지면서 무거워져 떨어질 때 녹지 않은 채로 떨어지는 것이다.

( )

12 기압에 대한 설명으로 바른 것을 모두 고르시오.

(,)

① 공기의 부피를 말한다.
② 공기의 무게로 가해지는 힘이다.
③ 주위의 다른 공기보다 무거운 것이 저기압이다.
④ 주위의 다른 공기보다 가벼운 것이 고기압이다.
⑤ 차가운 공기는 따뜻한 공기보다 무게가 무거워 기압이 높다.

13 차가운 공기와 따뜻한 공기의 무게를 비교한 것입니다. ㉠과 ㉡을 고기압과 저기압으로 구분할 때 고기압에 해당하는 것의 기호를 쓰시오.

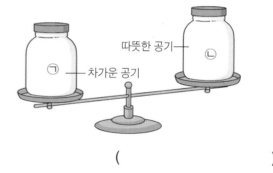

( )

> 🔍 관련 교과서 돋보기
>
> 저기압과 고기압의 무게 비교

( )

14 ㉠과 ㉡에 알맞은 말을 쓰시오.

> 주위보다 상대적으로 기압이 높은 곳을 (㉠)이라고 하고, 주위보다 상대적으로 기압이 낮은 곳을 (㉡)이라고 한다.

㉠: ( )
㉡: ( )

15 바람에 대한 설명으로 바른 것을 모두 골라 기호를 쓰시오.

┌─────────────────────────────────┐
│ ㉠ 기압 차로 인한 공기의 수평 이동이다. │
│ ㉡ 기압 차가 클수록 바람이 더 강하다. │
│ ㉢ 저기압에서 고기압으로 공기가 이동한다. │
└─────────────────────────────────┘

(   )

16 뒷면이 검은 투명한 상자에 따뜻한 물과 얼음물을 넣고 향에 불을 붙였을 때 향 연기의 움직임이 나타내는 것을 골라 기호를 쓰시오.

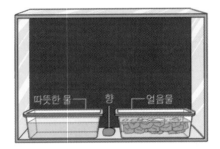

┌─────────────────────────────────┐
│ ㉠ 투명한 상자 속 습도의 변화 │
│ ㉡ 투명한 상자 속 공기의 움직임 │
│ ㉢ 투명한 상자 속에서 안개가 만들어지는 과정 │
└─────────────────────────────────┘

(   )

🔍 과학 교과서 돋보기

바람 발생 모형실험
• 투명한 플라스틱 그릇 두 개를 뒷면이 검은 투명한 상자에 넣고 그릇 사이에 향을 세웁니다.
• 그릇 두 개에 따뜻한 물과 얼음물을 넣고 1분이 지나면 향에 불을 붙입니다.

17 바닷가에서 부는 바람에 대한 설명으로 바르지 않은 것은 어느 것입니까? (   )

① 밤에 부는 바람은 육풍이다.
② 낮에는 육지에서 바다로 바람이 분다.
③ 낮과 밤에 부는 바람의 방향이 다르다.
④ 육지와 바다의 기압 차가 바람을 일으킨다.
⑤ 육지와 바다의 상대적인 온도에 따라 바람의 방향이 달라진다.

18 공기 덩어리의 특성에 대한 설명으로 바른 것을 모두 골라 기호를 쓰시오.

┌─────────────────────────────────┐
│ ㉠ 한 지역에 새로운 공기 덩어리가 이동해 오더라도 그 지역의 온도나 습도는 변하지 않는다. │
│ ㉡ 우리나라의 날씨는 주변 지역에서 이동해 오는 공기 덩어리의 영향으로 계절별로 다르다. │
│ ㉢ 공기 덩어리가 그 지역에 오랫동안 머물게 되면 공기 덩어리는 그 지역의 온도나 습도와 비슷한 성질을 가지게 된다. │
└─────────────────────────────────┘

(   )

[19~20] 우리나라에 영향을 주는 공기 덩어리입니다.

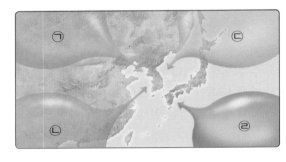

19 위 ㉠~㉣ 공기 덩어리의 성질에 대한 설명으로 바른 것은 ○표, 바르지 않은 것은 ×표 하시오.

(1) ㉠은 차갑고 습하다.   (   )
(2) ㉡은 차갑고 건조하다.   (   )
(3) ㉢은 따뜻하고 건조하다.   (   )
(4) ㉣은 덥고 습하다.   (   )

서술형
20 위 ㉠~㉣ 중 우리나라의 봄과 가을에 영향을 미치는 공기 덩어리를 골라 기호를 쓰고, 이 공기 덩어리의 성질과 관련지어 봄과 가을 날씨의 특징을 쓰시오.

(1) 기호: (   )

(2) 날씨의 특징: _____

_____

1 물체가 운동한다는 것의 의미를 설명한 것입니다. ( ) 안에 알맞은 말을 쓰시오.

> 시간이 지남에 따라 물체의 ( )가 변할 때 물체가 운동한다고 한다.

( )

[2~3] 그림을 보고 물음에 답하시오.

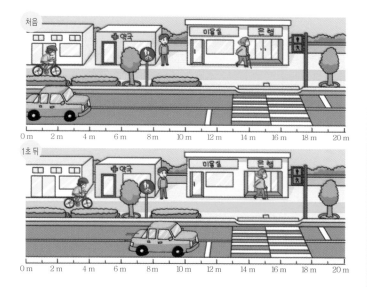

2 위에서 운동한 물체를 모두 찾아 쓰시오.

3 위 **2**번 그림을 보고 물체의 운동에 대해 바르게 나타낸 것은 어느 것입니까? ( )

① 건물은 1초 동안 2 m를 이동했다.
② 할머니는 2초 동안 9 m를 이동했다.
③ 자전거는 1초 동안 7 m를 이동했다.
④ 자동차는 1초 동안 10 m를 이동했다.
⑤ 나무는 운동을 하지 않고 정지해 있다.

4 두 물체 중 더 빠르게 운동하는 것을 쓰시오.

▲ 로켓   ▲ 달팽이

( )

5 다음 물체의 공통적인 특징은 무엇입니까? ( )

> • 자동계단을 타고 내려가는 사람
> • 비탈면을 따라 이동하는 케이블카

① 운동을 하지 않는 물체이다.
② 점점 느려지는 운동을 하는 물체이다.
③ 점점 빨라지는 운동을 하는 물체이다.
④ 빠르기가 일정한 운동을 하는 물체이다.
⑤ 점점 빨라졌다가 다시 느려지는 운동을 하는 물체이다.

🔍 관련 교과서 돋보기

빠르기가 변하는 운동을 하는 물체
• 버스가 정류장에 도착했다 다시 출발할 때
• 미끄럼틀을 타고 내려가는 사람
• 레일 바이크 발판을 빠르게 돌릴 때
• 내리막길을 따라 내려가는 자전거

서술형
6 대관람차는 어떤 운동을 하는지 쓰시오.

7 같은 거리를 이동한 물체의 빠르기를 비교할 때 필요한 준비물은 무엇입니까? (   )

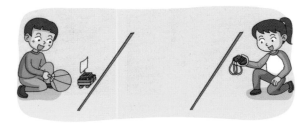

① 고무줄
② 비커
③ 초시계
④ 돋보기
⑤ 망원경

8 위 7번 실험에 대한 설명으로 바르지 않은 것은 어느 것입니까? (   )

① 결승선이 달라야 한다.
② 같은 거리를 이동해야 한다.
③ 같은 출발선에서 출발해야 한다.
④ 결승선까지 걸린 시간이 짧을수록 빠른 자동차이다.
⑤ 동시에 출발했을 때 먼저 도착한 자동차가 가장 빠르다.

9 (   ) 안의 알맞은 말에 ○표 하시오.

物체가 운동하는 빠르기는 같은 거리를 이동할 때 걸린 시간이 (길수록, 짧을수록) 빠르다.

10 500 m를 이동하는 카누 경기를 한 팀들의 경기 기록입니다. 가장 빠른 팀을 고르시오. (   )

① 1팀: 2분 2초
② 2팀: 3분 2초
③ 3팀: 2분 3초
④ 4팀: 3분 7초
⑤ 5팀: 2분 4초

11 (   ) 안에 알맞은 말을 쓰시오.

같은 시간 동안 이동한 물체의 빠르기는 물체가 (   )로 비교한다.

(   )

[12~13] 1시간 동안 여러 가지 교통수단으로 이동한 거리를 나타낸 그래프입니다.

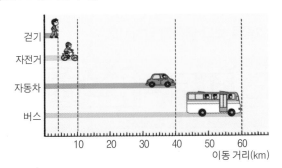

12 위에서 가장 느린 교통수단은 어느 것인지 쓰시오.

(   )

13 1시간 동안 30 km를 이동한 오토바이가 있을 때, 위 그래프에서 오토바이보다 느린 교통수단과 빠른 교통수단을 각각 쓰시오.

느린 교통수단	빠른 교통수단

14 가장 빠른 기차는 어느 것인지 기호를 쓰시오.

㉠ 1시간 동안 100 km를 달린 기차
㉡ 1시간 동안 120 km를 달린 기차
㉢ 1시간 동안 98 km를 달린 기차

(   )

15 다음에서 설명하는 것은 무엇인지 쓰시오.

> 1초, 1분, 1시간 등과 같은 단위 시간 동안 물체가 이동한 거리를 말한다.

(   )

16 속력을 바르게 읽은 것을 선으로 연결하시오.

• ㉠   오십 미터 매 초

(1)   30 km/h •   • ㉡   시속 삼십 킬로미터

(2)   50 m/s •   • ㉢   시속 삼십 미터

• ㉣   오십 미터 매 시

관련 교과서 돋보기

속력 읽기

구분	속력	읽기
2초 동안 10 m를 이동한 자전거	10 m÷2 s =5 m/s	오 미터 매 초, 초속 오 미터
3시간 동안 120 km를 이동한 자동차	120 km÷3 h =40 km/h	사십 킬로미터 매 시, 시속 사십 킬로미터

17 5시간 동안 200 km를 이동한 오토바이의 속력은 어느 것입니까? (   )

① 60 km/h   ② 50 km/h

③ 40 km/h   ④ 30 km/h

⑤ 20 km/h

18 다음 안전장치에 대한 설명으로 바른 것은 어느 것입니까? (   )

① 자동차가 다닐 수 없는 곳이다.

② 자동차에 설치된 안전장치이다.

③ 시속 30 km 이상 달릴 수 있다.

④ 학교, 어린이집 주변 도로에서 볼 수 있다.

⑤ 횡단보도가 없다는 것을 알려주는 표지판이다.

19 (   ) 안의 알맞은 말에 ○표 하시오.

> 긴급 상황에서 탑승자의 몸을 고정하는 안전장치는 (안전띠, 에어백)이고, 충돌 사고에서 탑승자의 몸에 가해지는 충격을 줄여주는 안전장치는 (안전띠, 에어백)이다.

20 교통안전 수칙을 잘 지키지 않은 것은 어느 경우입니까? (   )

① 횡단보도를 건널 때에는 좌우를 살피며 건넌다.

② 도로 주변에서 공은 공 주머니에 넣어서 다닌다.

③ 횡단보도에서는 자전거에서 내리지 말고 빠르게 건넌다.

④ 보행자와 운전자는 교통안전수칙을 알고 항상 실천해야 한다.

⑤ 횡단보도를 건너기 전 자동차가 완전히 멈추었는지 확인한다.

1 여러 가지 용액을 관찰하는 방법으로 알맞지 않은 것을 모두 고르시오. (,   )

① 용액의 맛을 본다.
② 용액의 색깔을 관찰한다.
③ 용액의 투명한 정도를 관찰한다.
④ 용액을 만져 보고, 무거운 정도를 관찰한다.
⑤ 용액을 흔들었을 때 거품이 3초 이상 유지되는지 관찰한다.

2 다음 용액을 관찰한 내용으로 바른 것은 ○표, 바르지 않은 것은 ×표 하시오.

(1) 불투명한 용액은 한 가지이다.   (   )
(2) 무색이고 투명한 용액은 세 가지이다. (   )

3 여러 가지 용액을 다음과 같이 분류한 기준은 무엇입니까? (   )

분류 기준: ( )	
그렇다.	그렇지 않다.
식초, 빨랫비누 물	사이다, 탄산수소 나트륨 용액, 묽은 염산, 묽은 수산화 나트륨 용액

① 끈적이는가?
② 색깔이 있는가?
③ 냄새가 나는가?
④ 공기 방울이 있는가?
⑤ 흔든 뒤에 거품이 3초 이상 유지되는가?

서술형

4 민선이는 석회수와 묽은 수산화 나트륨 용액이 겉으로 보기에 비슷한 점이 많아서 분류하기가 어려웠습니다. 그 까닭은 무엇인지 한 가지 쓰시오.

_____

_____

5 푸른색 리트머스 종이를 붉은색으로 변하게 하는 용액을 모두 고르시오. (,   )

① 석회수
② 레몬즙
③ 탄산수
④ 유리 세정제
⑤ 묽은 수산화 나트륨 용액

[6~7] 다음은 어떤 용액의 성질을 알아본 결과입니다. 물음에 답하시오.

- 푸른색 리트머스 종이의 색깔이 변하지 않는다.
- 붉은색 리트머스 종이를 푸른색으로 변하게 한다.
- 페놀프탈레인 용액을 떨어뜨리면 붉은색으로 변한다.

6 위 실험에 사용한 용액은 산성 용액과 염기성 용액 중 어느 것인지 쓰시오.

(   )

7 위 실험에 사용한 용액과 같은 성질을 가진 용액끼리 짝 지은 것은 어느 것입니까? (   )

① 식초, 탄산수
② 식초, 표백제
③ 빨랫비누 물, 탄산수
④ 표백제, 빨랫비누 물
⑤ 레몬즙, 제빵 소다 용액

8 붉은 양배추 지시약에 대한 설명으로 바른 것을 골라 기호를 쓰시오.

> ㉠ 산성 용액에서 푸른색이나 노란색 계열의 색깔로 변한다.
> ㉡ 염기성 용액에서 붉은색 계열의 색깔로 변한다.
> ㉢ 성질이 다른 용액에 떨어뜨리면 색깔이 다르게 변한다.

( )

9 붉은 양배추 지시약을 떨어뜨렸을 때 붉은색 계열의 색깔로 변하는 것은 어느 것입니까? ( )

① 레몬즙 ② 표백제
③ 석회수 ④ 빨랫비누 물
⑤ 제빵 소다 용액

• 서술형 •

10 •보기•의 용액을 붉은 양배추 지시약을 떨어뜨렸을 때의 색깔 변화를 기준으로 분류하여 쓰시오.

>─ 보기 ─
> 식초, 탄산수, 석회수, 레몬즙, 묽은 염산,
> 유리 세정제, 묽은 수산화 나트륨 용액

붉은색 계열의 색깔로 변한다.	푸른색이나 노란색 계열의 색깔로 변한다.

🔍 관련 교과서 돋보기

붉은 양배추로 지시약 만들기
• 붉은 양배추를 가위로 잘라 비커에 담습니다.
• 비커에 담긴 양배추가 잠길 만큼 뜨거운 물을 붓습니다.
• 물 색깔이 변하면 충분히 식힙니다.
• 식은 지시약을 작은 비커에 옮겨 담습니다.

11 푸른색 리트머스 종이를 붉은색으로 변하게 하는 용액에 붉은 양배추 지시약을 떨어뜨렸을 때의 색깔 변화로 알맞은 것을 골라 기호를 쓰시오.

▲ 붉은 양배추 지시약의 색깔 변화표

( )

12 산성 용액에 여러 가지 물질을 넣었을 때의 변화로 바른 것은 어느 것입니까? ( )

① 대리암 조각을 넣으면 녹는다.
② 삶은 닭 가슴살을 넣으면 기포가 발생한다.
③ 삶은 닭 가슴살을 넣으면 녹아서 없어진다.
④ 삶은 메추리알 흰자를 넣으면 흐물흐물해진다.
⑤ 메추리알 껍데기를 넣으면 아무런 변화가 없다.

[13~14] 어떤 용액에 두부를 넣었을 때의 결과입니다.

> 시간이 지나면서 두부가 녹아 가라앉고, 용액이 뿌옇게 흐려졌다.

13 위 실험에 사용한 용액으로 알맞은 것은 어느 것입니까? ( )

① 식초 ② 레몬즙
③ 사이다 ④ 묽은 염산
⑤ 묽은 수산화 나트륨 용액

🔍 관련 교과서 돋보기

산성 용액과 염기성 용액에 여러 가지 물질 넣기
• 실험에 사용하는 물질인 두부와 삶은 달걀 흰자를 함부로 입에 넣지 않습니다.
• 두부 대신 닭 가슴살, 대리암 대신 분필이나 조개껍데기를 사용할 수 있습니다.
• 용액이 들어 있는 비커에 물질을 넣을 때는 핀셋이나 약숟가락을 사용합니다.

14 앞 13번 실험에 사용한 용액의 성질을 바르게 설명한 것을 골라 기호를 쓰시오.

> ㉠ 붉은색 리트머스 종이를 푸른색으로 변하게 한다.
> ㉡ 페놀프탈레인 용액의 색깔을 변하지 않게 한다.
> ㉢ 붉은 양배추 지시약을 떨어뜨리면 붉은색 계열의 색깔로 변한다.

( )

15 붉은 양배추 지시약을 넣은 묽은 수산화 나트륨 용액에 묽은 염산을 점점 많이 넣었을 때의 색깔 변화를 나타낸 것입니다. ( ) 안에 알맞은 말을 쓰시오.

> 노란색 계열의 색깔에서 점차 ( ) 계열의 색깔로 변한다.

( )

16 24홈판에 묽은 수산화 나트륨과 페놀프탈레인 용액을 각각 다섯 방울씩 넣은 다음, 묽은 염산의 방울 수를 0~10방울로 늘려가며 넣었을 때의 용액의 성질과 색깔 변화를 쓰시오.

묽은 염산의 방울 수 : 0 2 4 6 8

묽은 수산화 나트륨 용액 +페놀프탈레인 용액

(1) 용액의 성질:

(2) 색깔 변화:

◦서술형◦

17 산성 용액과 염기성 용액을 섞으면 용액의 성질이 약해지는 까닭을 쓰시오.

18 우리 생활에서 산성 용액과 염기성 용액을 이용하는 예로 바르지 않은 것은 어느 것입니까? ( )

① 치약으로 양치질을 한다.
② 속이 쓰릴 때 탄산음료를 마신다.
③ 유리를 닦을 때 유리 세정제를 이용한다.
④ 변기를 청소할 때 변기용 세정제를 이용한다.
⑤ 생선을 손질한 도마를 닦을 때 식초를 이용한다.

19 요구르트를 먹은 후 치약으로 양치질을 하면 세균 활동을 억제할 수 있습니다. 치약과 성질이 같은 용액은 어느 것입니까? ( )

① 식초
② 레몬즙
③ 사이다
④ 묽은 염산
⑤ 묽은 수산화 나트륨 용액

20 일상생활에서 산성 용액과 염기성 용액을 이용하는 경우를 ◦보기◦에서 각각 골라 기호를 쓰시오.

> ◦보기◦
> ㉠ 구연산 용액으로 싱크대를 소독하고 냄새를 없앤다.
> ㉡ 표백제로 찌든 때를 없애고 세균을 없앤다.
> ㉢ 속이 쓰릴 때 제산제를 먹는다.
> ㉣ 식초로 도마를 소독한다.
> ㉤ 유리 세정제로 유리창을 청소한다.

(1) 산성 물질: ( )
(2) 염기성 물질: ( )

정답과 풀이

1 ④ 2 ② 3 서식지 4 ④ 5 ⓒ 6 ④ 7
① 8 먹이 사슬 9 먹이 그물 10 ⑤ 11 ④
12 ⑤ 13 ① 14 ※ 풀이 참조 15 ② 16 ①
17 ①, ② 18 (1) ⓒ (2) ⓛ (3) ㉠ 19 ① 20 예
물고기가 죽는다. 생물의 서식지가 파괴된다.

풀이

1 간단한 조사를 통해 쉽게 답을 찾을 수 있는 탐구 문제는 탐구 문제로 적절하지 않습니다.

2 탐구 문제를 해결하기 위한 실험 계획서에는 탐구 문제, 같게 해야 할 조건, 다르게 해야 할 조건, 관찰하거나 측정할 것, 탐구 문제를 해결할 방법, 실험 과정 등이 들어가야 합니다.

3 생물이 사는 곳을 서식지라고 하며 서식지가 다르면 그곳에 사는 생물도 다릅니다.

4 생태계를 이루는 요소 가운데 검정말이나 개구리처럼 살아 있는 것을 생물 요소라고 하고, 햇빛이나 공기, 흙, 물처럼 살아 있지 않은 것을 비생물 요소라고 합니다.

5 곰팡이와 토끼와 떡갈나무는 살아 있는 것이므로 생물 요소이고, 햇빛은 살아 있지 않은 것이므로 비생물 요소입니다.

6 민들레와 토끼풀은 생산자, 참새와 나방 애벌레는 소비자, 세균과 버섯은 분해자입니다.

7 옥수수와 소나무는 햇빛을 이용해 스스로 양분을 만들고, 곰팡이는 죽은 생물이나 배출물 등을 분해하여 양분을 얻습니다. 고라니는 다른 생물을 먹어 양분을 얻습니다.

8 메뚜기는 벼를 먹고, 개구리는 메뚜기를 먹으며, 올빼미는 개구리를 먹는 것과 같이 생물 사이의 먹고 먹히는 관계가 사슬처럼 연결되어 있는 것을 먹이 사슬이라고 합니다.

9 생태계에서 생물은 여러 생물을 먹이로 하고, 또 여러 생물에게 잡아먹힙니다. 여러 개의 먹이 사슬이 얽혀 그물처럼 연결되어 있는 것을 먹이 그물이라고 합니다.

10 거미는 나비가 없어져도 메뚜기 등 다른 먹이를 먹을 수 있습니다.

11 생태계를 구성하고 있는 생물의 수 또는 양이 균형을 이루며 안정된 상태를 유지하는 것을 생태계 평형이라고 합니다.

12 생태계 평형이 깨지는 원인에는 홍수, 가뭄, 태풍, 산불과 같은 자연재해나 인간의 활동, 질병 등이 있습니다. 생태계 평형이 깨지면 회복하는 데 오랜 시간이 걸리고 큰 노력이 필요합니다.

13 물이 콩나물의 자람에 미치는 영향을 알아보는 실험을 할 때는 물 외의 다른 조건은 모두 같게 해야 합니다. 그러므로 ㉠과 ⓛ, ⓒ과 ㉣을 각각 비교해야 합니다.

14 햇빛이 잘 드는 곳에서 물을 준 콩나물이 가장 잘 자라고, 햇빛을 받지 못하거나 물을 주지 않으면 콩나물은 잘 자라지 못합니다.

㉠	• 떡잎과 떡잎 아래 몸통이 초록색이다. • 떡잎 아래 몸통이 길고 굵어졌다. • 햇빛을 향해 굽어 자랐다.
㉣	• 떡잎이 노란색이다. • 떡잎 아래 몸통이 매우 가늘어지고 시들었다.

15 온도는 낙엽이 지거나 동물이 겨울잠을 자는 데 영향을 미치는 비생물 요소입니다.

16 생물은 다양한 환경의 서식지에서 양분을 얻고 번식하며 살아갑니다. 생물이 오랜 기간에 걸쳐 특정한 서식지에서 살아가기에 알맞은 생김새와 생활 방식을 갖게 되는 것을 적응이라고 합니다.

17 물 위에 떠서 사는 수련은 잎이 넓고 잎자루가 깁니다.

18 수리부엉이는 빛이 적어도 잘 볼 수 있어 밤에도 먹이를 잡고, 곰이나 뱀은 온도가 낮은 겨울이 되면 겨울잠을 잡니다. 선인장의 가시 모양 잎은 물이 부족한 환경에 적응한 결과입니다.

▲ 수리부엉이
(출처 - 국립생태원)

19 자연환경이 환경 오염으로 훼손되면 생태계에 해로운 영향을 미치고 결국 생태계 평형이 깨질 수 있습니다.

20 유조선의 기름이 유출되면 생물의 몸이 기름으로 뒤덮여 체온이 내려가거나 피부병 등이 생기기도 합니다.

1회   3. 날씨와 우리 생활   4~6쪽

1 건습구 습도계   **2** ㉠   **3** ㉡   **4** ①, ⑤   **5** ⑤
6 (2) ◯   **7** ④   **8** ⑩ 수증기가 응결해 나타나는 현상이다.   **9** ③   **10** ②   **11** 얼음   **12** ③   **13** >
14 ②   **15** (2) ◯   **16** ⑩ 얼음물 위의 공기는 온도가 낮아 고기압이 되고 따뜻한 물 위의 공기는 온도가 높아 저기압이 되어 공기가 얼음물에서 따뜻한 물 쪽으로 이동한다.   **17** ③, ④   **18** ㉠   **19** ㉢
20 (1) ㉡ (2) ㉢ (3) ㉡ (4) ㉠

•풀이•

1 알코올 온도계 두 개를 이용하여 습도를 측정하는 장치를 건습구 습도계라고 합니다.

2 ㉠은 건구 온도계, ㉡은 습구 온도계입니다.

3 습도표에서 세로줄의 건구 온도와 가로줄의 건구 온도와 습구 온도의 차가 만나는 지점이 현재 습도를 나타냅니다.

4 습도가 높으면 곰팡이가 잘 피고, 음식물이 쉽게 부패합니다. 습도는 우리 생활에 많은 영향을 줍니다.

5 유리병 안의 수증기가 차가워진 나뭇잎 모형의 표면에 닿아 응결했기 때문입니다.

6 유리병 안의 수증기가 차가워진 나뭇잎 모형의 표면에 닿아 응결했기 때문에 나뭇잎 모형의 표면에 작은 물방울이 맺혔습니다.

7 유리병 안이 뿌옇게 흐려지는 까닭은 얼음이 든 페트리 접시로 인해 유리병이 차가워지면서 유리병 안의 수증기가 응결했기 때문입니다.

8 이슬과 안개는 공기 중의 수증기가 응결하여 생깁니다. 이슬은 물체의 표면, 안개는 지표면 근처에서 볼 수 있습니다.

9 비 발생 실험을 할 때는 비커, 빨대, 액체 세제, 투명 반구, 뜨거운 물, 얼음물, 화장지, 셀로판테이프 등이 필요합니다.

10 물이 증발하여 생긴 수증기가 투명 반구 아랫부분에서 응결하여 물방울이 맺힙니다. 물방울들이 합쳐지고 커져서 떨어집니다.

11 구름 속 작은 얼음 알갱이가 커지면서 무거워져 떨어질 때 녹지 않은 채로 떨어지는 것이 눈입니다.

12 공기의 무게로 생기는 힘을 기압이라고 합니다.

13 차가운 공기를 넣은 플라스틱 통은 따뜻한 공기를 넣은 플라스틱 통보다 무겁습니다.

14 같은 부피에서 차가운 공기가 따뜻한 공기보다 무거워 기압이 더 높습니다.

15 온도가 높은 곳은 공기가 주변보다 상대적으로 가벼워 저기압이 되고, 온도가 낮은 곳은 공기가 주변보다 상대적으로 무거워 고기압이 되므로 향 연기가 얼음물에서 따뜻한 물 쪽으로 이동합니다.

16 공기는 고기압에서 저기압으로 이동합니다. 이처럼 기압 차이 때문에 공기가 이동하는 것을 바람이라고 합니다.

17 새벽에는 바닷물의 온도가 모래사장보다 높아서 바닷물 위는 저기압, 모래사장 위는 고기압이 되므로 모래사장에서 바닷물 쪽으로 바람이 붑니다.

18 겨울에는 북서쪽에서 이동해 오는 차갑고 건조한 공기 덩어리가 영향을 줍니다.

19 우리나라는 계절에 따라 성질이 다른 공기 덩어리의 영향을 받습니다. 여름에는 남동쪽에서 이동해 오는 덥고 습한 공기 덩어리의 영향을 받습니다.

20 봄과 가을은 따뜻하고 건조하며, 여름은 덥고 습합니다. 겨울은 춥고 건조합니다.

1회   4. 물체의 운동   7~9쪽

1 운동   **2** ①, ③   **3** ②   **4** 고양이   **5** ⑩ 빠르기가 변하는 운동을 한다.   **6** ⑤   **7** ㉢   **8** 하린
9 ㉠   **10** ⑩ 마라톤, 카누, 100 m 달리기, 스피드 스케이팅   **11** 치타   **12** 거북, 말   **13** ②   **14** (1) ㉡
(2) ㉠   **15** ㉠ 이동 거리 ㉡ 걸린 시간   **16** ⑤   **17** 비행기   **18** ㉡   **19** ②   **20** ①

•풀이•

1 시간이 지남에 따라 물체의 위치가 변할 때 물체가 운동한다고 합니다.

2 물체의 운동은 물체가 이동하는 데 걸린 시간과 이동 거리로 나타냅니다.

3 할머니, 자전거, 자동차는 운동한 물체이고, 나무, 남자 아이, 신호등, 도로 표지판은 운동하지 않은 물체입니다.

4 고양이는 달팽이보다 빠르게 운동하고 달팽이는 고양이보다 느리게 운동합니다.

5 정류장에 도착하는 버스는 정지할 때 점점 느려지는 운동을 합니다.

6 고속 열차는 출발할 때 천천히 이동하다 시간이 지나면서 빨리 이동합니다.

7 같은 거리를 이동한 물체의 빠르기는 물체가 이동하는 데 걸린 시간으로 비교합니다.

8 같은 거리를 이동하는 데 걸린 시간이 짧을수록 더 빠릅니다. 하린이의 장난감 자동차가 가장 빠르고, 승윤이의 장난감 자동차가 가장 느립니다.

9 같은 거리를 이동한 물체의 빠르기는 물체가 이동하는 데 걸린 시간으로 비교합니다. 같은 거리를 이동하는 데 짧은 시간이 걸린 물체가 긴 시간이 걸린 물체보다 더 빠릅니다.

10 조정, 알파인 스키, 스켈레톤, 루지, 봅슬레이, 자동차 경주, 사이클 등도 같은 거리를 이동하는 데 걸린 시간을 측정해 빠르기를 비교합니다.

11 10초 동안 330 m를 이동한 치타가 가장 빠르고, 10초 동안 약 7 m 정도 이동한 거북이 가능 느립니다.

12 10초 동안 200 m를 이동한 토끼보다 짧은 거리를 이동한 거북과 말이 토끼보다 느린 동물입니다.

13 같은 시간 동안 긴 거리를 이동한 물체가 짧은 거리를 이동한 물체보다 더 빠릅니다.

14 같은 시간 동안 이동한 물체의 빠르기는 물체가 이동한 거리로 비교합니다. 같은 시간 동안 긴 거리를 이동한 물체가 짧은 거리를 이동한 물체보다 더 빠릅니다.

15 물체가 이동하는 데 걸린 시간과 이동한 거리가 다를 때 물체의 빠르기는 속력으로 나타내 비교할 수 있습니다.

16 자동차의 속력 70 km/h는 1시간 동안 70 km를 이동한 것을 말하며, '칠십 킬로미터 매 시' 또는 '시속 칠십 킬로미터'라고 읽습니다.

17 비행기는 700 km/h, 배는 20 km/h, 자전거는 11 km/h, 기차는 160 km/h, 버스는 60 km/h, 승용차는 70 km/h의 속력으로 이동했습니다. 비행기, 기차, 승용차, 버스, 배, 자전거 순서로 빠릅니다.

18 안전띠는 자동차를 타고 가다가 속력이 빠른 물체와 부딪칠 때 탑승자의 몸을 고정해 차 안의 다른 장치와 부딪치지 않도록 돕습니다.

19 자동차에 설치한 에어백은 자동차를 타고 가다가 속력이 빠른 물체와 부딪칠 때 탑승자의 몸에 가해지는 충격을 줄여줍니다.

▲ 에어백

20 횡단보도를 건널 때에는 신호등을 확인하고 초록색 불이 켜진 후 좌우를 살피며 건너고, 자전거를 타고 있는 경우 자전거에서 내려 걸어가야 합니다.

1회   5. 산과 염기   10~12쪽

1 기준   **2** ②, ④   **3** ②   **4** 예 용액이 투명한가?   **5** 지시약   **6** ④, ⑤   **7** ㉠, ㉢, ㉣   **8** ⑤   **9** ㉡ ㉢ ㉠   **10** (1) ㉠ (2) ㉡ (3) ㉠ (4) ㉡   **11** 예 용액의 성질에 따라 붉은 양배추에 들어 있는 물질이 서로 다른 색깔을 나타내기 때문이다.   **12** ②, ③   **13** ㉠, ㉣   **14** 예 산성인 빗물에 석탑이 녹아서 손상되는 것을 막기 위하여   **15** ①   **16** ⑤   **17** 은주   **18** ㉠ 염기성 ㉡ 산성   **19** ㉠   **20** 예 요구르트를 마시면 입안은 산성 환경이 되는데, 염기성인 치약으로 양치질을 하면 입안의 산성 환경을 없애 세균 활동을 막을 수 있기 때문이다.

풀이

1 용액은 색깔, 냄새, 투명도 등의 특징이 다르므로, 이들 특징을 기준으로 다양하게 분류할 수 있습니다.

2 레몬즙과 유리 세정제는 색깔이 있는 용액이고, 석회수, 묽은 염산, 묽은 수산화 나트륨 용액은 색깔이 없는 용액입니다.

3 냄새가 나는 용액인 식초, 묽은 염산, 빨랫비누 물 중에서 무색이고 투명한 것은 묽은 염산입니다.

4 식초, 사이다, 석회수, 유리 세정제, 묽은 염산, 묽은 수산화 나트륨 용액은 투명하고, 레몬즙, 빨랫비누 물은 불투명합니다.

5 어떤 용액에 닿았을 때 그 용액의 성질에 따라 색깔 변화가 나타나는 물질을 지시약이라고 합니다. 지시

약의 종류로는 리트머스 종이, 페놀프탈레인 용액 등이 있습니다.

6 염기성 용액인 빨랫비누 물과 탄산수소 나트륨 용액은 붉은색 리트머스 종이를 푸른색으로 변하게 합니다.

7 산성 용액인 자몽 주스, 식초, 콜라는 페놀프탈레인 용액의 색깔을 변화시키지 않습니다.

8 붉은 양배추에 뜨거운 물을 넣어 우려내기 때문에 알코올램프는 필요하지 않습니다. 뜨거운 물을 다룰 때에는 반코팅 면장갑을 착용합니다.

9 붉은 양배추를 잘게 잘라 비커에 반 정도 담고 뜨거운 물을 넣은 다음 5분 정도 우려냅니다.

10 붉은 양배추 지시약을 산성 용액에 떨어뜨리면 붉은색 계열의 색깔로 변하고, 염기성 용액에 떨어뜨리면 푸른색이나 노란색 계열의 색깔로 변합니다.

11 여러 가지 용액에 붉은 양배추 지시약을 떨어뜨리면 용액의 성질에 따라 색깔이 다르게 나타납니다. 이와 같은 색깔 변화를 이용하면 여러 가지 용액을 산성 용액과 염기성 용액으로 분류할 수 있습니다.

12 묽은 염산에 메추리알 껍데기를 넣으면 기포가 발생하고 메추리알 껍데기가 녹습니다.

13 염기성 용액에 두부나 삶은 메추리알 흰자를 넣으면 시간이 지남에 따라 녹으면서 흐물흐물해집니다.

14 산성 물질이 대리암과 반응하면 대리암이 녹는 성질 때문에 원각사지 십층 석탑에 유리 보호 장치를 한 것입니다.

15 묽은 염산에 묽은 수산화 나트륨 용액을 점점 많이 넣을수록 산성이 약해지기 때문에 붉은색 계열에서 노란색 계열로 색깔이 변합니다.

16 묽은 수산화 나트륨 용액에 묽은 염산을 많이 넣을수록 염기성이 약해지기 때문에 노란색 계열에서 붉은색 계열의 색깔로 변합니다.

17 일정한 양의 묽은 수산화 나트륨 용액에 묽은 염산의 양을 늘려 가면서 넣고 섞어 주면 염기성이 약해지다가 용액의 성질이 산성으로 변화합니다.

18 제산제와 유리 세정제는 염기성, 식초와 변기용 세제는 산성입니다.

19 제산제, 유리 세정제, 하수구 세정제는 염기성 용액입니다.

20 요구르트는 입안을 산성 환경으로 만들지만, 염기성인 치약은 산성 환경을 없애서 세균 활동을 억제합니다.

2회 1. 과학 탐구 ~ 2. 생물과 환경 13~15쪽

1 ⑤ **2** ④ **3** ㉠ 생물 ㉡ 비생물 **4** (1) ㉡ (2) ㉠ (3) ㉡ (4) ㉠ **5** (1) ㉡, ㉢ (2) ㉠, ㉣, ㉤ (3) ㉢ **6** ⑤ **7** ③, ④ **8** 먹이 사슬 **9** (1) 먹이 그물 (2) 예 먹이 그물에서는 한 종류의 먹이가 부족해지더라도 다른 먹이를 먹고 살 수 있기 때문이다. **10** ①, ③ **11** ②, ⑤ **12** 예 국립 공원에서 늑대가 다시 살 수 있도록 한다. 사슴의 수를 조절하여 풀과 나무가 잘 자랄 수 있게 한다. **13** ㉠ **14** ⑤ **15** 온도 **16** ④ **17** 가시 **18** ㉡, ㉣ **19** (1) ㉢ (2) ㉠ (3) ㉡ **20** ③

•풀이•

1 발표 자료에 들어갈 내용을 확인하고 발표 자료를 만드는 것은 탐구를 실행하고 탐구 결과를 발표하기 전에 해야 하는 일입니다.

2 탐구 결과 발표 자료에는 준비물, 탐구 순서, 탐구 문제, 탐구 결과, 탐구하여 알게 된 점 등을 씁니다.

3 생태계를 이루는 요소 중 살아 있는 것을 생물 요소, 살아 있지 않은 것을 비생물 요소라고 합니다. 생물 요소와 비생물 요소는 한 지역에서 살아가며 서로 영향을 주고받습니다.

4 물과 공기는 살아 있지 않은 것이므로 비생물 요소이고, 왜가리와 토끼는 살아 있는 것이므로 생물 요소입니다. 왜가리는 논이 많은 시골이나 도심의 하천에서도 흔히 발견됩니다. 다 자란 왜가리는 일반적으로 천적이 거의 없습니다.

▲ 왜가리

5 민들레와 토끼풀은 생산자, 참새와 너구리와 나방 애벌레는 소비자, 세균은 분해자입니다.

6 햇빛, 공기, 물은 비생물 요소이고 다른 생물을 먹이로 하여 살아가는 생물은 소비자입니다.

7 메뚜기와 붕어는 모두 살아 있는 생물 요소이며, 다른 생물을 먹어서 양분을 얻는 소비자입니다.

8 생물 사이의 먹고 먹히는 관계가 사슬처럼 연결되어 있는 것을 먹이 사슬이라고 합니다.

9 먹이 그물에서는 어느 한 종류의 먹이가 부족해지더라도 다른 먹이를 먹고 살 수 있으므로 여러 생물들이 함께 살아가기에 유리합니다.

10 벼의 수가 갑자기 줄어들면 일시적으로 벼를 먹는 메뚜기의 수가 줄어듭니다. 메뚜기의 수가 줄어들면 참새와 매도 먹이가 줄어들어서 그 수가 줄어들 것입니다.

11 사람들의 무분별한 사냥으로 늑대가 모두 사라지고, 사슴의 수가 빠르게 늘어나면서 풀과 나무가 사라졌기 때문에 국립 공원의 생태계 평형이 깨어졌습니다.

12 국립 공원에서 주로 자라는 풀과 나무를 다시 심고 보호하는 것도 국립 공원의 깨어진 생태계 평형을 회복하는 방법입니다.

13 햇빛을 받은 무순은 잘 자라고, 햇빛을 받지 못한 무순은 잘 자라지 못합니다.

	싹이 노란색이고 약하다.
	• 싹이 연한 초록색이다. • 구멍이 있는 쪽(햇빛 쪽)으로 휘어져 자란다.

14 햇빛을 받은 무순은 잘 자라고 ,햇빛을 받지 못한 무순은 잘 자라지 못합니다. 햇빛은 무순이 자라는 데 영향을 줍니다.

15 사막여우는 매우 덥고 건조한 사막에서 삽니다. 매우 추운 북극에서 사는 북극여우보다 몸집이 작고 귀가 큽니다.

▲ 사막여우　　　　　▲ 북극여우

16 철새가 계절에 따라 옮겨 다니거나 동물이 겨울잠을

자는 것은 생활 방식으로 환경에 적응된 경우입니다. 생물은 생활 방식뿐만 아니라 생김새로도 환경에 적응됩니다.

17 선인장의 가시 모양 잎은 물이 부족한 환경에 적응한 결과입니다. 생물은 다양한 생김새와 생활 방식으로 환경에 적응해 살아갑니다.

18 북극여우는 귀가 작고 털이 풍성해서 열을 보존하기에 유리하고, 밤송이는 가시로 둘러싸여 있어 밤을 먹으려고 하는 동물에게서 밤을 보호하기 유리하게 적응되었습니다.

19 자동차나 공장의 매연은 대기 오염의 원인, 폐수와 기름 유출은 수질 오염의 원인, 쓰레기 매립은 토양 오염의 원인입니다.

20 쓰레기를 태우는 것은 대기 오염의 원인이 됩니다.

2회　　　3. 날씨와 우리 생활　　16~18쪽

1 ⑤　2 온도, 습도표　3 82　4 ③　5 ①　6 ⓒ　7 원종　8 ⑤　9 눈　10 얼음물　11 (1) ×　(2) ○　(3) ×　12 기압　13 (1) ⓒ (2) ㉠　14 ③　15 ㉠ 공기 ⓒ 바람　16 예 밤에 바다 위는 저기압, 육지 위는 고기압이 되어 바람이 육지에서 바다로 분다.　17 공기 덩어리　18 (1) ⓒ, ㉣ (2) ㉠, ⓒ　19 (1) ⓒ (2) ㉣ (3) ㉠ (4) ⓒ　20 ②, ④

풀이

1 ㉠은 건구 온도계, ⓒ은 습구 온도계입니다. 일반적으로 건구 온도계로 측정한 온도보다 습구 온도계로 측정한 온도가 낮습니다.

2 건습구 습도계에서 건구 온도계와 습구 온도계로 온도를 각각 측정한 다음, 습도표를 이용하여 현재 습도를 구합니다.

3 건구 온도 18 ℃를 세로줄에서 찾아 표시하고, 건구 온도와 습구 온도의 차(18 ℃-16 ℃=2 ℃)를 구해 가로줄에서 찾아 표시했을 때 만나는 지점이 현재 습도입니다.

4 습도가 낮으면 피부가 건조해지고, 감기와 같은 호흡기 질환이 쉽게 발생합니다.

습도가 높을 때	• 쇠붙이가 쉽게 녹이 슨다. • 식탁에 놓아둔 과자나 김이 쉽게 눅눅해진다. • 빨래가 잘 마르지 않는다. • 곰팡이가 잘 핀다.
습도가 낮을 때	• 피부가 건조해진다. • 감기와 같은 호흡기 질환이 쉽게 발생한다. • 빨래가 잘 마른다. • 산불이 쉽게 발생한다.

5 집기병 안에 있는 따뜻한 수증기가 얼음으로 인해 차가워져 응결하기 때문에 집기병 안이 뿌옇게 흐려집니다.

6 안개는 공기 중의 수증기가 지표면 가까이에서 응결하여 작은 물방울로 떠 있는 것입니다.

7 이슬, 안개, 구름 모두 공기 중의 수증기가 응결하여 물방울로 변해서 나타나는 자연 현상이고 생기는 위치만 다릅니다.

8 공기 중의 수증기가 응결하여 물체 표면에 물방울로 맺혀 있는 것은 이슬이고, 공기 중의 수증기가 응결하여 지표면 근처에 떠 있는 것은 안개입니다.

9 눈은 구름 속 작은 얼음 알갱이가 커지면서 무거워져 떨어질 때 녹지 않은 채로 떨어지는 것입니다.

10 따뜻한 물에 넣은 플라스틱 통보다 얼음물에 넣은 플라스틱 통의 무게가 더 무겁습니다. 이를 통해 따뜻한 공기보다 차가운 공기가 더 무겁다는 것을 알 수 있습니다.

11 공기의 온도에 따른 공기의 무게를 비교하는 실험입니다. 주변보다 온도가 낮은 공기는 온도가 높은 공기보다 더 무거워 기압이 높습니다. 반대로 주변보다 온도가 높은 공기는 온도가 낮은 공기보다 더 가벼워 기압이 낮습니다.

12 공기의 무게로 생기는 힘을 기압이라고 합니다.

13 주변보다 공기가 많아 기압이 높은 곳을 고기압이라 하고, 주변보다 공기가 적어 기압이 낮은 곳을 저기압이라고 합니다.

14 투명한 플라스틱 상자에 따뜻한 물과 얼음물이 든 지퍼 백을 넣고 바람 발생 모형실험을 합니다.

15 향 연기의 움직임은 투명한 상자 속 공기의 움직임을 나타내며, 향 연기가 수평으로 이동하는 것을 바람이

라고 할 수 있습니다.

16 이웃한 두 지점 사이에 기압 차가 생기면 공기는 고기압에서 저기압으로 이동합니다. 바닷가에서 밤에 바다 위는 저기압, 육지 위는 고기압이 됩니다.

17 공기 덩어리가 한 지역에 오랫동안 머물게 되면 그 지역의 온도나 습도와 비슷한 성질을 갖게 됩니다.

18 대륙에서 이동해 오는 공기 덩어리는 대부분 건조하고, 바다에서 이동해 오는 공기 덩어리는 대부분 습합니다.

19 북서쪽에는 온도와 습도가 모두 낮은 공기 덩어리, 남서쪽에는 온도가 높고 습도가 낮은 공기 덩어리, 남동쪽에는 온도와 습도가 모두 높은 공기 덩어리, 북동쪽에는 온도가 낮고 습도가 높은 공기 덩어리가 있습니다.

20 겨울에는 북서쪽의 대륙에서 이동해 오는 공기 덩어리의 영향을 받아 춥고 건조합니다.

2회   4. 물체의 운동   19~21쪽

1 ㉢, ㉣, ㉤   **2** ②   **3** 이동 거리, 걸린 시간   **4** ④
5 ㉠ 빠르게 ㉡ 느리게   **6** (1) ㉡ (2) ㉠   **7** 예 자동길은 빠르기가 일정한 운동을 하고, 롤러코스터는 내리막길에서 점점 빨라지고 오르막길에서는 점점 느려지는 운동을 한다.   **8** ②   **9** 예 결승선까지 달리는 데 시간이 가장 짧게 걸린 자동차가 가장 빠르다.
10 ①   **11** ④, ⑤   **12** ②   **13** 장난감 자동차 ㉠
14 거북   **15** ②   **16** (1) 5 m/s (2) 예 삼십 킬로미터 매 시, 시속 삼십 킬로미터   **17** ㉢, ㉣   **18** ①
19 과속 방지 턱   **20** (1) × (2) ○ (3) × (4) ○

▶ 풀이

1 시간이 지남에 따라 물체의 위치가 변할 때 물체가 운동한다고 합니다. ㉠과 ㉡은 운동하지 않은 물체입니다.

2 2초 동안 자전거(ⓜ)는 2 m, ⓒ은 14 m, ⓔ은 1 m를 이동했습니다.

3 물체의 운동은 물체가 이동하는 데 걸린 시간과 이동 거리로 나타냅니다.

4 물체의 운동은 걸린 시간과 이동 거리로 나타내야 합니다.

5 고양이는 달팽이보다 빠르게 운동하고 달팽이는 고양이보다 느리게 운동합니다.

6 자동길, 대관람차는 빠르기가 일정한 운동을 하는 물체이고, 고속 열차, 자이로 드롭은 빠르기가 변하는 운동을 하는 물체입니다.

7 자동길은 빠르기가 일정한 운동을 하고, 롤러코스터는 빠르기가 변하는 운동을 합니다.

8 회전목마는 빠르기가 일정한 운동을 하는 물체입니다.

9 같은 거리를 이동하는 데 시간이 짧게 걸린 물체가 시간이 길게 걸린 물체보다 더 빠릅니다.

10 물체가 운동하는 빠르기는 같은 거리를 이동한 경우에는 걸린 시간이 짧을수록 빠릅니다.

11 마라톤, 100 m 달리기 등과 같은 운동 경기는 같은 거리를 이동하는 데 걸린 시간을 측정해 빠르기를 비교합니다.

12 같은 시간 동안 이동한 물체의 빠르기는 물체가 이동한 거리로 비교합니다.

13 같은 시간 동안 장난감 자동차 ⓒ이 가장 긴 거리를 이동하였습니다. ⓒ, ⓛ, ⓒ 순서로 빠릅니다.

14 같은 시간 동안 긴 거리를 이동한 물체가 짧은 거리를 이동한 물체보다 더 빠릅니다.

15 속력은 이동 거리를 걸린 시간으로 나누어 구합니다.

16 속력은 1초, 1분, 1시간 등과 같은 단위 시간 동안 물체가 이동한 거리를 말합니다.

17 ⓒ과 ⓔ 모두 1초 동안 100 cm(1 m)를 이동하는 것으로 100 cm/s를 의미합니다.

18 ① 2000 m÷500 s=4 m/s, ② 200 m÷100 s=2 m/s, ③ 450 m÷150 s=3 m/s, ④ 400 m÷400 s=1 m/s, ⑤ 1000 m÷500 s=2 m/s

19 과속 방지 턱은 운전자가 자동차의 속력을 줄이도록 하여 걷는 사람을 보호하거나 사람이 입는 피해를 줄입니다.

20 어린이 보호 구역에서는 자동차의 속력을 30 km 이내로 줄여야 합니다. 횡단보도에서는 자전거에서 내려 걸어가야 합니다.

---

1 석회수   **2** ⓔ   **3** 예 무색이고 투명한 용액의 경우에는 어떤 용액인지 정확하게 알 수가 없어 분류하기 어렵다.   **4** ①   **5** ②   **6** (1) 탄산음료, 레몬즙, 식초, 자몽 주스 (2) 표백제, 제빵 소다 용액, 빨랫비누 물, 하수구 세정제   **7** 예 붉은색으로 변하게 한다. **8** ⑤   **9** (1) × (2) ○ (3) ×   **10** ⓒ 산성 ⓛ 염기성 **11** (2) ○   **12** ③   **13** ⓒ, ⓒ   **14** ③, ④   **15** ④ **16** 산성 물질   **17** 약해지기   **18** ③   **19** ②   **20** (1) ⓛ (2) ⓒ

풀이

1 석회수는 냄새가 나지 않는 투명한 용액이고, 흔들었을 때 거품이 3초 이상 유지되는 용액이 아닙니다.

2 유리 세정제, 비눗방울 액은 흔들었을 때 거품이 3초 이상 유지되는 용액이고, 식초, 석회수, 묽은 염산, 묽은 수산화 나트륨 용액은 흔들었을 때 거품이 3초 이상 유지되지 않습니다.

3 용액의 냄새를 맡을 수 없는 경우에도 용액을 분류하는 데 어려움이 있습니다.

4 지시약은 어떤 용액을 만났을 때 그 용액의 성질에 따라 눈에 띄는 변화를 나타내는 물질입니다. 소금물은 지시약이 아닙니다.

5 콜라는 산성 용액으로 푸른색 리트머스 종이를 붉은색으로 변하게 하고, 페놀프탈레인 용액의 색깔을 변화시키지 않습니다.

6 산성 용액은 푸른색 리트머스 종이를 붉은색으로 변하게 하고, 염기성 용액은 붉은색 리트머스 종이를 푸른색으로 변하게 합니다. 탄산음료, 레몬즙, 식초, 자몽 주스는 산성 용액이고, 표백제, 제빵 소다 용액, 빨랫비누 물, 하수구 세정제는 염기성 용액입니다.

7 붉은색 리트머스 종이를 푸른색으로 변하게 하는 용액은 염기성 용액입니다. 염기성 용액은 페놀프탈레인 용액의 색깔을 붉은색으로 변하게 합니다.

8 빨랫비누 물은 염기성 용액이고 식초는 산성 용액이기 때문에 푸른색 리트머스 종이에 빨랫비누 물을 떨어뜨리면 색깔 변화가 없고, 식초를 떨어뜨리면 붉은색으로 변합니다.

9 붉은 양배추를 가위로 잘라 비커에 담고, 붉은 양배추가 잠길 만큼 뜨거운 물을 붓습니다.

정답과 풀이

10 붉은 양배추 지시약은 산성 용액에서는 붉은색 계열의 색깔로 변하고, 염기성 용액에서는 푸른색이나 노란색 계열의 색깔로 변합니다.

11 붉은 양배추 지시약을 산성 용액에 떨어뜨릴 때 붉은색 계열의 색깔로 변합니다.

12 BTB 용액은 산성 용액에서 노란색으로 변하고, 염기성 용액에서는 파란색으로 변합니다.

13 산성 용액에 메추리알 껍데기와 대리암 조각을 넣으면 기포가 발생하면서 메추리알 껍데기와 대리암 조각이 녹습니다.

14 대리암 조각과 달걀 껍데기를 산성 용액에 넣으면 기포가 발생하면서 녹지만 염기성 용액에 넣으면 아무런 변화가 없습니다. 삶은 달걀 흰자를 산성 용액에 넣으면 아무런 변화가 없지만, 염기성 용액에 넣으면 녹아서 흐물흐물해집니다.

▲ 묽은 염산 + 삶은 달걀 흰자 　　▲ 묽은 수산화 나트륨 용액 + 대리암 조각

15 묽은 수산화 나트륨 용액에 두부를 넣으면 두부가 흐물흐물해지면서 녹습니다.

16 산성을 띤 빗물이나 새의 배설물 등에 의해 탑이 훼손되는 것을 막기 위해 유리 보호 장치를 한 것입니다.

17 묽은 염산에 묽은 수산화 나트륨 용액을 많이 넣을수록 색깔이 붉은색 계열에서 노란색 계열로 변합니다. 산성 용액에 염기성 용액을 넣을수록 산성이 약해지기 때문입니다.

18 묽은 수산화 나트륨 용액에 묽은 염산을 많이 넣을수록 노란색 계열에서 붉은색 계열로 변합니다. 염기성 용액에 산성 용액을 넣을수록 염기성이 약해지기 때문입니다.

19 욕실을 청소하는 표백제, 제산제, 유리 세정제, 하수구 세정제는 우리 생활에서 염기성 용액을 이용하는 예입니다.

20 치약으로 충치를 만드는 입안의 산성 물질을 없앱니다. 식초로 생선을 손질한 도마를 닦아 냄새를 없앱니다.

3회　　1. 과학 탐구 ~ 2. 생물과 환경　　25~27쪽

1 ①　**2** (1) ✕ (2) ✕ (3) ○　**3** 생태계　**4** ㉠ 생물 요소 ㉡ 비생물 요소　**5** ㉠　**6** ㉡, ㉢　**7** ㉤　**8** ④　**9** 경인　**10** ①　**11** 생태계 평형　**12** ④　**13** ㉠　**14** 예 빛이 있고 물을 준 청경채가 잘 자란다. 청경채가 자라는 데 빛과 물이 영향을 준다.　**15** 재화　**16** ㉠　**17** 예 서식지의 환경과 털색이 비슷하면 적에게서 몸을 숨기거나 먹잇감에 접근하기 유리하다. 귀의 크기가 커서 열을 몸 밖으로 내보낼 수 있다.　**18** ①, ③　**19** ③　**20** ㉤

풀이

1 탐구 결과물 점검하기 과정에서 문제점이 발견되면 문제가 발생한 원인을 찾고 보완 방법을 찾아야 합니다.

2 탐구 문제, 실험 방법, 실험 결과, 탐구 문제의 답 등을 포함해 발표 자료를 만듭니다.

3 지구의 다양한 환경에는 산과 바다, 남극과 북극 등이 있습니다.

4 ㉠은 살아 있는 것이므로 생물 요소이고, ㉡은 살아 있지 않은 것이므로 비생물 요소입니다.

5 곰팡이는 살아 있는 것이므로 생물 요소 ㉠에 해당합니다.

6 햇빛을 이용하여 스스로 양분을 만드는 생물은 생산자인 잣나무와 옥수수입니다. ㉠, ㉢, ㉣은 소비자이고, ㉤은 분해자입니다.

7 죽은 생물이나 배출물 등을 분해하여 양분을 얻는 생물은 분해자입니다. 세균은 분해자에 해당합니다.

8 먹이 그물에는 여러 생물의 먹이 사슬이 그물처럼 복잡하게 얽혀 있습니다.

9 올빼미가 최종 소비자이며, 개구리가 없어지더라도 올빼미는 다른 먹이를 먹을 수 있으므로 없어지지 않습니다.

10 먹이 사슬은 한 방향으로만 먹이 관계가 연결되지만, 먹이 그물은 여러 방향으로 먹이 관계가 연결됩니다. 실제 생태계에서의 먹이 관계는 먹이 사슬보다 먹이 그물의 형태로 나타납니다.

11 생태계 내에서 생물의 종류와 양이 급격한 변화 없이 균형을 이루며 안정된 상태를 유지하는 것을 생태계 평형이라고 합니다.

12 늑대 무리가 섬에 들어와 물사슴을 잡아먹기 시작하

면서 물사슴의 수는 줄고 식물이 다시 많아집니다. 이후 식물과 물사슴, 늑대의 수가 균형을 이루게 됩니다.

13 빛, 물 조건을 다르게 해 청경채를 키우며 비생물 요소가 생물에 미치는 영향을 확인하는 실험입니다.

14 빛이 있고 물을 준 청경채가 가장 잘 자라는 것으로 보아 청경채가 자라는 데 빛과 물이 영향을 준다는 것을 알 수 있습니다.

15 공기는 식물과 동물이 숨을 쉴 수 있게 해 주고, 햇빛은 식물과 동물의 번식에 영향을 주고 식물이 양분을 만드는 데 필요합니다. 낙엽이 지는 것은 온도의 영향 때문입니다.

16 사막여우는 큰 귀와 작은 몸집을 가지고 있어, 일 년 내내 비가 거의 내리지 않아 건조하고 낮에는 더운 사막 환경에 유리합니다.

17 사막은 비가 거의 오지 않고 낮에는 온도가 매우 높습니다. 따라서 몸속에 물을 저장할 수 있고, 열을 몸 밖으로 내보낼 수 있는 생물이 살아남을 수 있습니다.

18 철새의 이동과 다람쥐의 겨울잠은 생활 방식을 통해 생물이 적응된 예입니다. 밤송이의 가시, 선인장의 가시 모양 잎, 부레옥잠 잎자루의 공기 주머니는 생김새를 통해 환경에 적응된 예입니다.

19 쓰레기, 농약, 공장 폐기물 등의 중금속은 토양 오염의 원인입니다.

20 생태계 보전을 위해서는 비누나 샴푸 사용을 줄여야 합니다. 생태계를 보전하려면 개인뿐만 아니라 사회와 국가가 함께 노력해야 합니다.

3회   3. 날씨와 우리 생활   28~30쪽

---

1 ⑤   **2** (1) ○ (2) × (3) ○   **3** 83   **4** ②, ③   **5** ㉠ 비커 밖의 수증기가 비커의 표면에서 응결하여 물방울로 맺히기 때문이다.   **6** ③   **7** ㉠ 이슬 ㉡ 안개   **8** 낮아, 응결   **9** ③   **10** (1) ○ (2) ○ (3) ×   **11** 눈   **12** ②, ⑤   **13** ㉠   **14** ㉠ 고기압 ㉡ 저기압   **15** ㉠, ㉡   **16** ㉡   **17** ②   **18** ㉡, ㉢   **19** (1) × (2) × (3) × (4) ○   **20** (1) ㉡ (2) ㉠ 남서쪽의 대륙에서 이동해 오는 공기 덩어리의 영향으로 따뜻하고 건조하다.

✦풀이✦

1 공기 중에 수증기가 포함된 정도를 습도라고 합니다. 건습구 습도계로 습도를 측정할 수 있습니다.

2 일반적으로 건구 온도계의 온도가 습구 온도계의 온도보다 높습니다.

3 건구 온도 21 ℃를 세로줄에서 찾아 표시하고, 건구 온도와 습구 온도의 차(21 ℃−19 ℃=2 ℃)를 구해 가로줄에서 찾아 표시했을 때 만나는 지점이 현재 습도입니다.

4 습도가 낮을 때 쉽게 감기에 걸리고, 화재가 발생하기 쉽습니다. 또, 피부가 쉽게 건조해집니다.

5 비커 바깥에 있는 공기 중 수증기가 응결해 비커 표면에 물방울로 맺힙니다.

6 공기 중의 수증기가 물방울로 변하는 현상을 응결이라고 합니다. 응결 현상으로 이슬, 안개, 구름이 만들어집니다.

7 공기 중의 수증기가 차가워진 물체 표면에 응결해 물방울로 맺혀 있는 것은 이슬이고, 지표면 가까이에 있는 공기 중의 수증기가 응결해 작은 물방울로 떠 있는 것은 안개입니다.

8 공기는 하늘로 올라가면서 온도가 낮아집니다. 이때 공기 중의 수증기가 응결하여 하늘에 떠 있는 것이 구름입니다.

9 이슬, 안개, 구름은 모두 수증기가 응결해 나타나는 현상입니다.

10 공기 중의 수증기가 응결해 작은 물방울로 지표면 가까이에 떠 있는 것은 안개입니다.

11 구름 속 작은 얼음 알갱이가 커지면서 무거워져 떨어질 때 녹지 않은 채로 떨어지는 것은 눈입니다.

12 공기는 무게를 가지고 있습니다. 공기의 무게로 가해지는 힘을 기압이라고 합니다. 차가운 공기는 따뜻한 공기보다 같은 부피 안에 들어 있는 공기의 양이 더 많습니다.

13 공기의 양이 주위보다 적어서 가벼운 것을 저기압이라고 하고, 공기의 양이 주위보다 많아서 무거운 것을 고기압이라고 합니다.

14 같은 부피에서 차가운 공기가 따뜻한 공기보다 무거워 기압이 더 높습니다. 주위보다 상대적으로 기압이 높은 곳을 고기압이라고 하고, 주위보다 상대적으로 기압이 낮은 곳을 저기압이라고 합니다.

15 어느 두 지점 사이에서 기압 차가 생기면 공기가 수

평으로 이동하는데, 이것을 바람이라고 합니다. 고기
압에서 저기압으로 공기가 이동하여 바람이 붑니다.

16 향 연기의 움직임은 투명한 상자 속 공기의 움직임을
나타냅니다.

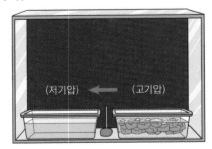

(저기압) ← (고기압)

17 낮에는 바다에서 육지로 바람이 붑니다.

18 한 지역에 오래 머물던 공기 덩어리가 이동해 오면 그
공기 덩어리의 영향을 받아 온도나 습도가 변합니다.

19 ㉠은 차갑고 건조하며 겨울에 영향을 줍니다. ㉡은
따뜻하고 건조하며 봄과 가을에 영향을 줍니다. ㉢은
차갑고 습하며 초여름에 영향을 줍니다. ㉣은 덥고
습하며 여름에 영향을 줍니다.

20 우리나라의 봄과 가을에는 남서쪽의 대륙에서 이동해
오는 공기 덩어리의 영향으로 따뜻하고 건조합니다.

3회　　4. 물체의 운동　　31~33쪽

1 위치　**2** 자전거, 자동차, 할머니　**3** ⑤　**4** 로켓
5 ④　**6** 예 빠르기가 일정한 운동을 하는 물체이다.
7 ③　**8** ①　**9** 짧을수록　**10** ①　**11** 이동한 거
리　**12** 걷기　**13** ※ 풀이 참조　**14** ㉡　**15** 속력
16 (1) ㉡ (2) ㉠　**17** ③　**18** ④　**19** 안전띠, 에어
백　**20** ③

•풀이•

1 시간이 지남에 따라 물체의 위치가 변할 때 물체가
운동한다고 합니다.

2 시간이 지남에 따라 물체의 위치가 변한 것은 자전
거, 자동차, 할머니입니다.

3 나무는 시간이 지나도 위치가 변하지 않기 때문에
운동하지 않은 물체입니다.

4 로켓은 달팽이보다 빠르게 운동하고 달팽이는 로켓
보다 느리게 운동합니다.

5 자동계단을 타고 내려가는 사람, 비탈면을 따라 이동
하는 케이블카는 빠르기가 일정한 운동을 하는 물체
입니다.

6 대관람차, 자동길 등은 빠르기가 일정한 운동을 하는
물체입니다.

7 같은 거리를 이동한 물체의 빠르기는 물체가 이동하
는 데 걸린 시간으로 비교하기 때문에 초시계가 필요
합니다.

8 같은 출발선에서 출발하여 같은 거리를 이동한 다음
같은 결승선에 도착해야 합니다. 짧은 시간이 걸린
자동차가 긴 시간이 걸린 자동차보다 더 빠릅니다.

9 물체가 운동하는 빠르기는 같은 거리를 이동할 때 걸
린 시간이 짧을수록 빠릅니다.

10 같은 거리를 이동하는 카누 경기에서 가장 빠른 팀은
걸린 시간이 가장 짧은 팀입니다.

11 같은 시간 동안 이동한 물체의 빠르기는 물체가 이동
한 거리로 비교합니다.

12 같은 시간 동안 이동한 거리가 길수록 더 빠릅니다.
버스, 자동차, 자전거, 걷기 순서로 빠릅니다.

13 1시간 동안 30 km를 이동하는 오토바이보다 느린
교통수단은 4 km를 이동하는 걷기와 10 km를 이동
하는 자전거입니다.

느린 교통수단	빠른 교통수단
걷기, 자전거	자동차, 버스

14 같은 시간 동안 가장 긴 거리를 이동한 기차가 가장
빠릅니다. ㉡, ㉠, ㉢ 순서로 빠릅니다.

15 물체의 빠르기를 속력으로 나타내 비교할 수 있습니
다. (속력)=(이동 거리)÷(걸린 시간)으로 구합니다.

16 30 km/h는 '삼십 킬로미터 매 시' 또는 '시속 삼십 킬
로미터'입니다. 50 m/s는 '오십 미터 매 초' 또는 '초
속 오십 미터'입니다.

17 속력은 이동 거리를 걸린 시간으로 나누어 구하므로,
오토바이의 속력은 200 km÷5 h=40 km/h입니다.

18 어린이 보호 구역 표지판은 차량이 일정한 속력 이상
으로 달리지 못하도록 법으로 제한하여 어린이를 보
호하거나 어린이가 입을 수 있는 피해를 줄입니다.

19 긴급 상황에서 탑승자의 몸을 고정하는 안전장치는
안전띠이고, 충돌 사고에서 탑승자의 몸에 가해지는
충격을 줄여주는 안전장치는 에어백입니다.

20 횡단보도에서는 자전거에서 내려 걸어가야 합니다.

1 ①, ④   **2** (1) ○ (2) ×   **3** ②   **4** ⓔ 두 용액 모두 무색이고 투명하며, 냄새도 나지 않기 때문에 겉보기 만으로 분류하기 어렵다.   **5** ②, ③   **6** 염기성 용액   **7** ④   **8** ㉢   **9** ①   **10** ※ 풀이 참조   **11** ㉠   **12** ①   **13** ⑤   **14** ㉠   **15** 붉은색   **16** (1) ⓔ 염기성이 약해지고 산성이 된다. (2) ⓔ 붉은색에서 점점 무색으로 변한다.   **17** ⓔ 섞은 용액 속에 있는 산성을 띠는 물질과 염기성을 띠는 물질이 서로 짝을 맞추면서 각각의 성질을 잃어버리기 때문이다.   **18** ②   **19** ⑤   **20** (1) ㉠, ㉣ (2) ㉡, ㉢, ㉢

◆ 풀이

1 용액의 맛을 보거나 만지는 것은 위험할 수 있으므로 용액을 관찰할 때 알맞지 않은 관찰 방법입니다.

2 식초, 탄산수, 석회수, 레몬즙, 묽은 염산, 유리 세정제, 묽은 수산화 나트륨 용액 중 불투명한 용액은 레몬즙 한 가지입니다. 무색이고 투명한 용액은 여섯 가지입니다.

3 식초는 색깔이 있고 투명합니다. 빨랫비누 물은 색깔이 있고 불투명하며 냄새가 납니다.

4 비슷한 점이 많은 용액은 겉보기로 어떤 용액인지 눈으로 바로 알 수가 없기 때문에 분류하는 데 어려움이 있습니다. 석회수와 묽은 수산화 나트륨 용액은 모두 무색이고 투명하며 냄새도 나지 않습니다.

5 산성 용액은 푸른색 리트머스 종이를 붉은색으로 변하게 합니다. 레몬즙과 탄산수는 산성 용액입니다. 석회수, 유리 세정제, 묽은 수산화 나트륨 용액은 염기성 용액입니다.

6 붉은색 리트머스 종이를 푸른색으로 변하게 하고, 페놀프탈레인 용액을 떨어뜨리면 붉은색으로 변하는 것은 염기성 용액입니다.

7 식초, 탄산수, 레몬즙은 산성 용액이고, 표백제, 빨랫비누 물, 제빵 소다 용액은 염기성 용액입니다.

8 붉은 양배추 지시약은 산성 용액에서는 붉은색 계열의 색깔로 변하고, 염기성 용액에서는 푸른색이나 노란색 계열의 색깔로 변합니다.

9 산성 용액인 레몬즙은 붉은 양배추 지시약을 떨어뜨리면 붉은색 계열의 색깔로 변합니다.

10 붉은 양배추 지시약을 산성 용액에 떨어뜨리면 붉은색 계열의 색깔로 변하고, 염기성 용액에 떨어뜨리면 푸른색이나 노란색 계열의 색깔로 변합니다.

붉은색 계열의 색깔로 변한다.	푸른색이나 노란색 계열의 색깔로 변한다.
식초, 탄산수, 레몬즙, 묽은 염산	석회수, 유리 세정제, 묽은 수산화 나트륨 용액

11 푸른색 리트머스 종이를 붉은색으로 변하게 하는 용액은 산성 용액입니다. 붉은 양배추 지시약은 산성 용액에서 붉은색 계열의 색깔로 변합니다.

12 산성 용액에 대리암 조각을 넣으면 기포가 발생하면서 대리암 조각이 녹습니다.

13 두부를 넣었을 때 녹아서 가라앉는 용액은 염기성 용액입니다. 식초, 레몬즙, 사이다, 묽은 염산은 산성 용액입니다.

14 염기성 용액은 붉은색 리트머스 종이를 푸른색으로 변하게 하고, 페놀프탈레인 용액의 색깔을 붉은색으로 변하게 합니다. 또 붉은 양배추 지시약을 떨어뜨리면 푸른색이나 노란색 계열의 색깔로 변합니다.

15 염기성 용액에 산성 용액을 점점 많이 넣을수록 염기성이 약해지고 산성이 강해지기 때문에 푸른색 계열의 색깔에서 점차 붉은색 계열의 색깔로 변합니다.

16 염기성 용액인 묽은 수산화 나트륨 용액에 산성 용액인 묽은 염산을 넣을수록 염기성이 약해지다가 용액의 성질이 산성으로 변합니다. 산성 용액은 페놀프탈레인 용액의 색깔을 변화시키지 않습니다.

17 산성 용액과 염기성 용액을 섞으면 용액 속에 있는 산성을 띠는 물질과 염기성을 띠는 물질이 서로 짝을 맞추면서 각각의 성질을 잃어버리기 때문에 용액의 성질이 약해집니다.

18 속이 쓰릴 때는 제산제를 먹습니다. 제산제는 염기성 용액을 이용하는 경우입니다.

19 산성인 요구르트를 먹은 후 염기성인 치약을 사용함으로써 산성 환경을 없애고 세균 활동을 억제시킵니다.

20 집에서 이용하는 산성 용액으로는 식초, 탄산음료, 변기용 세정제 등이 있고, 염기성 용액으로는 제산제, 유리 세정제, 하수구 세정제 등이 있습니다.

메모 Memo

9종 검정 교과서

완벽 분석 **종합평가**

과학

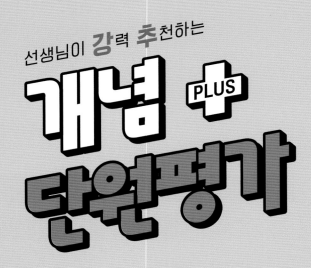

선생님이 강력 추천하는

개념 PLUS
단원평가

과학

정답과 풀이

5·2

5~6학년군

교육의 길잡이·학생의 동반자
(주)교학사

정답과 풀이

1회 단원 평가 연습

12~14쪽

1 시간을 측정한다.　**2** ④　**3** 시간　**4** ③　**5** 탐구 문제　**6** ④　**7** ④　**8** 탐구 계획 세우기　**9** 만드는 순서　**10** ㉠ ㉢ ㉣ ㉡ ㉤　**11** 초시계　**12** ㉠
13 ②　**14** ①　**15** ②　**16** ②　**17** (1) ○ (2) ✕ (3) ○　**18** ⑤　**19** ㉠　**20** ㉡, ㉢

풀이 ▶

2 모래시계 안에 들어 있는 모래의 양이 다르기 때문에 모래시계마다 측정하는 시간이 다릅니다.

4 모래시계는 일정량의 모래가 아래로 떨어지는 것을 이용해 시간을 측정합니다.

7 모래시계를 만들 때 모래시계의 측정 시간에 영향을 주는 조건입니다.

9 탐구 계획을 세울 때는 탐구 기간과 장소, 준비물, 탐구 순서, 역할 분담, 주의할 점 등이 들어간 탐구 계획을 세웁니다.

10 모래가 페트병을 빠져나오는 데 걸리는 시간이 일정한 모래시계를 만듭니다.

11 초시계로 페트병 속 모래가 떨어지는 데 걸리는 시간을 측정합니다.

12 모래시계에 넣는 모래의 양에 따라 측정할 수 있는 시간을 조절할 수 있습니다.

13 표를 보면 모래의 무게가 40 g 늘어나면 모래가 떨어지는 데 걸린 시간은 약 10초 정도 길어지는 것을 알 수 있습니다.

15 탐구 내용을 발표할 때는 다른 사람들이 쉽게 이해할 수 있도록 시청각 설명, 포스터 발표, 전시회, 시연·시범, 손수 제작물(UCC) 등의 방법으로 발표합니다.

16 탐구 결과는 탐구 계획에 따라 탐구를 실행한 것이기 때문에 탐구 계획은 들어가지 않습니다.

17 탐구 결과는 사실대로 기록하고 발표해야 합니다.

19 탐구 문제를 실행할 때 작품을 점검하는 과정에서 문제점을 발견하면 개선 방법을 찾아야 합니다.

20 '탐구 문제가 잘 해결되었나요?'는 탐구 결과 발표하기 과정에서 친구들의 탐구가 적절한지를 확인하는 내용입니다.

2회 단원 평가 실전

15~17쪽

1 예 시간을 측정할 수 없게 되었다.　**2** ③　**3** ⑤
4 ③　**5** ②　**6** ②　**7** ②　**8** ①　**9** (1) ㉡ (2) ㉠
10 모래시계로 측정한 시간이 1분보다 짧다.　**11** ㉠
12 ④　**13** ④　**14** 개선　**15** ㉡　**16** 결과　**17** ④　**18** ⑤　**19** 우리 주변에 있는 생활용품을 관찰하고, 어떤 과학 원리가 숨어 있는지 알아본다.　**20** ㉡ ㉢ ㉠ ㉣

풀이 ▶

2 일정량의 모래가 모두 떨어지는 데 걸리는 시간이 항상 일정하다는 것을 이용한 모래시계를 만드는 탐구 문제를 정해야 합니다.

4 모래시계는 모래가 떨어지는 데 걸리는 시간이 일정한 것을 이용해 항상 같은 시간을 측정하는 데 사용합니다.

5 탐구 문제를 정하면 탐구 문제를 해결할 방법을 정하고 탐구 계획을 세웁니다.

6 측정하는 시간이 1분으로 일정한 모래시계를 만들어야 합니다.

7 페트병의 크기와 상관없이 ①, ③, ④, ⑤의 조건은 모래시계의 측정 시간에 영향을 줍니다.

8 작품의 문제점은 탐구를 실행할 때 확인해야 할 내용입니다.

10 페트병 속 모래가 모두 떨어지는 데 걸리는 시간이 57초이기 때문에 모래시계로 측정한 시간이 1분보다 짧아 탐구 문제를 해결할 수 없습니다.

11 ㉡은 모래가 불규칙하게 떨어지는 문제점을 개선하는 방법입니다.

12 연결판의 구멍이 작아서 모래가 떨어지지 않을 때는 연결판의 구멍을 더 크게 합니다.

13 페트병 속 물질의 알갱이 크기가 다르기 때문에 일정한 시간을 정확하게 측정할 수 없습니다.

15 탐구 실행하기 과정에서 작품을 점검할 때 문제점을 발견했을 때는 개선 방법을 찾아야 합니다.

18 손수 제작물(UCC)을 제작할 때는 재미보다 탐구 과정과 원리가 잘 이해될 수 있도록 하는 것이 중요합니다.

19 우리 생활에서 찾을 수 있는 관학 원리를 바탕으로 새로운 탐구 문제를 정하여 스스로 탐구합니다.

정답과 풀이

개념을 확인해요 　19쪽

1 하얀색, 회색　2 생물　3 비생물　4 생태계
5 공기　6 식물　7 생물, 비생물　8 생태계

개념을 확인해요 　21쪽

1 양분　2 양분　3 생산자　4 소비자　5 분
해자　6 생산자　7 소비자　8 분해자

개념을 확인해요 　23쪽

1 생태계　2 벼, 개구리　3 먹이 사슬　4 먹
이 그물　5 먹이 사슬, 먹이 그물　6 먹이 그물
7 먹이 그물

개념을 확인해요 　25쪽

1 생태 피라미드　2 생산자　3 2차　4 메뚜
기　5 올라　6 생태계 평형　7 늘어납니다

개념을 확인해요 　27쪽

1 햇빛　2 물　3 초록색　4 노란　5 햇빛,
물　6 온도　7 햇빛　8 물

개념을 확인해요 　29쪽

1 서식지　2 숲, 바다, 사막　3 하얀색　4 큽
5 비슷합니다　6 적응　7 적응　8 겨울잠

개념을 확인해요 　31쪽

1 환경 오염　2 대기 오염　3 산소　4 토양
5 오염　6 서식지　7 보전　8 자전거

개념을 다져요 　32~35쪽

1 (1) 비생물 요소　(2) 생물 요소　2 생태계　3 ①
4 ③　5 ①　6 소비자　7 양분을 얻는 방법에 따
라 분류한다.　8 ④　9 ④　10 ⓒ　11 ⑦ 먹이
사슬 ⓒ 먹이 그물　12 먹이 그물　13 생태 피라
미드　14 생산자(벼)　15 ④　16 생산자의 수나
양은 줄어들고, 2차 소비자와 최종 소비자의 수나 양
은 늘어난다.　17 ④　18 ②, ③　19 ⑦　20 ⓒ
21 온도　22 ⑩ 식물은 햇빛 등을 이용하여 양분을
만든다.　23 물　24 ④　25 ⑦　26 적응　27
②　28 겨울잠을 잔다.　29 ④　30 ②　31 ④
32 ⑤

풀이 ▶

1　살아 있는 것을 생물 요소라고 하고, 살아 있지 않은
　것을 비생물 요소라고 합니다.
2　생태계는 화단, 연못, 숲, 바다 등 종류와 규모가 다
　양합니다.
3　연못 생태계에서 비생물 요소는 공기와 물입니다. 소
　금쟁이, 붕어, 검정말, 수련, 세균, 개구리, 연꽃, 부
　들은 생물 요소입니다.
4　생물 요소인 식물은 비생물 요소인 물과 공기를 맑게
　정화할 수 있습니다.
5　참새와 배추흰나비는 소비자이고, 세균과 곰팡이는
　분해자입니다.
6　다른 생물을 먹이로 하여 살아가는 생물은 소비자입
　니다.
7　생태계의 다양한 생물은 양분을 얻는 방법에 따라 분
　류할 수 있습니다.

더 알아볼까요!

양분을 얻는 방법에 생물 요소 분류하기

생산자	• 햇빛 등을 이용하여 양분을 스스로 만든다. • 배추, 느티나무, 개망초
소비자	• 다른 생물을 먹이로 하여 양분을 얻는다. • 배추흰나비 애벌레, 배추흰나비, 참새
분해자	• 죽은 생물이나 배출물을 분해하여 양분을 　얻는다. • 곰팡이, 세균

8 ① 장미는 스스로 양분을 만듭니다. ② 뱀은 다른 생물을 먹이로 하여 살아갑니다. ③ 민들레는 스스로 양분을 만듭니다. ⑤ 개구리는 다른 생물을 먹이로 하여 살아가는 생물입니다.

9 메뚜기는 벼를 먹고, 개구리는 메뚜기를 먹고, 뱀은 개구리를 먹는 먹이 사슬을 나타낸 것입니다.

더 알아볼까요!

먹이 사슬

메뚜기는 벼를 먹고, 개구리는 메뚜기를 먹고, 뱀은 개구리를 먹습니다.

10 먹이 그물은 여러 개의 먹이 사슬이 그물처럼 연결되어 있는 것입니다.

11 먹이 그물에서는 생물의 먹고 먹히는 관계가 여러 방향으로 연결되어 있습니다.

12 먹이 그물은 어느 한 종류의 먹이가 부족해지더라도 다른 먹이를 먹고 살 수 있으므로 여러 생물들이 함께 살아가기에 유리합니다.

13 생물의 수는 먹이 단계가 올라갈수록 줄어들기 때문에 먹이 단계별로 생물의 수를 쌓아 올리면 피라미드 모양을 이룹니다.

14 생태계에서 생산자가 가장 많은 수 또는 양을 차지하고 있습니다.

15 먹이 피라미드에서 먹이 단계가 올라갈수록 생물의 수가 줄어듭니다.

16 늘어난 메뚜기의 먹이가 되는 생산자의 수나 양은 줄어들고, 2차 소비자와 최종 소비자의 수나 양은 늘어납니다.

17 물이 콩나물의 자람에 미치는 영향을 알아볼 때는 물조건을 다르게 해야 합니다.

더 알아볼까요!

물이 콩나물의 자람에 미치는 영향을 알아보는 실험 조건

같게 해야 할 조건	자른 페트병의 크기, 콩나물의 양, 콩나물 길이와 굵기, 콩나물이 받는 햇빛의 양
다르게 해야 할 조건	콩나물에 주는 물의 양

18 햇빛과 물이 콩나물의 자람에 미치는 영향을 알아보기 위한 실험입니다.

19 햇빛이 잘 드는 곳에서 물을 준 콩나물이 가장 잘 자랍니다.

20 어둠상자로 덮어 햇빛을 받지 못했기 때문에 떡잎이 노란색 그대로이고, 떡잎 아래 몸통이 굵고 길게 자랐습니다.

21 추운 계절이 다가오면 개나 고양이는 털갈이를 하고, 철새는 먹이를 구하거나 새끼를 기르기에 적절한 장소를 찾아 이동합니다.

22 햇빛은 식물이 꽃을 피는 시기와 동물의 번식 시기에도 영향을 줍니다.

23 물이 없으면 식물은 말라 죽고, 물고기는 살 수 없습니다. 물은 생물이 생활하는 데 가장 중요한 비생물 요소입니다. 물은 생물의 몸을 구성하는 성분 중에서 가장 많은 양을 차지합니다.

24 꽃이 피는 데 영향을 주는 것은 햇빛입니다. 공기는 사람이 숨을 쉬는 데 영향을 줍니다.

25 서식지의 환경과 털 색깔이 비슷하면 적에게서 몸을 숨기거나 먹잇감에 접근하기 유리합니다.

26 선인장은 건조한 환경에 생김새를 통해 생물이 적응된 결과입니다.

▲ 선인장

27 대벌레는 가늘고 길쭉한 생김새를 통해 나뭇가지가 많은 환경에서 적에게서 몸을 숨기기 유리하게 적응되었습니다.

28 겨울잠을 자는 행동을 통해 몸에 저장된 양분을 천천히 사용하여 추운 겨울을 지내기 유리합니다.

29 기름 유출과 폐수의 배출은 수질 오염, 쓰레기 매립과 농약의 지나친 사용은 토양 오염의 원인입니다.

30 공장의 매연은 대기 오염, 합성 세제 사용과 해상 사고로 인한 기름 유출은 수질 오염의 원인입니다.

31 지나친 난방은 대기 오염, 음식물 남기기, 일회용품 사용, 길거리에 쓰레기 버리기는 토양 오염의 원인입니다.

32 짧은 거리는 걷거나 자전거를 이용합니다.

정답과 풀이

> **1** ④　**2** 예 소금쟁이, 붕어, 수련, 연꽃, 개구리, 검정
> 말, 세균, 부들　**3** 비생물 요소　**4** ①　**5** ㉡　**6**
> 분해자　**7** 먹이 사슬　**8** ①　**9** 먹이 그물　**10**
> 생태 피라미드　**11** (1) ㉡ (2) ㉢　**12** ⑤　**13** ①
> **14** ㉡　**15** ⑤　**16** (2) ○　**17** 적응　**18** ①　**19**
> ⑤　**20** ⑤

풀이

1 연못 생태계의 모습입니다.

2 연꽃, 부들, 검정말, 개구리, 세균, 붕어, 소금쟁이,
수련은 생물 요소로 살아 있는 것입니다.

3 공기와 물은 살아 있지 않은 것으로 비생물 요소라고
합니다.

4 햇빛을 이용하여 스스로 양분을 만드는 생물은 생산
자로 배추, 느티나무, 개망초, 민들레, 감나무, 등나
무 등이 있습니다.

5 공벌레, 개미, 참새, 고양이는 소비자로 다른 생물을
먹이로 하여 양분을 얻습니다.

더 알아볼까요!

공벌레

· 땅 위에서 삽니다.

· 돌 밑이나 낙엽 아래 습한 곳에서 삽니다.

· 일곱 쌍의 다리로 걸어 다닙니다.

· 몸이 여러 개의 마디로 되어 있고, 위험을 느끼면 몸을 둥글게 만듭
니다.

---

6 곰팡이와 세균은 분해자로 죽은 생물이나 배출물을
분해하여 양분을 얻습니다.

7 먹이 사슬은 생물 먹이 관계가 사슬처럼 연결되어 있
는 것입니다.

8 (　　) 안에는 개구리를 잡아먹을 수 있는 뱀, 매 등
의 생물이 알맞습니다.

9 먹이 그물은 여러 개의 먹이 사슬이 그물처럼 연결되
어 있기 때문에 어느 한 종류의 먹이가 부족해지더라
도 다른 먹이를 먹고 살 수 있으므로 여러 생물이 함
께 살아가기에 유리합니다.

10 먹이 단계별로 생물의 수를 쌓아 올리면 피라미드 모
양을 이룹니다.

11 ㉠은 생산자, ㉡은 1차 소비자, ㉢은 2차 소비자, ㉣
은 최종 소비자입니다.

12 생태계 평형은 댐, 도로, 건물 건설과 같이 인위적인
요인이나 홍수, 태풍, 가뭄, 지진, 산불과 같은 자연
적인 요인 등으로 깨질 수 있습니다. 깨진 생태계 평
형이 다시 회복하기 위해서는 오랜 시간과 노력이 필
요합니다.

13 페트병 두 개를 어둠상자로 덮어 햇빛을 가린 다음에
그중 하나의 페트병에만 물을 자주 주고 일주일 이상
관찰하는 것은 콩나물이 자라는 데 물이 미치는 영향
을 관찰하는 실험입니다.

14 어둠상자로 덮고 물을 준 콩나물은 떡잎이 노란색 그
대로이고, 떡잎 아래 몸통이 길게 자랐으며 노란색
본잎이 나왔습니다.

15 추운 계절이 다가오면 철새는 먹이를 구하기에 온도
가 알맞은 장소를 찾아 이동합니다.

더 알아볼까요!

철새

· 철을 따라 이리저리 옮겨 다니며 사는 새로, 가을에 북쪽에서 우리나
라로 와서 겨울을 보내고 봄에 다시 북쪽으로 날아가는 새는 겨울새
라고 하고, 이른 봄 남쪽에서 날아와 우리나라에서 번식하고 가을에
다시 남쪽으로 날아가는 새는 여름새라고 합니다.

· 제비, 뻐꾸기 등은 여름새입니다.

· 기러기, 청둥오리, 두루미 등은 겨울새입니다.

▲ 뻐꾸기

▲ 기러기

---

16 서식지의 환경과 털 색깔이 비슷하면 적에게서 몸을
숨기거나 먹잇감에 접근하기 유리합니다.

(1) 온통 흰 눈으로 뒤덮여 있는 매우 추운 환경입니다.

(2) 상아색의 모래로 뒤덮여 있는 사막입니다.

17 각 서식지의 환경에서 살아남기에 유리한 특징을 지
닌 생물이 자손을 남길 수 있습니다.

18 쓰레기 매립과 농약의 지나친 사용은 토양 오염, 폐
수의 배출과 유조선의 기름 유출은 수질 오염의 원인
입니다.

19 물이 더러워지고 악취가 나며 그곳에 사는 물고기는
산소가 부족하여 죽기도 합니다.

20 일회용품 사용을 줄여야 합니다.

 2회 단원 평가 도전

39~41쪽

---

1 (1) 구름 (2) **예** 단풍나무, 비둘기 **2** ④ **3** (1) ㉡,
㉢, ㉤, ㉥ (2) ㉠, ㉣ **4** (1) ㉥ (2) ㉡, ㉤ **5** ③ **6**
② **7** 다른 생물을 먹이로 하여 양분을 얻는다. **8**
⑤ **9** 매, 뱀 **10** ③ **11** ⑤ **12** 소연 **13** 생
태계 평형 **14** ㉠ **15** (1) – ㉡ (2) – ㉠ **16** ⑤
17 ①, ④ **18** ③ **19** ⑤ **20** 캠페인 활동으로
알리고 싶은, 실천할 수 있는 생태계 보전 방법을 정
한다.

풀이

1 하얀색 칸에는 살아 있는 것을 써야 하는데 구름은
살아 있지 않은 비생물 요소입니다.

2 고래는 바다 생태계의 구성 요소입니다.

더 알아볼까요!

사막 생태계의 환경과 사막에서 사는 동물

사막의 환경	• 비가 많이 내리지 않아 매우 건조하다. • 물과 먹이가 부족하다. • 모래바람이 심하게 분다. • 낮에는 덥고 밤에는 매우 춥다.
사막에서 사는 동물	사막여우, 낙타, 도마뱀, 사막 딱정벌레, 전갈, 사막 거북 등

▲ 사막여우　　　　　▲ 전갈

---

3 살아 있는 것은 생물 요소이고, 살아 있지 않은 것은
비생물 요소입니다.

4 (1)은 생산자에 대한 설명이고, (2)는 소비자에 대한
설명입니다.

5 햇빛 등을 이용하여 살아가는 데 필요한 양분을 스스
로 만드는 생물은 생산자입니다.

6 버섯은 죽은 생물이나 배출물을 분해하여 양분을 얻
는 생물입니다.

7 다른 생물을 먹이로 하여 살아가는 생물로 소비자라

고 합니다.

8 먹이 사슬은 생물 먹이 관계가 사슬처럼 연결되어 있
는 것으로 메뚜기는 벼를 먹고, 개구리는 메뚜기를
먹습니다.

9 먹이 그물은 여러 방향으로 연결되어 있어 다람쥐가
매나 뱀 등 여러 동물에 먹히는 것을 알 수 있습니다.

10 ①과 ⑤는 먹이 사슬, ②는 먹이 그물의 특징입니다.
먹이 사슬과 먹이 그물은 생물들이 먹고 먹히는 관계
를 나타낸 것입니다.

11 먹이 단계가 올라갈수록 생물의 수가 줄어듭니다.

12 1차 소비자인 메뚜기의 수나 양이 갑자기 늘어나면
생산자의 수나 양은 줄어들고, 2차 소비자와 최종 소
비자의 수나 양은 늘어납니다.

13 특정 생물의 수나 양이 갑자기 늘어나거나 줄어들면
생태계 평형이 깨지기도 합니다.

14 햇빛이 잘 드는 곳에서 물을 준 콩나물이 가장 잘 자
랍니다.

15 가을이 되어 주변의 온도가 낮아지면 잎의 색깔이 울
긋불긋하게 변합니다. 햇빛은 식물이 양분을 만드는
데 꼭 필요하고, 개나 고양이는 날씨가 추워지면 털
갈이를 합니다.

16 선인장은 건조한 환경에서 수분 손실을 줄이기 위해
잎이 가시로 되어 있고, 굵은 줄기에는 물을 저장합
니다.

17 겨울잠을 자는 동물은 몸에 저장된 양분을 천천히 사
용하여 추운 겨울을 지냅니다.

18 ①과 ④는 수질 오염, ②는 대기 오염, ⑤는 토양 오
염의 원인입니다.

19 환경 오염은 생태계에 해로운 영향을 줍니다. 생물의
수가 줄어들고 잘 성장하지 못하며 서식지가 달라지
고 결국 생태계 평형이 깨지기도 합니다.

20 생태계 보전 방법을 정해야 생태계 보전 방법이 잘
드러날 수 있는 캠페인 도구를 만들 수 있습니다.

더 알아볼까요!

생태계 보전 캠페인 도구 만드는 차례

• 캠페인 활동으로 알리고 싶은, 실천할 수 있는 생태계 보전 방법을
정합니다.

• 모둠에서 만들 도구의 형태(포스터, 알림 쪽지, 팻말, 손수 저작물
(UCC) 등)를 정합니다.

• 생태계 보전 방법이 잘 드러나도록 캠페인 도구를 만듭니다.

• 캠페인 도구를 이용하여 생태계 보전 캠페인 활동을 합니다.

정답과 풀이

3회 단원 평가 _{기출}

1 ㉠ 생물 요소 ㉡ 비생물 요소   2 ②   3 ④   4 배추, 배추흰나비, 곰팡이   5 ①   6 ①   7 ①   8 ①, ④   9 ⑤   10 ㉢   11 ④   12 비버 수는 더 줄어들었을 것이다.   13 ㉠   14 ③   15 온도   16 ⑤   17 겨울잠을 잔다.   18 ①, ④   19 ⑤   20 풀이 참조

풀이

1 어떤 장소에서 서로 영향을 주고받는 생물 요소와 비생물 요소를 생태계라고 합니다.

2 흙은 비생물 요소입니다.

3 생물 요소들은 서로 영향을 주고받습니다.

더 알아볼까요!

숲 생태계 ㉔

▲ 숲 생태계

· 숲 생태계에서 생물 요소는 토끼, 곰팡이, 뱀, 여우, 버섯, 참새, 쑥부쟁이입니다.
· 숲 생태계에서 비생물 요소는 햇빛, 온도, 흙입니다.
· 숲 생태계에서 생물 요소와 비생물 요소는 서로 영양을 주고받습니다.
· 숲 생태계에서 생물 요소들은 서로 영향을 주고받습니다.

4 배추는 생산자, 배추흰나비는 소비자, 곰팡이는 분해자입니다.

5 버섯은 죽은 생물이나 배출물을 분해하여 양분을 얻는 분해자입니다. 개미, 참새, 고양이, 공벌레 등은 다른 생물을 먹이로 하여 살아가는 소비자입니다.

6 생산자가 사라지면 1차 소비자부터 최종 소비자까지 멸종될 수 있습니다.

7 먹이 그물은 여러 개의 먹이 사슬이 얽혀 있는 것입니다.

8 서로 먹고 먹히는 관계를 나타낸 것입니다. 먹이 그물은 어느 한 종류의 먹이가 부족해지더라도 다른 먹이를 먹고 살 수 있습니다.

9 먹이 사슬은 한 방향으로만 연결되어 있고 먹이 그물은 여러 방향으로 연결되어 있습니다.

10 벼는 생산자, 다람쥐는 1차 소비자, 뱀은 2차 소비자, 매는 최종 소비자입니다.

11 생태계 평형이 깨지는 원인에는 댐, 도로, 건물 건설과 같은 인위적인 요인이 있습니다.

12 국립 공원에 늑대를 풀어놓지 않았다면 사슴 수는 줄지 않아 사슴은 계속해서 강가의 풀과 나무를 먹어 치웠을 것입니다. 비버는 강가의 나무로 집을 만들고 나뭇가지 등을 먹는데 풀과 나무가 자라지 못하면 비버는 살아가기 어려울 것입니다.

더 알아볼까요!

옐로스톤 국립 공원
· 옐로스톤 국립공원은 미국에 위치한 국립 공원으로 미국 최대, 세계 최초의 국립 공원으로 1872년에 국립 공원으로 지정되었습니다.
· 1926년에 무분별한 사냥으로 늑대가 모두 사라지면서 생태계의 평형이 깨져 1차 소비자인 엘크가 크게 증가하고 풀과 나무, 비버의 수는 거의 사라졌습니다.
· 1995년 늑대를 다시 풀어놓으면서 엘크의 수가 줄고 풀이 자라면서 비버 수가 늘어나게 되었습니다.

13 햇빛이 있고 물을 준 콩나물이 가장 잘 자랍니다.

14 햇빛을 받은 콩나물은 떡잎이 초록색으로 변하고, 햇빛이 비치는 방향으로 굽어 자랍니다.

15 추운 계절이 다가오면 개나 고양이는 털갈이를 하고, 식물의 잎에 단풍이 들거나 낙엽이 집니다.

16 서식지 환경과 비슷한 색깔의 털이 있는 여우들이 적에게서 숨기 쉽고 먹잇감에 접근하기 유리합니다.

17 날아다니는 동물은 날개가 있고 몸이 비교적 가볍습니다.

18 대기 오염으로 환경이 오염되면 그곳에 살고 있는 생물의 종류와 수가 줄어들거나 멸종됩니다.

19 에너지 효율이 높은 제품을 사용해야 합니다.

20 생태계 보전을 위해 우리가 실천할 수 있는 방법에는 일회용품 사용 줄이기, 나무 심기, 물 절약하기, 대중교통 이용하기 등이 있습니다.

방법	㉔ 자전거 타기
생태계 보전에 도움이 되는 점	㉔ 짧은 거리를 이동할 때 차를 타지 않고 자전거를 이용하면 배기가스가 나오지 않기 때문에 공기가 오염되는 것을 막을 수 있다.

1 ④ **2** ① **3** ④ **4** ③ **5** ③ **6** 예 죽은 생물과 생물의 배출물이 분해되지 않아서 우리 주변이 죽은 생물과 생물의 배출물로 가득 차게 될 것이다. **7** ⑤ **8** ④ **9** (순서대로) 햇빛, 상수리나무, 다람쥐, 여우, 여우, 다람쥐, 참새, 참새, 여우, 참새, 곰팡이, 다람쥐, 여우, 물 **10** 먹이 단계가 올라갈수록 생물들의 수는 줄어든다. **11** ④ **12** ④ **13** 햇빛 **14** 물 **15** (1) ㉠ (2) ㉡ **16** ② **17** (1) ㉡ (2) 합성 세제 용액이 씨의 싹 트는 부분을 손상시켰다. **18** ③ **19** 서식지 **20** ⑤

풀이

1 (가)는 생물 요소이고, (나)는 비생물 요소입니다.

2 꽃과 벌은 모두 살아 있는 생물 요소입니다. 햇빛, 공기, 물, 흙, 온도, 돌 등은 살아 있지 않은 비생물 요소입니다.

3 어떤 장소에서 서로 영향을 주고받는 생물 요소와 비생물 요소를 생태계라고 합니다. 살아 있는 것을 생물 요소라고 하고, 살아 있지 않은 것을 비생물 요소라고 합니다.

4 배추는 햇빛을 이용하여 스스로 양분을 만드는 생물로 생산자입니다. 햇빛은 비생물 요소, 참새와 배추흰나비는 소비자, 곰팡이는 분해자입니다.

더 알아볼까요!

개망초

• 높이 30~100 cm이고 전체에 길고 거센 털이 있으며 가지가 많이 갈라집니다. 첫해에는 뿌리에서 주걱 모양의 잎이 뭉쳐나고 이듬해에 줄기가 나와 자랍니다. 줄기에서는 달걀 모양의 잎이 어긋나며 가장자리는 뾰족한 톱니 모양입니다. 씨로 번식합니다.

• 꽃은 6~8월에 핍니다. 가장자리는 흰색, 가운데는 노란색인 달걀 부침 모양의 꽃이 가지와 줄기 끝에서 위를 향해 핍니다. 수술은 5개, 암술은 1개입니다.

• 주로 길가의 빈터에서 자라며 원산지는 북아메리카입니다. 어린잎을 먹거나 가축의 사료로 씁니다.

5 감나무, 느티나무는 생산자, 공벌레, 비둘기, 참새는 소비자, 곰팡이, 세균은 분해자로 양분을 얻는 방법에 따라 생물을 분류하였습니다.

6 분해자가 사라진다면 죽은 생물과 생물의 배출물이 분해되지 않게 됩니다.

7 여러 개의 먹이 사슬이 얽혀 그물처럼 연결되어 있는 것을 먹이 그물이라고 합니다.

8 개구리는 메뚜기를 먹고, 매와 뱀에게 잡아먹히는 것을 알 수 있습니다.

9 생태계 생물은 서로 먹고 먹히는 관계가 그물처럼 얽혀 있습니다.

10 먹이 단계별로 생물의 수를 쌓아 올리면 피라미드 모양을 이루어 생태 피라미드라고 합니다.

11 2차 소비자의 수가 갑자기 줄어들었기 때문에 1차 소비자의 수나 양은 늘어나고, 최종 소비자의 수나 양은 줄어듭니다.

12 햇빛을 받지 못한 콩나물은 떡잎이 노란색 그대로입니다.

13 햇빛은 식물이 양분을 스스로 만드는 데 꼭 필요합니다.

14 식물은 물이 없으면 말라 죽습니다.

더 알아볼까요!

생물이 물을 필요로 하는 까닭

• 동물: 체온을 유지하고 몸속으로 들어온 양분을 녹여 소화를 돕거나 생리 작용에 필요한 이온을 만듭니다. 또 각종 양분을 운반하고 노폐물을 배출하는 것을 돕습니다.

• 식물: 물이 없다면 식물은 양분을 만들 수 없어 죽게 됩니다. 또 식물은 물이 부족하면 잎이 시들거나 생장이 억제되고, 낙엽이나 낙화 현상이 나타납니다.

15 서식지 환경과 털 색깔이 비슷하면 몸을 숨기거나 먹잇감에 접근하기 유리하며, 특정 서식지에서 오랜 기간에 걸쳐 살아남기에 유리합니다.

더 알아볼까요!

온통 흰 눈으로 뒤덮인 곳에서 사는 여우 가족

• 서식지 환경: 온통 흰 눈으로 뒤덮여 있고 매우 춥습니다.

• 여우의 특징: 몸 전체가 하얀색 털로 덮여 있습니다. 코와 눈 부분은 까맣습니다. 온몸에 털이 많이 나 있고, 귀는 작습니다.

16 대벌레는 가늘고 길쭉한 생김새를 통해 나뭇가지가 많은 환경에서 적에게서 몸을 숨기기 유리하게 적응 되었습니다.

17 환경이 오염되면 식물이 잘 자라지 못하거나 죽습니다.

18 공장 매연은 공기를 오염시키는 직접적인 원인입니다.

19 생물이 사는 곳을 서식지라고 합니다.

20 ①, ②, ③, ④는 개인적으로 실천할 수 있는 방법입니다.

탐구 서술형 평가

48~49쪽

1 풀이 참조 2 예 벼 → 메뚜기 → 개구리 → 뱀 → 매, 옥수수 → 나방 애벌레 → 참새 → 뱀 → 매 3 1차 소비자의 먹이가 되는 생산자의 수나 양은 줄어들고, 1차 소비자를 먹이로 하는 2차 소비자의 수나 양은 늘어나고, 2차 소비자가 늘어나면 최종 소비자의 수나 양도 늘어난다. 4 풀이 참조

풀이

1

양분을 얻는 방법	생물 요소
햇빛 등을 이용하여 양분을 스스로 만든다.	배추, 느티나무, 개망초
다른 생물을 먹이로 하여 양분을 얻는다.	배추흰나비 애벌레, 배추흰나비, 참새
죽은 생물이나 배출물을 분해하여 양분을 얻는다.	곰팡이, 세균

생물 요소는 양분을 얻는 방법에 따라 생산자, 소비자, 분해자로 분류합니다.

상	양분을 얻는 방법을 바르게 분류하고, 생물 요소를 양분을 얻는 방법에 따라 모두 바르게 분류하였습니다.
중	양분을 얻는 방법은 바르게 분류하였지만 생물 요소를 2개 정도 잘못 분류하였습니다.
하	양분을 얻는 방법을 잘못 분류하였고, 생물 요소를 4개 정도 잘못 분류하였습니다.

2 생물 먹이 관계가 사슬처럼 연결되어 있는 여러 개의 먹이 사슬이 그물처럼 연결되어 있는 것을 먹이 그물이라고 합니다.

상	먹이 그물에 나타난 먹이 사슬의 예를 두 가지 모두 바르게 서술하였습니다.
중	먹이 그물에 나타난 먹이 사슬의 예를 두 가지 중 한 가지만 바르게 서술하였습니다.
하	먹이 그물에 나타난 먹이 사슬의 예를 두 가지 모두 서술하지 못했습니다.

3 1차 소비자의 증가로 생산자와 2차 소비자와 최종 소비자의 수나 양은 일시적으로 변하지만 오랜 시간이 지나면 생태계는 다시 평형을 되찾습니다.

상	1차 소비자의 수가 갑자기 늘어났을 때 나타나는 일시적인 변화를 주어진 용어를 사용하여 바르게 서술하였습니다.
중	1차 소비자의 수가 갑자기 늘어났을 때 나타나는 일시적인 변화를 주어진 용어 중 몇 가지만 사용하여 서술하였습니다.
하	1차 소비자의 수가 갑자기 늘어났을 때 나타나는 일시적인 변화를 주어진 용어를 사용하여 서술하지 못했습니다.

4

실험 조건	콩나물이 자라는 모습
햇빛○, 물 ○	떡잎과 떡잎 아래 몸통이 초록색으로 변했고, 떡잎 아래 몸통이 처음보다 길고 굵어졌다.
햇빛○, 물 ×	떡잎이 연한 초록색으로 변했고, 떡잎 아래 몸통이 가늘어지고 시들었다.
햇빛×, 물 ○	떡잎이 노란색 그대로이고, 떡잎 아래 몸통이 곧고 길게 자랐다. 노란색 본잎이 나왔다.
햇빛 ×, 물 ×	떡잎이 노란색 그대로이고, 떡잎 아래 몸통이 매우 가늘어지고 시들었다.

햇빛이 잘 드는 곳에서 물을 준 콩나물이 가장 잘 자랐고, 콩나물이 자라는 데 햇빛과 물이 영향을 줍니다.

상	실험 조건에 따라 콩나물이 자라는 모습을 바르게 서술하였습니다.
중	실험 조건에 따라 콩나물이 자라는 모습을 바르게 서술하였지만 충분하지 않습니다.
하	실험 조건에 따라 콩나물이 자라는 모습을 서술하지 못했습니다.

3 날씨와 우리 생활

개념을 확인해요 51쪽

1 습도 2 습도 3 습구 4 차 5 낮은
6 높은 7 높일 8 낮출

개념을 확인해요 53쪽

1 물방울 2 응결 3 얼음 4 응결 5 이슬
6 안개

개념을 확인해요 55쪽

1 페트병 2 높 3 낮 4 응결 5 구름
6 구름 7 비 8 눈

개념을 확인해요 57쪽

1 차가운, 따뜻한 2 차가운, 따뜻한 3 기압
4 차가운 5 고기압 6 저기압 7 고기압, 저
기압 8 바람

개념을 확인해요 59쪽

1 모래, 물 2 모래, 물 3 모래 4 육지, 바
다 5 태양 6 다르게 7 지면, 수면 8 낮

개념을 확인해요 61쪽

1 모래 2 물, 모래 3 고기압, 저기압 4 공
기 5 바람 6 바다 7 육지 8 해풍, 육풍

개념을 확인해요 63쪽

1 남서 2 여름 3 겨울 4 여름 5 겨울
6 어부 7 지수 8 자외선

개념을 다져요 64~67쪽

1 (1) ㉠ (2) ㉡ 2 (1) ㉢ (2) 건구 온도와 습구 온도
의 차 3 80 % 4 물방울이 맺힌다. 5 ③ 6
안개 7 ㉢ 8 ③, ④ 9 응결 10 구름 11 (1)
차가운 (2) 따뜻한 12 차가운 공기 13 차가운 공
기, 따뜻한 공기 14 (1) 고기압 (2) 저기압 15 태
양 16 ㉠ 모래 ㉡ 물 17 ㉠ 18 ㉠ 19 저기
압, 고기압 20 바다에서 육지로 해풍이 분다. 21
㉡ 22 ㉡ 23 ㉠ 24 ③ 25 공기 덩어리
26 ④ 27 ③ 28 ⑤ 29 ②

풀이 ▶

1 알코올 온도계의 액체샘을 헝겊으로 감싸고 온도계
아래에 물이 담긴 비커를 놓아 물을 흡수할 수 있게
만든 온도계가 습구 온도계입니다.

▲ 건습구 습도계

2 건구 온도와 습구 온도가 각각 얼마인지 알고, 건구
온도와 습구 온도의 차를 알아야 합니다.

3 습도표를 보면 (건구 온도)와 (건구 온도와 습구 온도
의 차)가 만나는 지점이 현재 습도입니다.

더 알아볼까요!

습도표 읽는 방법
· 건구 온도에 해당하는 15 ℃를 세로줄에서 찾아 표시합니다.
· 건구 온도와 습구 온도의 차(15 ℃−13 ℃=2 ℃)를 구해 가로줄에서
찾아 표시합니다.
· 위 두 수가 만나는 지점이 현재 습도를 나타냅니다.

4 집기병 바깥에 있는 공기 중 수증기가 응결해 집기병
표면에서 물방울로 맺힙니다.

5 집기병에 물과 조각 얼음을 넣고 집기병 표면을 마른
수건으로 닦은 뒤 놓아두었을 때 집기병 표면에 물방
울이 맺히는 것은 나뭇가지나 풀잎 표면에 수증기가
응결해 물방울로 맺히는 자연 현상인 이슬과 비슷합

니다.

6 집기병 안이 뿌옇게 흐려지는 변화는 안개와 비슷합니다.

7 페트병 안에 공기를 넣은 뒤의 온도가 공기 주입 마개 뚜껑을 연 뒤의 온도보다 높습니다.

더 알아볼까요!

액정 온도계

- 액정 온도계는 현재 온도가 색깔 변화로 표시됩니다. 따라서 구름 발생 장치 내부 온도를 쉽게 읽을 수 있다는 장점이 있습니다.
- 현재 온도에 해당하는 곳은 초록색으로 바뀌며, 갈색은 현재보다 높은 온도를, 파란색은 현재보다 낮은 온도를 나타냅니다. 경우에 따라 초록색이 나타나지 않고 갈색과 파란색만 나타나는 경우가 있는데, 이때 현재 온도는 갈색과 파란색이 나타내는 숫자의 중간값에 해당합니다.

8 공기 주입 마개 뚜껑을 열면 페트병 안이 뿌옇게 흐려지고, 페트병 안 공기가 밖으로 나가면서 부피가 커지고 온도가 낮아집니다.

9 페트병 안 공기가 밖으로 나가 응결하여 물방울이 됩니다.

10 공기 주입 마개를 눌러 페트병 안에 공기를 넣은 뒤 페트병 안 온도를 측정합니다. 공기 주입 마개 뚜껑을 열면 페트병 안 공기가 밖으로 나가면서 부피가 커지고 온도가 낮아집니다. 이때 차가워진 공기 중 수증기가 응결해 물방울이 됩니다.

11 따뜻한 공기는 위로 올라가기 때문에 플라스틱 통을 뒤집은 채로 공기를 넣어야 하고, 차가운 공기는 플라스틱 통을 세운 채로 공기를 넣어야 합니다.

12 차가운 공기는 따뜻한 공기보다 일정한 부피에 공기 알갱이가 더 많기 때문에 따뜻한 공기보다 무겁습니다.

13 일정한 부피에 공기 알갱이가 많을수록 공기는 무거워지고, 기압은 높아집니다.

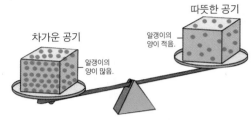

▲ 차가운 공기와 따뜻한 공기의 무게 비교

14 두 지점 사이에 기압 차가 생기면 공기는 고기압에서 저기압으로 이동합니다.

15 실험을 할 때 전구가 켜지면 낮이고, 전구가 꺼지면 밤을 의미합니다.

16 전등을 켰을 때 모래는 빨리 데워지고 물은 천천히 데워집니다. 전등을 껐을 때 모래는 빨리 식고, 물은 천천히 식습니다.

17 ㉠은 모래, ㉡은 물의 온도 변화를 나타내는 것으로 모래가 물보다 온도 변화가 더 큰 것을 알 수 있습니다.

18 차가운 물 위의 공기는 온도가 낮아 무겁고, 따뜻한 모래 위의 공기는 온도가 높아 가벼워 물 위는 고기압이고, 모래 위는 저기압입니다. 그러므로 향 연기는 물 쪽에서 모래 쪽으로 움직입니다.

19 공기의 온도가 낮으면 고기압, 온도가 높으면 저기압이 됩니다.

20 밤에는 바다가 육지보다 온도가 높으므로 육지에서 바다로 육풍이 붑니다.

21 밤에는 바다가 육지보다 온도가 높으므로 바다 위는 저기압, 육지 위는 고기압이 되어 육지에서 바다로 육풍이 붑니다.

22 ㉡은 봄과 가을에 남서쪽의 대륙에서 이동해 오는 따뜻하고 건조한 공기 덩어리입니다.

23 ㉠은 겨울에 북서쪽의 대륙에서 이동해 오는 차갑고 건조한 공기 덩어리입니다.

24 ㉢은 여름 날씨에 영향을 미치는 공기 덩어리로 남동쪽의 바다에서 이동해 오는 따뜻하고 습한 공기 덩어리입니다.

25 우리나라 날씨는 주변 지역에서 이동해 오는 공기 덩어리의 영향으로 계절별로 서로 다른 특징이 있습니다.

26 춥고 눈이 내리는 날은 두꺼운 옷을 입고 실내 활동을 주로 합니다.

27 날씨에 따라 우리 생활 모습이 달라집니다.

28 어부는 태풍이 불거나 파도가 높은 날에는 물고기를 잡으러 바다에 나갈 수 없습니다.

29 날씨가 맑고 따뜻한 날에 야외 활동을 주로 합니다.

1 ②	**2** 건습구 습도계	**3** ㉠	**4** 이슬	**5** ㉡
6 안개	**7** ㉡	**8** ③	**9** 비	**10** ㉠	**11** (1) 고기압 (2) 저기압
12 모래	**13** (1) 육지 (2) 바다
14 수면	**15** 공기	**16** 해풍	**17** ⑤	**18** ㉡
19 ③	**20** ④

풀이 ▶

1 공기 중에 수증기가 포함된 정도를 습도라고 하고, 건습구 습도계를 이용해 측정합니다.

2 건습구 습도계는 습도를 측정하는 기구로 건구 온도계와 습구 온도계로 이루어져 있습니다.

3 높은 습도는 음식물이 쉽게 부패하게 하고 빨래가 잘 마르지 않게 하며 곰팡이가 잘 피게 합니다. 낮은 습도는 빨래를 잘 마르게 하고 피부를 건조하게 하며 쉽게 산불이 발생하게 합니다. 또 쉽게 감기와 같은 호흡기 질환이 생기게 합니다.

4 이슬은 밤에 차가워진 나뭇가지나 풀잎 표면 등에 수증기가 응결해 물방울로 맺히는 것입니다. 맑은 날 아침 풀잎에 맺혀 있는 이슬을 볼 수 있습니다.

5 집기병 안에 있는 따뜻한 수증기가 조각 얼음으로 인해 차가워져 응결하기 때문에 집기병 안이 뿌옇게 흐려집니다.

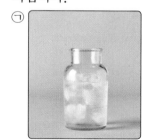 ㉠    ㉡

6 위 **5**번 정답의 실험을 하면 집기병 안이 뿌옇게 흐려지는 모습이 안개와 비슷합니다.

7 페트병에 공기를 넣으면 페트병 안 온도가 높아지다가 공기 주입 마개 뚜껑을 열면 페트병 안 온도가 낮아집니다.

8 공기 주입 마개를 눌러 페트병 안에 공기를 넣은 뒤 공기 주입 마개 뚜껑을 열면 페트병 안 공기가 밖으로 나가면서 부피가 커지고 온도가 낮아집니다. 이때 차가워진 공기 중 수증기가 응결해 물방울이 됩니다.

9 얼음 알갱이의 크기가 커지면서 무거워져 떨어질 때 녹지 않은 채로 떨어지면 눈입니다.

더 알아볼까요!

비

구름 속에는 크기가 서로 다른 물방울들이 섞여 있습니다. 낙하 속도가 빠른 크고 무거운 물방울은 떨어지면서 작은 물방울과 충돌하는데 이때 물방울은 더 커지고 무거워집니다. 이렇게 성장한 물방울이 지표로 떨어지면 비가 됩니다.

10 차가운 공기는 따뜻한 공기보다 일정한 부피에 공기 알갱이가 더 많아 무겁고 기압이 더 높습니다.

11 일정한 부피에 공기 알갱이가 많을수록 공기는 무거워지며 기압은 높아집니다.

12 전등을 켰을 때 모래는 빨리 데워지고, 물은 천천히 데워지며, 전등을 껐을 때 모래는 빨리 식고 물은 천천히 식습니다.

13 투명한 사각 플라스틱 그릇 두 개에 모래와 마른 모래를 각각 담고 전등을 켠 다음 온도 변화를 알아보는 실험에서 모래는 육지, 물은 바다, 전등은 태양을 나타냅니다.

14 낮에는 지면의 온도가 수면의 온도보다 높고, 밤에는 지면의 온도가 수면의 온도보다 낮습니다.

15 차가운 물 위의 공기는 온도가 낮아 무겁고 따뜻한 모래 위의 공기는 온도가 높아 가벼워 물 위는 고기압이고 모래 위는 저기압이기 때문에 향 연기는 물 쪽에서 모래 쪽으로 움직입니다.

16 낮에는 바다에서 육지로 해풍이 붑니다. 밤에는 바다에서 육지로 육풍이 붑니다.

17 ②는 겨울, ③은 여름, ④는 초여름에 영향을 미치는 공기 덩어리의 성질입니다.

18 ㉠은 겨울, ㉡은 여름에 영향을 미치는 공기 덩어리가 이동해 오는 곳입니다.

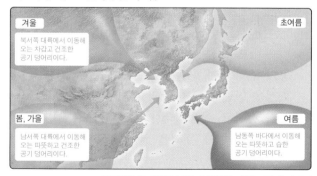

▲ 우리나라의 계절별 날씨에 영향을 미치는 공기 덩어리

19 날씨에 따라 우리 생활 모습이 달라집니다.

20 기상청에서는 우리가 다양한 날씨에 대처할 수 있도록 여러 가지 날씨 지수를 제공합니다.

2회 단원 평가 도전

71~73쪽

1 ② 2 ㉡ 3 ② 4 집기병 표면에 작은 물방울이 맺힌다. 5 ㉡ 6 ㉡ 7 ㉢㉠㉡ 8 ① 9 응결 10 ㉡ 11 ㉠ 12 기압 13 ㉠ 모래 ㉡ 물 14 ③ 15 ⑤ 16 풀이 참조 17 육지 18 (1) ○ (2) ○ (3) × 19 ④ 20 ③

풀이

1 우유갑 표면의 물방울은 우유갑 주변에 있던 공기 중 수증기가 물방울로 변한 것입니다.

2 건습구 습도계에서 건구 온도계는 알코올 온도계이고, 습구 온도계는 알코올 온도계의 액체샘을 헝겊으로 감싼 뒤에 물이 담긴 비커에 헝겊의 아랫부분이 잠기도록 한 것입니다.

3 습도의 단위는 %(퍼센트)입니다.

4 집기병 바깥에 있는 공기 중 수증기가 응결해 집기병 표면에서 물방울로 맺히기 때문입니다.

5 집기병 안 따뜻한 수증기가 페트리 접시에 담은 조각 얼음 때문에 차가워져 응결하기 때문에 집기병 안이 뿌옇게 흐려집니다.

6 안개는 밤에 지표면 근처의 공기가 차가워지면 공기 중 수증기가 응결해 작은 물방울로 떠 있는 것입니다.

더 알아볼까요!

눈

　구름 속 얼음 알갱이는 주위 수증기의 승화 현상으로 지속적으로 크기가 커집니다. 한편 서로 다른 크기의 얼음 알갱이와 물방울이 서로 충돌함에 따라 크 크기와 무게도 증가합니다. 이와 같은 과정으로 성장한 얼음 알갱이는 지표를 향해 떨어집니다. 이때 얼음 알갱이가 떨어지다가 따뜻한 공기를 만나면 녹아서 빗방울이 되고, 녹지 않고 떨어지면 눈이 됩니다.

7 공기 주입 마개를 눌러 페트병 안에 공기를 넣었다가 뚜껑을 열면 페트병 안의 공기가 밖으로 나가면서 부피가 커지고, 온도가 낮아집니다.

8 공기 주입 마개 뚜껑을 열면 페트병 안의 온도가 낮아집니다.

9 이슬은 물체 표면에 맺히고, 안개는 지표면 근처에 떠 있으며, 구름은 높은 하늘에 떠 있습니다. 이슬, 안개, 구름은 만들어지는 위치가 다르지만, 모두 수증기가 응결해 나타나는 현상입니다.

더 알아볼까요!

이슬, 안개, 구름의 공통점과 차이점

구분	이슬	안개	구름
차이점	물체 표면에 맺힌다.	지표면 근처에 떠 있다.	높은 하늘에 떠 있다.
공통점	수증기가 응결해 나타나는 현상이다.		

10 차가운 공기는 따뜻한 공기보다 일정한 부피에 공기 알갱이가 더 많아 무겁습니다. 이처럼 상대적으로 공기가 무거운 것을 고기압이라고 합니다.

11 상대적으로 공기가 무거운 것을 고기압, 공기가 가벼운 것을 저기압이라고 합니다.

12 어느 두 지점 사이에 기압 차가 생기면 공기는 고기압에서 저기압으로 이동합니다.

13 전등을 켰을 때 모래는 빨리 데워지고 물은 천천히 데워지며, 전등을 껐을 때 모래는 빨리 식고 모래는 천천히 식습니다.

14 낮에는 수면이 지면보다 천천히 데워집니다. 밤에는 지면이 수면보다 빠르게 식습니다.

15 향 연기의 움직임이 나타내는 것은 투명한 상자 속 공기의 움직임입니다.

16 향 연기의 움직임이 나타내는 것은 투명한 상자 속 공기의 움직임입니다.

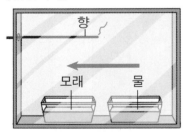

17 육지에서 바다로 부는 육풍의 모습입니다. 밤에는 바다가 육지보다 온도가 높으므로 바다 위는 저기압, 육지 위는 고기압이 됩니다.

18 한 지역에 새로운 공기 덩어리가 이동해 오면 그 지역의 온도와 습도는 이동해 온 공기 덩어리에 영향을 받습니다.

19 봄과 가을에는 남서쪽의 대륙에서 이동해 오는 공기 덩어리의 영향을 받아 따뜻하고 건조합니다.

20 황사나 미세 먼지가 많은 날은 외출 등의 야외 활동을 자제하고 외출할 때는 마스크를 착용합니다.

3회 단원 평가

1 습구 온도계   2 건구 온도와 습구 온도의 차   3
④   4 ⑤   5 집기병 안에 향 연기를 넣었다가 뺀
다.   6 ⑤   7 ㉢   8 페트병 안 수증기가 응결한다.
9 ⑤   10 ③, ④   11 ②   12 바람   13 모래
14 밤   15 ①   16 민준   17 육지가 바다보다 온
도가 높기 때문에   18 ㉠   19 ⑺ 북서쪽 ⑷ 대륙
⒟ 차갑고 건조   20 ①

풀이 ▶

1 습구 온도계는 젖은 헝겊의 물이 온도계 주위의 에너지를 흡수하며 수증기로 상태가 변하기 때문에 건구 온도계의 온도보다 더 낮게 측정됩니다.

습구
온도계

2 현재 습도를 구하기 위해서는 (건구 온도)와 (건구 온도와 습구 온도의 차)를 알아야 합니다.

3 습구 온도계는 헝겊을 타고 올라온 물이 증발하면서 주위의 열을 흡수하여 온도가 낮아지기 때문에 습구 온도가 건구 온도보다 낮습니다. 열이 높을 때 이마에 젖은 수건을 올려 체온을 낮추는 것도 습구 온도가 건구 온도보다 낮은 까닭을 알 수 있는 경우입니다.

4 물과 조각 얼음이 담겨 있는 높이까지만 작은 물방울이 고르게 맺혀 있습니다.

5 향 연기는 응결핵 역할을 하여 집기병 안이 뿌옇게 흐려지는 현상이 더 잘 나타납니다.

더 알아볼까요!

안개의 생성에서 응결핵의 역할

수증기가 응결해 커다란 물방울이 되기 위해서는 응결핵이 필요합니다. 응결핵의 역할을 하는 물질에는 공기 중의 먼지, 연기, 소금 알갱이 등이 있습니다. 공중에 떠 있는 작은 물방울은 주변 공기와 접촉 면적이 넓어 쉽게 증발합니다. 하지만 작은 물방울이 응결핵과 결합하면 주변 공기와의 접촉 면적이 줄어들어 증발이 쉽게 일어나지 않습니다. 분무기로 공중에 뿌린 물방울은 쉽게 증발하지만, 책상처럼 물체 표면에 맺힌 물방울은 그보다 느리게 증발하는 것도 이와 비슷한 원리입니다.

6 따뜻한 물을 버린 직후 집기병 안은 수증기가 많은 상황입니다. 이때 집기병 위에 조각 얼음이 담긴 페트리 접시를 올려놓음으로써 집기병 안 온도가 떨어져 조각 얼음에 의해 차가워진 공기 근처에 수증기가 응결되는 것을 볼 수 있습니다.

7 공기 주입 마개를 눌러 공기를 넣은 후 공기 주입 마개 뚜껑을 열면 페트병 안 공기가 밖으로 나가면서 부피가 커지고 온도가 낮아집니다.

8 공기 주입 마개 뚜껑을 열었을 때 차가워진 공기 중 수증기가 응결해 물방울이 됩니다.

9 안개는 밤에 지표면 근처의 공기가 차가워지면 공기 중 수증기가 응결하여 생깁니다.

10 따뜻한 공기는 위로 올라가기 때문에 플라스틱 통을 뒤집은 채로 공기를 넣어야 하고, 차가운 공기는 밀도가 크므로 플라스틱 통을 세운 채로 공기를 넣어야 합니다. 특히 뚜껑을 닫을 때에도 각각의 상태를 유지한 채로 닫도록 유의합니다.

11 두 지점 사이에 기압 차가 생기면 공기는 고기압에서 저기압으로 이동합니다. 공기의 무게로 생기는 누르는 힘을 기압이라고 합니다.

12 두 지점 사이에 기압 차가 생기면 공기는 고기압에서 저기압으로 이동하고, 기압 차로 공기가 이동하는 것을 바람이라고 합니다.

13 낮에는 모래가 물보다 따뜻하지만 저녁에는 모래가 물보다 차가워집니다.

14 밤에는 지면이 수면보다 빠르게 식기 때문에 지면의 온도가 수면의 온도보다 낮습니다.

15 물은 모래보다 천천히 데워져 물 위 공기는 고기압이 되고, 모래 위 공기는 저기압이 됩니다. 그러므로 향 연기가 물 쪽에서 모래 쪽으로 이동합니다.

16 향 연기가 물 쪽에서 모래 쪽으로 이동하는 것을 보면 모래가 물보다 온도가 높습니다.

17 낮에는 육지가 바다보다 온도가 높아 육지 위는 저기압, 바다 위는 고기압이 되기 때문에 바람은 바다에서 육지로 붑니다.

18 겨울에는 북서쪽의 대륙에서 차갑고 건조한 공기 덩어리가 이동해 옵니다.

19 겨울에 북서쪽의 추운 대륙에서 이동해 오는 공기 덩어리는 차갑고 건조합니다.

20 우리가 사용하는 날씨 용품의 불편한 점을 생각하고 이를 개선하는 날씨 용품을 구상해야 합니다.

1 ⑤　**2** ①　**3** ③　**4** ②　**5** ④　**6** 예 목욕탕 거울이 뿌옇게 흐려진다.　**7** 페트병, 액정 온도계, 공기 주입 마개　**8** ①, ⑤　**9** 예 수증기가 응결해 나타나는 현상이다.　**10** ⑤　**11** (1) 저기압 (2) 고기압　**12** 풀이 참조　**13** ③　**14** ④　**15** 지면 위 공기의 온도는 지면 온도의 영향을 받아 낮 동안 온도가 많이 오르기 때문에　**16** ㉠　**17** 해풍　**18** ㉠　**19** (1) 따뜻하고 습하다. (2) 덥고 습하다.　**20** ④

풀이

1 습구 온도는 젖은 헝겊이 마르면서 온도가 측정되기 때문에 건구 온도보다 온도가 더 낮습니다.

더 알아볼까요!

건습구 습도계의 원리
• 건습구 습도계는 습구 온도계를 감싸고 있는 젖은 헝겊에서 물이 증발하는 정도를 이용해 습도를 측정하는 방식입니다. 습구 온도계를 감싸고 있는 젖은 헝겊의 물은 온도계 주위의 에너지를 흡수하며 수증기로 상태가 변하기 때문에 습구 온도계의 눈금이 낮아집니다. 따라서 공기가 건조할수록 젖은 헝겊이 더 빨리 마르고 습구 온도계의 온도도 더 낮아집니다.
• 반대로 공기가 습하다면 습구 온도계를 감싸고 있는 젖은 헝겊에서 물의 증발이 더디게 일어날 것이며, 따라서 건구 온도계와 습구 온도계의 온도 차가 적어집니다. 건구 온도계와 습구 온도계의 온도 차가 없다면 증발이 일어나지 않을 정도로 대기 중에 수증기가 많다는 의미이며, 이때의 상태 습도는 100%가 됩니다.

2 습도가 높을수록 건구 온도와 습구 온도 차가 작습니다.

3 습도가 낮은 날은 감기와 같은 호흡기 질환이 생기기 쉽습니다.

더 알아볼까요!

습도가 높을 때 습도를 조절하는 방법
• 숯: 숯이란 참나무, 대나무 등의 목재를 숯가마에 넣어 300 ℃~500 ℃의 고열에서 탄화한 것을 말합니다. 숯의 단면은 전자 현미경으로 보면 마이크로미터 크기의 구멍이 숯 내부에 가득 차 있으며, 이 구멍이 모두 막힌 곳 없이 외부와 연결된 다공질 구조를 갖고 있습니다. 이러한 구조로 바짝 마른 숯은 주위의 습기를 줄이는 효과가 우수합니다. 또한 수분을 머금은 숯은 주위가 건조할 때 수분을 방출해 실내 습도를 자연스럽게 조절해 줍니다.
• 제습제: 옷장이나 신발장 등 밀폐된 공간에 넣어 내부 습기를 제거하는 용도로 쓰입니다. 외부는 공기를 차단하는 플라스틱 용기로 되어 있고, 뚜껑을 열면 투습막이 있으며, 투습막 아래에 염화 칼슘은 염화 칼슘 무게의 14배 이상의 물을 흡수할 수 있습니다.

4 조각 얼음이 담긴 페트리 접시 근처부터 뿌옇게 흐려집니다.

5 안개는 밤에 지표면 근처의 공기가 차가워지면 공기 중 수증기가 응결해 작은 물방울로 떠 있는 것입니다.

6 추운 날, 실내로 들어왔을 때 차가운 안경알 표면이 뿌옇게 흐려지는 현상, 냉장고에서 꺼낸 음료수 병의 표면에 물방울이 생기는 현상도 수증기가 응결해 생기는 현상입니다.

7 구름 발생 실험을 할 때는 페트병, 액정 온도계, 공기 주입 마개 등이 필요합니다.

8 공기 주입 마개 뚜껑을 열면 페트병 안 온도가 낮아져 구름이 만들어지는 것 같습니다.

9 수증기가 응결하여 이슬은 물체 표면에 맺히고, 안개는 지표면 근처에 떠 있고, 구름은 높은 하늘에 떠 있습니다.

더 알아볼까요!

이슬, 안개, 구름이 만들어지는 과정

이슬	밤에 차가워진 나뭇가지나 풀잎 등에 공기 중 수증기가 응결한다.
안개	밤에 지표면 근처의 공기가 차가워지면 공기 중 수증기가 응결한다.
구름	공기가 위로 올라가 차가워지면 공기 중 수증기가 응결하거나 얼음 알갱이로 변한다.

10 상대적으로 공기가 무거운 것을 고기압, 공기가 가벼운 것을 저기압이라고 합니다.

11 일정한 부피에 공기 알갱이가 많을수록 공기는 무거워지고 기압은 높아집니다. (2)가 (1)보다 일정한 부피에 공기 알갱이가 더 많으므로 (1)은 저기압, (2)은 고기압입니다.

12 기압 차가 생기면 공기는 고기압에서 저기압으로 이동합니다.

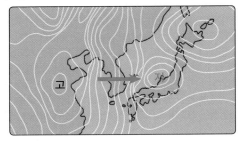

13 전등을 켜거나 끄고 모래와 물의 온도 변화를 측정하는 실험 과정입니다.

14 ⊙은 모래, ⓒ은 물의 온도 변화로 모래가 물보다 빨리 데워지고 빨리 식어서 물보다 온도 변화가 크다는 것을 알 수 있습니다.

15 지면과 수면의 온도 변화에 따라 주변 공기의 온도도 변합니다.

16 ⓒ 물 위 공기는 온도가 낮아 고기압이 되고, 모래 위 공기는 온도가 높아 저기압이 됩니다. ⓒ 향 연기가 수평 방향으로 이동하는 것이 바람입니다.

17 바람 자루가 날리는 모습을 보면 바람이 바다에서 육지로 불기 때문에 해풍입니다.

18 공기 덩어리가 한 지역에 오랫동안 머물게 되면 공기 덩어리는 그 지역의 온도나 습도와 비슷한 성질을 갖게 됩니다.

19 우리나라 여름철에는 남동쪽의 바다에서 이동해 오는 공기 덩어리 영향으로 덥고 습합니다.

20 감기 가능 지수는 기상 조건에 따른 감기 발생 가능 정도를 지수로 나타낸 것입니다.

탐구 서술형 평가

80~81쪽

1 (1) ⓒ 건구 온도와 습구 온도의 차(26 ℃−24 ℃=2 ℃)를 구해 가로줄에서 찾아 표시한다. (2) 85 % **2** (1) 뿌옇게 흐려진다. (2) 집기병 안 따뜻한 수증기가 조각 얼음 때문에 차가워져 응결하기 때문이다. **3** (1) 구름 (2) 공기가 지표면에서 위로 올라가면서 부피가 점점 커지고 온도는 점점 낮아진다. 이때 공기 중 수증기가 응결해 물방울이 되거나 얼음 알갱이 상태로 변해 하늘에 떠 있는 것이다. **4** 풀이 참조

풀이

1 습도표를 이용해 현재 습도를 구할 수 있습니다.

상	습도를 구하는 방법과 현재 습도를 모두 바르게 서술하였습니다.
중	습도를 구하는 방법과 현재 습도 중 한 가지만 바르게 서술하였습니다.
하	습도를 구하는 방법과 현재 습도 모두 서술하지 못했습니다.

2 조각 얼음이 담긴 페트리 접시 근처부터 뿌옇게 흐려지는 것을 볼 수 있습니다.

상	안개 발생 실험에서 집기병 안에서 나타나는 변화와 까닭을 모두 바르게 서술하였습니다.
중	안개 발생 실험에서 집기병 안에서 나타나는 변화와 까닭 중 한 가지만 바르게 서술하였습니다.
하	안개 발생 실험에서 집기병 안에서 나타나는 변화와 까닭을 모두 서술하지 못했습니다.

3 공기 주입 마개 뚜껑을 열면 페트병 안 공기가 밖으로 나가면서 부피가 커지고, 온도가 낮아집니다. 이때 차가워진 공기 중 수증기가 응결해 물방울이 됩니다.

상	실험과 비슷한 자연 현상과 그 현상이 만들어지는 까닭을 모두 바르게 서술하였습니다.
중	실험과 비슷한 자연 현상과 그 현상이 만들어지는 까닭 중 한 가지만 바르게 서술하였습니다.
하	실험과 비슷한 자연 현상과 그 현상이 만들어지는 까닭을 모두 서술하지 못했습니다.

4

구분	계절	공기 덩어리의 성질
⊙	겨울	북서쪽의 대륙에서 이동해 오는 차갑고 건조한 공기 덩어리
ⓒ	봄, 가을	남서쪽의 대륙에서 이동해 오는 따뜻하고 건조한 공기 덩어리
ⓒ	여름	남동쪽의 바다에서 이동해 오는 따뜻하고 습한 공기 덩어리

한 지역에 새로운 공기 덩어리가 이동해 오면 그 지역의 온도와 습도는 새롭게 이동해 온 공기 덩어리의 영향을 받습니다.

상	날씨에 영향을 미치는 계절과 공기 덩어리 성질을 모두 바르게 서술하였습니다.
중	날씨에 영향을 미치는 계절과 공기 덩어리 성질을 서술하였지만 충분하지 않습니다.
하	날씨에 영향을 미치는 계절과 공기 덩어리 성질을 서술하지 못했습니다.

정답과 풀이

개념을 확인해요   83쪽

1 빠르기   2 위치   3 운동   4 운동   5 운동
6 위치   7 위치   8 이동 거리

개념을 확인해요   85쪽

1 빠릅니다   2 느립니다   3 로켓, 달팽이   4
느리게   5 일정한   6 변하는   7 일정한   8
빨라, 느려

개념을 확인해요   87쪽

1 빠르기   2 빠릅니다   3 빠르기   4 빠릅니
다   5 빠릅니다   6 시간   7 빠르기   8 빠릅
니다

개념을 확인해요   89쪽

1 초시계   2 민수   3 거리   4 빠릅니다   5
기차   6 빠릅니다   7 느립니다

개념을 확인해요   91쪽

1 속력   2 이동 거리, 걸린 시간   3 빠릅니다
4 시간   5 13 m/s   6 50 km/h   7 자동차
8 버스

개념을 확인해요   93쪽

1 제동   2 안전띠   3 에어백   4 과속 방지 턱
5 횡단보도   6 교통안전   7 횡단보도   8 인
도

개념을 다져요   94~97쪽

1 ①   2 ③   3 1초 동안 2 m를 이동했다.   4 빠르
게, 느리게   5 케이블카   6 빨라지고, 느려지는
7 빠르기가 일정한 운동을 한다.   8 ①   9 짧다
10 ㉠   11 ②   12 파란색 종이 자동차   13 기차
14 자전거   15 자전거, 배   16 ③   17 ③, ⑤
18 십삼 미터 퍼 세컨드, 초속 십삼 미터   19 ㉡
20 ⑤   21 ④   22 달리는 사람   23 자동차   24
①   25 ②   26 녹색 학부모   27 도로 주변에서
공놀이를 한다.   28 ②   29 ⑤

풀이

1 시간이 지남에 따라 물체의 위치가 변하는 것을 물체
가 운동한다고 합니다.

2 물체의 운동은 물체가 이동하는 데 걸린 시간과 이동
거리로 나타냅니다.

3 그림을 보면 자전거는 1초 동안 2 m를 이동했습
니다.

더 알아볼까요!

물체의 이동 거리
물체의 이동 거리를 측정할 때에는 물체의 앞쪽 끝부분을 기준으로 측
정하면 편리합니다.

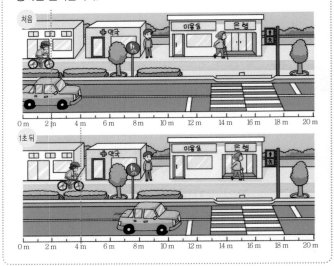

4 우리 주변에는 빠르게 운동하는 물체와 느리게 운동
하는 물체가 있습니다.

5 비행기, 치타, 배드민턴공은 빠르기가 변하는 운동
을 하는 물체이고, 케이블카는 빠르기가 일정한 운동
을 하는 물체입니다.

▲ 케이블카

6 롤러코스터는 내리막길에서 점점 빨라지고 오르막길에서 점점 느려지는 운동을 합니다.

7 회전목마, 순환 열차, 자동계단 등은 빠르기가 일정한 운동을 하는 물체입니다.

더 알아볼까요!

빠르기가 일정한 운동을 하는 놀이 기구

• 대관람차: 대관람차는 거대한 바퀴 둘레에 작은 방 여러 개가 매달려 회전하는 놀이 기구입니다. 높은 곳에서 주변 경관을 바라보려고 일정한 빠르기로 회전합니다.

• 순환 열차: 순환 열차는 관람객을 태우고 천천히 이동하면서 놀이공원을 순환하는 열차입니다. 놀이공원뿐만 아니라 민속촌이나 시내 등에서도 관람을 목적으로 운용하는 경우가 많습니다. 순환 열차는 레일을 따라 일정한 빠르기로 이동합니다.

▲ 대관람차   ▲ 순환 열차

8 결승선에 가장 먼저 도착한 사람은 일정한 거리를 이동하는 데 걸린 시간이 가장 짧습니다.

구분	이름	기록	순위
①	미나	28초 50	1
②	성국	30초 50	4
③	수지	31초 20	5
④	지유	28초 75	2
⑤	병재	29초 20	3

9 출발선에서 동시에 출발했다면 결승선에 먼저 도착한 선수가 더 빠릅니다.

10 일정한 거리를 이동하는 데 걸린 시간을 비교했을 때 걸린 시간이 더 짧은 경우를 더 빠르다고 할 수 있습니다.

11 태권도는 일정한 거리를 이동하는 데 걸린 시간을 측정하는 운동 경기가 아닙니다.

▲ 태권도

12 2초 동안 가장 긴 거리를 이동한 파란색 종이 자동차가 가장 빠릅니다.

13 3시간 동안 300 km를 이동한 기차가 가장 빠릅니다.

14 여러 교통수단 중 자전거는 3시간 동안 60 km를 이동하여 가장 짧은 거리를 이동하였습니다.

15 배는 3시간 동안 120 km를 이동하였고, 자전거는 3시간 동안 60 km를 이동하였습니다.

16 속력은 물체가 이동한 거리를 걸린 시간으로 나누어 구합니다.

17 g과 kg은 무게, ℃는 온도의 단위입니다.

18 13 m/s는 1초 동안 13 m를 이동한 물체의 속력입니다.

19 80 km/h는 1시간 동안 80 km를 이동한 물체의 속력을 나타냅니다.

20 1초 동안 물체가 이동한 거리가 길수록 물체의 속력이 큽니다.

21 120 km÷3 h=40 km/h입니다.

22 속력이 클수록 물체가 빠릅니다.

23 버스의 속력은 120 km÷2 h = 60 km/h이고, 자동차의 속력은 240 km÷3 h = 80 km/h입니다.

24 ①, ②, ④, ⑤는 자동차에 설치된 안전장치이고, ③은 도로에 설치된 안전장치입니다.

25 ①은 과속 단속 카메라, ③은 법으로 속력을 제한하는 것, ④는 자동 긴급 제동 장치, ⑤는 에어백의 기능입니다.

26 녹색 학부모는 학교 주변에서 어린이들이 안전하게 등교하거나 하교하도록 돕습니다.

27 도로 주변에서는 공은 공 주머니에 넣고 다녀야 합니다.

28 도로에 차가 없어도 무단횡단을 하지 않습니다.

29 가게에서는 장보기수레에 올라타거나 장보기수레를 세게 밀면 사고가 날 수 있습니다.

1 ③ 2 ① 3 운동 4 ⑤ 5 ㉠ 6 (1) ㉠ (2) ㉡ 7 ③ 8 승환 9 ⑤ 10 ㉡ 11 ④ 12 이동한 거리 13 이민수가 만든 자동차 14 ① 15 ② 16 (1) 80 km/h (2) 140 km/h (3) 250 km/h (4) 60 km/h 17 30 m/s 18 안전띠 19 ③ 20 무단횡단을 하지 않고 횡단보도에서 길을 건넌다.

풀이 ▶

1 부채로 바람을 일으켜 종이 자동차를 움직이면서 출발선에서 결승선까지 종이 자동차의 빠르기를 겨루는 경주입니다.

2 뛰어가는 사람, 달리는 자동차, 달리는 자전거, 길을 건너는 개는 시간이 지남에 따라 위치가 변하고, 도로 표지판, 신호등과 같은 물체는 시간이 지남에 따라 위치가 변하지 않는 물체입니다.

3 시간이 지남에 따라 물체의 위치가 변할 때 운동한다고 합니다.

4 물체의 운동은 물체가 이동하는 데 걸린 시간과 이동 거리로 나타냅니다.

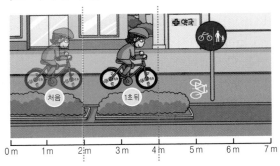

5 로켓은 달팽이보다 빠르게 운동하고 달팽이는 로켓보다 느리게 운동합니다.

6 롤러코스터는 내리막길에서 점점 빨라지고 오르막길에서 점점 느려집니다.

> **더 알아볼까요!**
>
> **빠르기가 변하는 운동을 하는 놀이 기구**
> • 바이킹: 바이킹은 바이킹이 타고 다녔던 배를 본떠 만든 놀이 기구입니다. 위로 올라갈 때에는 점점 느려지다가 최고 높이에서 잠시 멈추고 다시 내려올 때에는 점점 빠르게 운동합니다.
> • 범퍼카: 범퍼카는 서로 부딪치면서 놀 수 있는 전기 자동차입니다. 자동차 범퍼에 고무로 이루어진 충격을 완화하는 장치가 부착되어 있습니다. 범퍼카의 가속 발판을 밟으면 속력이 점점 빨라지는데, 이때 다른 차와 부딪치면서 빠르기가 갑자기 느려집니다.

7 자동계단, 자동길, 케이블카, 스키장 승강기 등은 빠르기가 일정한 운동을 하는 물체이고, 치타, 비행기, 컬링 스톤, 배드민턴공은 빠르기가 변하는 운동을 하는 물체입니다.

8 결승선에 먼저 도착한 사람이 가장 빠릅니다.

9 일정한 거리를 이동한 물체의 빠르기는 물체가 이동하는 데 걸린 시간으로 비교하며, 일정한 거리를 이동하는 데 짧은 시간이 걸린 물체가 긴 시간이 걸린 물체보다 빠릅니다.

10 일정한 거리를 이동하는 데 짧은 시간이 걸린 물체가 긴 시간이 걸린 물체보다 빠릅니다.

11 축구는 일정한 거리를 이동하는 데 걸린 시간을 측정하는 운동 경기가 아닙니다.

> **더 알아볼까요!**
>
> **결승선까지 이동하는 데 걸린 시간으로 빠르기를 비교하는 운동 경기**
> • 하계 올림픽 종목: 수영, 육상, 카누, 사이클, 승마, 조정, 철인 삼종 경기 등
> • 동계 올림픽 종목: 노르딕 복합, 루지, 바이애슬론, 봅슬레이, 쇼트 트랙, 스노보드, 스켈레톤, 스피드 스케이팅, 알파인 스키, 크로스컨트리 등
> • 기타 종목: 자동차 경주, 경마, 경륜 등

12 일정한 시간 동안 긴 거리를 이동한 물체가 짧은 거리를 이동한 물체보다 더 빠릅니다.

13 일정한 시간 동안 이민수가 만든 자동차가 가장 긴 거리를 이동하였습니다.

14 속력은 물체가 이동한 거리를 걸린 시간으로 나누어 구합니다.

15 속력은 물체가 이동한 거리를 걸린 시간으로 나누어 구합니다.
160 km ÷ 4 h = 40 km/h입니다.

16 (속력) = (이동 거리) ÷ (걸린 시간)입니다. 속력의 단위에는 m/s, km/h 등이 있습니다.
택시: 240 km ÷ 3 h = 80 km/h
기차: 280 km ÷ 2 h = 140 km/h

17 '초속 삼십 미터'라고도 읽습니다.

18 안전띠는 가장 대표적인 안전장치입니다.

19 ①은 자동 긴급 제동 장치, ②는 과속 방지 턱, ③은 교통 표지판, ④는 차간 거리 유지 장치, ⑤는 에어백의 기능입니다.

20 도로에 차가 없어도 무단횡단을 하지 않고 횡단보도에서 길을 건너야 합니다.

2회 단원 평가 · 도전

101~103쪽

1 ③ **2** 위치 **3** ④ **4** ① **5** ㉡ **6** (1) ㉡ (2) ㉠ **7** ① **8** ② **9** 경희 **10** ① **11** ① **12** 긴, 짧은 **13** ㉠ **14** 풀이 참조 **15** ③ **16** ③ **17** ⑤ **18** ② **19** ③ **20** ⓓ 도로 주변에서 공놀이를 하지 않는다. 도로 주변에서 공은 공 주머니에 넣고 다닌다.

풀이 ▶

1 종이 자동차가 '빠르다.'는 것은 종이 자동차가 결승선에 먼저 도착하고 출발선에서 더 멀리 가며, 종이 자동차의 위치가 많이 변해 있는 것을 의미합니다.

2 달리는 자동차는 시간이 지남에 따라 위치가 변하기 때문에 물체가 운동한다고 할 수 있습니다.

3 자전거는 1초 동안 2 m 이동했습니다. 나무, 약국, 유리창, 도로 표지판은 시간이 지남에 따라 위치가 변하지 않았기 때문에 운동했다고 할 수 없습니다.

4 시간이 지남에 따라 위치가 변하는 물체가 운동을 하는 물체입니다.

5 ㉠은 빠르기가 변하는 운동을 하는 물체이고, ㉡은 빠르기가 일정한 운동을 하는 물체입니다.

6 레일 바이크의 발판을 빠르게 돌리면 빠르게 운동하고, 발판을 느리게 돌리면 느리게 운동합니다.

7 컬링 스톤은 처음에 빠르게 미끄러져 가다가 점점 느려지고 결국 멈춥니다.

더 알아볼까요!

컬링 스톤

▲ 컬링 스톤

컬링 경기에서 사용하는 반반한 화강암 소재의 돌로 둥근 모양이며, 제일 위에 손잡이가 달려 있습니다. 한쪽 면은 거칠고 다른 쪽은 부드럽습니다. 각 면의 중심 부위에 오목한 부분이 있어서 스톤 표면의 일부분만 빙판에 닿아 잘 미끄러지도록 해 놓았습니다.

8 초시계로 일정한 거리를 이동하는 데 걸린 시간을 측정합니다.

기능 전환 버튼
재설정 · 분리된 시간 버튼
시작 · 멈춤 버튼

▲ 초시계

9 50 m를 이동하는 데 짧은 시간이 걸린 친구가 결승선에 가장 먼저 도착하였습니다.

구분	이름	기록	순위
①	정원	8초 55	2
②	경희	8초 43	1
③	성은	9초 12	4
④	연희	9초 34	5
⑤	정현	9초 54	6
⑥	준수	8초 77	3

10 가장 짧은 시간이 걸린 친구가 결승선에 가장 먼저 도착합니다.

11 출발선에서 여러 사람이 동시에 출발하는 운동 경기로 일정한 거리를 이동하는 데 걸린 시간을 비교합니다.

12 일정한 시간 동안 이동한 물체의 빠르기는 물체가 이동한 거리로 비교할 수 있습니다.

13 일정한 시간 동안 ㉠ 자동차가 가장 긴 거리를 이동하였습니다.

14

고속버스보다 빠른 교통수단	고속버스보다 느린 교통수단
자동차, 기차	자전거, 배, 시내버스

15 ① 물체가 빠르다.는 뜻입니다. ④ 일정한 시간 동안 더 긴 거리를 이동합니다. ⑤ 일정한 거리를 이동하는 데 더 짧은 시간이 걸리는 것입니다. 속력은 이동한 거리와 걸린 시간을 알아야 구할 수 있습니다.

16 속력은 이동한 거리를 걸린 시간으로 나누어 구합니다.

17 ⑤는 1초에 300000 km를 이동한 물체의 속력입니다.

18 100 m ÷ 20 s = 5 m/s입니다.

19 교통 표지판은 도로에 설치된 안전장치입니다.

20 도로 주변에서 공놀이를 하면 매우 위험합니다.

정답과 풀이

3회 단원 평가 기출

1 ③　2 ⑤　3 ⑤　4 ㉠　5 예 빠르기가 일정한
운동을 한다.　6 ③　7 ㉤　8 ⑤　9 이동한 거리
10 한 발로 뛰기　11 ④　12 40 m/s　13 9 m/s
14 ②　15 자동차의 속력<기차의 속력　16 ③
17 ②　18 ④　19 (1) ㉡ (2) ㉠　20 ④

풀이

1 물체의 위치가 시간이 지남에 따라 변할 때 물체가 운동한다고 합니다.

2 물체의 운동은 물체가 운동하는 데 걸린 시간과 이동 거리로 나타냅니다.

3 출발하기 직전의 육상 선수는 시간이 지남에 따라 위치가 변하지 않기 때문에 운동을 하지 않는 물체입니다.

4 롤러코스터는 내리막길에서 점점 빨라지고, 오르막길에서 점점 느려지는 운동을 합니다.

5 회전목마, 자동길 외에 자동계단, 케이블카, 스키장 승강기 등은 빠르기가 일정한 운동을 하는 물체입니다.

6 유찬이가 가윤이보다 결승선에 더 먼저 도착하기 때문에 가윤이보다 빠릅니다.

7 결승선에 가장 먼저 도착한 선수가 50 m를 이동하는 데 가장 짧은 시간이 걸렸습니다.

구분	기록	순위
㉠	28초 60	3
㉡	28초 45	2
㉢	28초 77	4
㉣	29초 11	5
㉤	28초 39	1
㉥	29초 23	6

8 결승선에 먼저 도착한 사람은 나중에 도착한 사람보다 일정한 거리를 이동하는 데 걸린 시간이 더 짧습니다.

9 일정한 시간 동안 긴 거리를 이동한 물체가 짧은 거리를 이동한 물체보다 더 빠릅니다.

10 한 발로 뛰기, 두 발 모아 뛰기, 앞발 이어 뛰기의 순서로 빠릅니다.

▲ 한 발로 뛰기　　▲ 두 발 모아 뛰기　　▲ 앞발 이어 걷기

11 일정한 시간 동안 이동한 거리를 비교할 때는 일정한 시간 동안 가장 긴 거리를 이동한 물체가 가장 짧은 거리를 이동한 물체보다 빠릅니다.

12 '초속 사십 미터'라고도 읽습니다.

13 울릉도, 독도의 바람이 9 m/s로 가장 빠르게 부는 것을 알 수 있습니다. 가장 바람이 느리게 부른 곳은 강릉과 대전으로 속력은 3 m/s입니다.

14 이동한 거리는 400 m이고, 걸린 시간은 200초입니다.
400 m÷200 s = 2 m/s입니다.

15 자동차의 속력은 160 km÷2 h = 80 km/h이고, 기차의 속력은 360 km÷3 h = 120 km/h이므로 기차의 속력이 자동차의 속력보다 더 큽니다.

16 10초 동안 40 m를 걷는 경보 선수의 속력은 40 m÷10 s = 4 m/s로 1초 동안 4 m를 이동한 속력을 의미합니다.

17 1초 동안 이동한 거리가 5 m이기 때문에 속력은 5 m/s입니다.

18 그림은 에어백입니다. ①은 과속 방지 턱, ②는 안전띠, ③은 차간 거리 유지 장치, ⑤는 자동 긴급 제동 장치에 대한 설명입니다.

19 교통경찰은 도로에서 교통 법규를 위반하는 차량을 단속하고, 녹색 학부모는 어린이들이 안전하게 등교하거나 하교하도록 도와줍니다.

20 횡단보도에서는 자전거에서 내려 자전거를 끌고 길을 건넙니다.

4회 단원 평가 실전

107~109쪽

> **1** ④, ⑤　**2** (1) ⓒ, ② (2) 물체의 위치가 시간이 지남에 따라 변하지 않았기 때문에　**3** ⑤　**4** ①　**5** ③　**6** (1) − ⓒ (2) − ㈀　**7** 정수　**8** 일정한 거리를 이동하는 데 걸린 시간을 측정한다.　**9** ⑤　**10** 이동 거리　**11** 기차, 자전거　**12** 시내버스　**13** ③　**14** 500 m/s　**15** 말　**16** 25 km/h　**17** 0.5 m/s　**18** ②　**19** ④, ⑤　**20** 버스가 정류장에 도착할 때까지 인도에서 기다린다.

풀이

1 물체의 위치가 시간이 지남에 따라 변할 때 물체가 운동한다고 합니다.

2 나무와 미용실의 위치는 시간이 지남에 따라 변하지 않았습니다.

3 물체의 운동은 이동 거리와 걸린 시간으로 나타내야 합니다.

　① 걸린 시간을 나타내지 않았습니다.

　② 걸린 시간을 나타내지 않았습니다.

　③ 걸린 시간을 나타내지 않았습니다.

　④ 이동 거리를 나타내지 않았습니다.

4 ②, ③, ④, ⑤는 물체가 느리게 운동하는 경우입니다.

5 자동계단, 케이블카, 회전목마 등은 항상 빠르기가 일정한 운동을 합니다.

6 물수리는 평소에 하늘을 천천히 날다가 먹이를 잡을 때는 빠르게 날아들어 물속에 있는 먹이를 낚아챕니다.

더 알아볼까요!

물수리

▲ 물수리

　주로 물고기를 잡아먹습니다. 수면 위를 유유히 날다가 물고기를 발견하면 양다리를 밑으로 늘어뜨리고 빠르게 물속으로 날아가 먹이를 낚아챕니다. 우리나라의 제주도와 남해안 일대에서 겨울을 나는 겨울철새입니다.

7 50 m를 이동하는 데 가장 짧은 시간이 걸린 정수가 가장 먼저 결승선에 도착합니다.

친구의 이름	기록	순위
정수	9초 25	1
수지	9초 34	2
민수	10초 08	4
연수	10초 12	5
영기	9초 35	3

8 두 운동 경기 모두 일정한 거리를 이동하는 데 걸린 시간을 측정해 빠르기를 비교합니다.

9 일정한 거리를 이동하는 데 짧은 시간이 걸린 물체가 긴 시간이 걸린 물체보다 빠릅니다.

10 일정한 시간 동안 이동한 물체의 빠르기는 물체가 이동한 거리로 비교할 수 있습니다.

11 일정한 시간 동안 가장 긴 거리를 이동한 기차가 가장 빠릅니다.

　자전거의 속력: 60 km÷3 h = 20 km/h

　자동차의 속력: 240 km÷3 h = 80 km/h

　배의 속력: 120 km÷3 h = 40 km/h

　기차의 속력: 300 km÷3 h = 100 km/h

　시내버스의 속력: 180 km÷3 h = 60 km/h

12 일정한 시간 동안 시내버스는 배보다는 긴 거리를 이동하였고, 자동차보다는 짧은 거리를 이동하였습니다.

13 물체의 속력은 물체가 이동한 거리를 걸린 시간으로 나누어 구합니다.

더 알아볼까요!

개미의 빠르기 측정

• 벽이나 계단의 오목한 모서리를 따라 이동하는 개미의 경우: 먼저 측정 시작 시각에 개미가 막 통과한 위치로부터 약 3 cm 뒤 바닥에 막대기를 사용해 선을 긋습니다. 10초 뒤에 개미가 막 통과한 위치로부터 약 3 cm 뒤 바닥에 선을 긋습니다. 출발선과 도착점으로부터 각각 3 cm 뒤에 선을 그었으므로 두 선 사이의 거리는 개미가 10초 동안 이동한 거리입니다.

• 운동장을 자유롭게 이동하는 개미의 경우: 개미의 운동 방향이나 빠르기가 일정하지 않으므로 10초 동안 개미가 이동한 거리를 각각 측정한 다음 더합니다. 측정 시작 시각에 개미가 막 통과한 위치를 표시합니다. 개미가 이동하다가 방향을 바꾸면 방향을 바꾼 위치에 점을 표시합니다. 10초 뒤에 개미가 통과한 위치에 마지막 점을 표시합니다. 개미가 통과한 각 점을 잇는 직선을 긋습니다. 그 직선 위에 실을 겹쳐 놓고 실의 길이를 자로 재어 개미가 이동한 거리를 측정합니다.

14 속력은 이동 거리를 걸린 시간으로 나누어 구합니다. 단위가 m/s이기 때문에 4 km를 4000 m로 바꾸어 구해야 합니다. 속력은 4000 m÷8 s＝500 m/s입니다.

15 말의 속력은 120 m÷6 s＝20 m/s이고, 치타의 속력은 900 m÷60 s＝15 m/s이기 때문에 말의 속력이 더 큽니다.

16 태풍이 6시간 동안 150 km를 이동한 속력을 구하는 것입니다. 150 km÷6 h＝25 km/h입니다.

17 장난감이 2 m 높이에서 떨어지는 데 4초가 걸렸기 때문에 속력은 2 m÷4 s＝0.5 m/s입니다.

18 어린이 보호 구역에서는 자동차의 속력을 30 km/h 이내로 제한하였습니다.

19 우리 사회는 도로마다 자동차가 일정한 속력 이상으로 달리지 못하도록 제한하고, 도로에 과속 단속 카메라를 설치하여 과속 차량을 단속하는 노력을 해야 합니다.

▲ 과속을 단속하는 카메라

20 버스를 기다릴 때는 차도로 내려오지 않습니다.

탐구 서술형 평가

110~111쪽

1 (1) 1초 동안 2 m를 이동했다. (2) 1초 동안 7 m를 이동했다. (3) 1초 동안 1 m를 이동했다. **2** 일정한 거리를 이동하는 데 짧은 시간이 걸린 물체가 빠르다. **3** (1) • 배 160 km÷4 h＝40 km/h, 속력: 40 km/h • 택시 240 km÷3 h＝80 km/h, 속력: 80 km/h • 기차 280 km÷2 h＝140 km/h, 속력: 140 km/h (2) 기차, 속력이 클수록 물체가 빠른 것이다. **4** 풀이 참조

풀이

1 물체의 운동은 물체가 이동하는 데 걸린 시간과 이동 거리로 나타냅니다.

상	1초 동안 물체의 운동을 세 가지 모두 바르게 서술하였습니다.
중	1초 동안 물체의 운동 중 두 가지만 바르게 서술하였습니다.
하	1초 동안 물체의 운동 중 한 가지만 바르게 서술하였습니다.

2 일정한 거리를 이동하는 데 걸린 시간을 측정해 빠르기를 비교하거나 동시에 출발했다면 결승선에 먼저 도착한 선수일수록 더 빠릅니다.

상	마라톤과 조정과 같은 운동 경기에서 빠르기가 빠른 것을 알 수 있는 방법을 바르게 서술하였습니다.
중	마라톤과 조정과 같은 운동 경기에서 빠르기가 빠른 것을 알 수 있는 방법을 서술하였지만 충분하지 않습니다.
하	마라톤과 조정과 같은 운동 경기에서 빠르기가 빠른 것을 알 수 있는 방법을 서술하지 못했습니다.

3 속력은 물체가 이동한 거리를 걸린 시간으로 나누어 구합니다. 이때 속력이 클수록 물체가 빠른 것입니다. 140 km/h로 속력이 가장 큰 기차가 가장 빠른 물체입니다.

상	배, 택시, 기차의 속력을 식과 함께 바르게 쓰고, 가장 빠른 것을 까닭과 함께 바르게 서술하였습니다.
중	배, 택시, 기차의 속력을 식과 함께 쓰지 못하고, 가장 빠른 것을 까닭과 함께 서술하지 못했습니다.
하	배, 택시, 기차의 속력을 식과 함께 쓰지 못하고, 가장 빠른 것을 까닭과 함께 서술하지 못했습니다.

4

구분	기능
안전띠	긴급 상황에서 탑승자의 몸을 고정한다.
횡단보도	보행자가 안전하게 길을 건널 수 있도록 보행자를 보호하는 구역이다.

상	안전띠와 횡단보도의 기능을 모두 바르게 서술하였습니다.
중	안전띠와 횡단보도의 기능을 서술하였지만 충분하지 않습니다.
하	안전띠와 횡단보도의 기능을 서술하지 못했습니다.

5 산과 염기

개념을 확인해요 113쪽

1 노란색   2 불투명   3 거품   4 기준   5 냄새, 냄새   6 색깔   7 겉보기

개념을 확인해요 115쪽

1 붉은색   2 산성   3 염기성   4 산성, 염기성
5 붉은색   6 염기성

개념을 확인해요 117쪽

1 산성, 염기성   2 기포   3 기포   4 수산화 나트륨   5 수산화 나트륨   6 산성   7 염기성
8 산성, 염기성

개념을 확인해요 119쪽

1 붉은색   2 푸른색   3 노란색   4 붉은색
5 염기성   6 산성

개념을 확인해요 121쪽

1 붉은색   2 페놀프탈레인   3 푸른색   4 붉은색   5 산성, 염기성   6 산성, 염기성   7 산성   8 염기성

개념을 다져요 122~125쪽

1 ③   2 석회수   3 ③, ⑤   4 ④   5 ⓒ   6 ②
7 염기성   8 ①   9 산성 용액   10 ⓒ   11 염기성 용액   12 ㉠   13 삶은 달걀 흰자, 두부   14 녹아서 흐물흐물해진다. 용액이 뿌옇게 흐려진다.   15 ⓒ   16 ⓒ   17 산성 용액   18 ㉠ 염기성 ⓒ 산성
19 (1) 붉은색으로 변한다. (2) 변화가 없다.   20 산성 용액   21 ⑤   22 염기성 용액   23 ㉠   24 ③
25 산성 용액   26 ③   27 ②   28 ㉠ ② ⓒ ⓒ
29 ⓒ

풀이 ▶

1 식초와 레몬즙은 연한 노란색, 유리 세정제는 연한 푸른색, 빨랫비누 물은 하얀색입니다. 사이다, 석회수, 묽은 염산, 묽은 수산화 나트륨 용액은 무색입니다.

2 석회수는 투명한 용액입니다.

▲ 석회수

3 유리 세정제는 연한 푸른색이고 투명하며, 빨랫비누 물은 하얀색이며 불투명합니다. 유리 세정제와 빨랫비누 물 모두 냄새가 나고 흔들었을 때 거품이 3초 이상 유지됩니다.

▲ 유리 세정제

▲ 빨랫비누 물

4 푸른색 리트머스 종이에 산성 용액을 떨어뜨리면 붉은색으로 변합니다. 석회수는 염기성 용액이므로 푸른색 리트머스 종이의 색깔이 변하지 않습니다.

5 묽은 수산화 나트륨 용액은 염기성 용액이므로 붉은

색 리트머스 종이를 푸른색으로 변하게 합니다.

6 산성 용액은 페놀프탈레인 용액의 색깔을 변하지 않게 합니다. 묽은 염산은 산성 용액이고 석회수, 빨랫비누 물, 유리 세정제, 묽은 수산화 나트륨 용액은 염기성 용액입니다.

7 산성 용액은 푸른색 리트머스 종이를 붉은색으로 변하게 하고, 페놀프탈레인 용액의 색깔을 변하지 않게 합니다.

8 자주색 양배추 지시약은 산성 용액에서는 붉은색 계열의 색깔로 변합니다.

더 알아볼까요!

자주색 양배추 지시약을 만드는 다른 방법

• 자주색 양배추를 가위를 사용하거나 손으로 적절한 크기로 잘라 비커에 담습니다.
• 비커에 자주색 양배추가 잠길 정도로 물을 넣습니다.
• 자주색 양배추가 든 비커를 가열해 양배추의 색깔을 우려냅니다.
• 자주색 양배추를 우려낸 용액을 충분히 식힙니다. 그런 뒤 체로 걸러 내어 점적병에 담아 사용합니다.

9 산성 용액은 자주색 양배추 지시약을 붉은색 계열의 색깔로 변하게 하는 용액입니다.

10 자주색 양배추 지시약은 염기성 용액에서는 푸른색이나 노란색 계열의 색깔로 변합니다.

11 유리 세정제, 빨랫비누 물, 석회수, 묽은 수산화 나트륨 용액은 염기성 용액입니다.

12 산성 용액에 달걀 껍데기를 넣으면 기포가 발생하면서 바깥쪽 껍데기가 녹아 없어집니다.

13 염기성 용액에 달걀 껍데기와 대리석 조각을 넣으면 변화가 없습니다.

14 묽은 수산화 나트륨 용액에 삶은 달걀 흰자와 두부를

각각 넣으면 흐물흐물해지고 용액이 뿌옇게 흐려집니다.

15 묽은 수산화 나트륨 용액을 넣을수록 묽은 염산의 성질이 점점 약해져 처음에 붉은색이었다가 분홍색, 보라색을 거쳐 점차 청록색으로 변합니다.

16 묽은 수산화 나트륨 용액은 염기성 용액이므로 자주색 양배추 지시약을 넣으면 노란색 계열의 색깔로 변합니다.

17 묽은 수산화 나트륨 용액은 염기성 용액이기 때문에 자주색 양배추 지시약을 떨어뜨리면 노란색으로 변합니다. 염기성 용액을 산성을 띠는 물질로 바꾸어야 붉은색 계열의 색깔로 변하기 때문에 산성 용액을 계속 넣어야 합니다.

18 섞은 용액 속에 있는 산성을 띠는 물질과 염기성을 띠는 물질이 서로 짝을 맞추면서 각각의 성질을 잃어 버립니다.

19 요구르트는 산성 용액이기 때문에 붉은색 리트머스 종이는 색깔이 변하지 않고, 푸른색 리트머스 종이를 붉은색으로 변하게 합니다.

20 산성 용액은 푸른색 리트머스 종이를 붉은색으로 변하게 합니다.

21 물에 녹인 치약은 염기성 용액이므로 붉은색 리트머스 종이는 푸른색으로 변하게 하고, 페놀프탈레인 용액의 색깔을 붉은색으로 변하게 합니다. 푸른색 리트머스 종이는 변화가 없습니다.

22 물에 녹인 치약은 붉은색 리트머스 종이를 푸른색으로 변하게 하고, 페놀프탈레인 용액의 색깔을 붉은색으로 변하게 하기 때문에 염기성 용액입니다.

23 생선을 손질한 도마는 산성 용액인 식초로 닦아 냅니다.

24 표백제는 염기성 용액, 사이다는 산성 용액, 변기용 세제는 산성 용액, 하수구 세정제는 염기성 용액입니다.

25 신맛이 나는 주스는 산성 용액입니다.

26 속 쓰릴 때는 염기성 용액인 제산제를 먹습니다.

27 주변에서 쉽게 구하는 천연 재료로 나만의 천연 지시약을 만들 수 있습니다.

28 여러 가지 용액과 천연 지시약의 반응으로 24홈판을 다양한 색깔로 꾸민 뒤 이를 모아 협동화를 완성해 봅니다.

29 ㉠과 ㉡은 노란색이나 푸른색 계열인 것으로 보아 염기성 용액인 것을 알 수 있습니다.

1회 단원 평가

126~128쪽

1 기준   2 ①   3 식초, 레몬즙, 유리 세정제, 빨랫비누 물   4 지시약   5 ①   6 ⓒ   7 페놀프탈레인 용액의 색깔을 붉은색으로 변하게 한다.   8 ㉠, ㉡, ㉢, ㉥   9 달걀 껍데기, 대리석 조각   10 ④   11 ㉠   12 산성 물질   13 ①   14 ㉠   15 (1) ㉠ (2) ㉡   16 ㉡   17 ㉡   18 산성 용액   19 ②   20 ①

풀이 ▶

1 용액을 관찰한 뒤 용액을 분류할 수 있는 기준을 정하여 분류합니다.

2 사이다, 석회수, 묽은 염산은 무색이고, 유리 세정제는 연한 푸른색입니다.

▲ 사이다

▲ 석회수

▲ 묽은 염산

▲ 유리 세정제

3 식초와 레몬즙은 연한 노란색, 유리 세정제는 연한 푸른색, 빨랫비누 물은 하얀색입니다. 사이다, 석회수, 묽은 염산, 묽은 수산화 나트륨 용액은 무색입니다.

4 용액들 중 겉보기 성질만으로 구분되지 않는 것들은 지시약을 이용해 분류할 수 있습니다.

5 산성 용액은 푸른색 리트머스 종이를 붉은색으로 변하게 합니다.

6 염기성 용액은 붉은색 리트머스 종이를 푸른색으로 변하게 합니다. 묽은 수산화 나트륨 용액, 석회수, 빨랫비누 물, 유리 세정제 등은 염기성 용액입니다.

7 붉은색 리트머스 종이를 푸른색으로 변하게 하고, 페놀프탈레인 용액의 색깔을 붉은색으로 변하게 하는

용액은 염기성 용액입니다.

8 자주색 양배추 지시약은 산성 용액에서는 붉은색 계열의 색깔로 변하고, 염기성 용액에서는 푸른색이나 노란색 계열의 색깔로 변합니다.

9 묽은 염산에 달걀 껍데기와 대리석 조각을 넣으면 기포가 발생하고 달걀 껍데기와 대리석 조각이 녹습니다.

10 묽은 수산화 나트륨 용액에 두부를 넣으면 두부가 흐물흐물해지고 시간이 지남에 따라 뿌옇게 흐려집니다.

> **더 알아볼까요!**
>
> **묽은 수산화 나트륨 용액에 두부와 삶은 달걀 흰자 넣기**
>
> 이 실험의 경우 삶은 달걀 흰자와 두부의 변화가 바로 확인되지 않을 수 있습니다. 묽은 수산화 나트륨 용액에 삶은 달걀 흰자와 두부를 넣고 비닐 막(랩)을 씌워 하루나 이틀 정도 지나면 용액이 뿌옇게 흐려지고 삶은 달걀 흰자와 두부가 흐물흐물해진 것을 관찰할 수 있습니다.

11 염기성 용액에 달걀 껍데기와 대리석 조각을 넣으면 아무 변화가 없습니다.

12 서울 원각사지 십층 석탑은 대리석이기 때문에 산성을 띤 빗물에 훼손될 수 있어서 유리 보호 장치를 하였습니다.

13 자주색 양배추 지시약은 산성이 강할수록 붉은색 계열의 색깔로 변합니다.

14 (나)에서 묽은 수산화 나트륨 용액을 넣을수록 산성이 점점 약해지고 염기성이 점점 강해져 붉은색 계열의 색깔에서 푸른색 계열의 색깔로 변합니다.

15 자주색 양배추 지시약이 붉은색 계열의 색깔로 변할수록 산성의 성질이 강해지고, 푸른색 계열의 색깔로 변할수록 염기성의 성질이 강해집니다.

16 산성 용액에 염기성 용액을 넣을수록 산성이 점점 약해지고, 염기성 용액에 산성 용액을 넣을수록 염기성이 점점 약해집니다.

17 요구르트는 산성 용액이기 때문에 푸른색 리트머스 종이를 붉은색으로 변하게 합니다.

18 생선을 손질한 도마는 식초로 닦아 내기 때문에 산성 용액이 이용됩니다.

19 제산제는 속 쓰릴 때 먹는 것으로 염기성 용액입니다.

20 천연 지시약을 만들 때는 안토사이아닌이라는 색소가 들어 있어 용액의 산도에 따라 색깔 변화가 일어나는 식물을 사용합니다.

1 ③　　2 묽은 염산　　3 ②　　4 ㉠　　5 ㉡　　6 ㉠ 산성 용액　㉡ 염기성 용액　　7 (1) ㉢ (2) ㉠, ㉡　　8 (1) ○ (2) × (3) ○　　9 묽은 염산　　10 ㉡　　11 ㉠ 산성 용액　㉡ 염기성 용액　　12 산성　　13 ⑤　　14 ㉠, ㉢　　15 ⑤　　16 예 대리석 조각 표면에 기포가 발생한다.　　17 산성　　18 염기성　　19 염기성 용액 20 ③

풀이

1　① 식초는 연한 노란색이고 투명하며 거품이 유지되지 않습니다.
　② 묽은 염산은 무색이고 투명하며 거품이 유지되지 않습니다.
　④ 유리 세정제는 연한 푸른색이고 투명합니다.
　⑤ 묽은 수산화 나트륨 용액은 무색이고 투명하며 냄새가 나지 않고 거품이 유지되지 않습니다.

2　묽은 염산은 투명한 용액입니다.

3　식초와 레몬즙은 연한 노란색, 유리 세정제는 연한 푸른색, 빨랫비누 물은 하얀색입니다. 사이다, 석회수, 묽은 염산, 묽은 수산화 나트륨 용액은 무색입니다.

4　식초는 푸른색 리트머스 종이를 붉은색으로 변하게 합니다.

5　염기성 용액은 푸른색 리트머스 종이를 변하지 않게 하고, 붉은색 리트머스 종이를 푸른색으로 변하게 합니다. 염기성 용액은 페놀프탈레인 용액을 붉은색으로 변하게 합니다.

6　산성 용액에는 식초, 레몬즙, 사이다, 묽은 염산이 있고, 염기성 용액에는 유리 세정제, 빨랫비누 물, 석회수, 묽은 수산화 나트륨 용액이 있습니다.

7　자주색 양배추 지시약은 산성 용액에서는 붉은색 계열의 색깔로 변하고, 염기성 용액에서는 푸른색이나 노란색 계열의 색깔로 변합니다.

8　(2) 석회수, 유리 세정제는 페놀프탈레인 용액의 색깔을 붉은색으로 변하게 합니다. 석회수와 유리 세정제는 염기성 용액입니다.

9　묽은 염산은 산성 용액으로 달걀 껍데기와 대리석 조각을 넣으면 기포가 발생하고 달걀 껍데기가 녹습니다.

10　묽은 수산화 나트륨 용액에 삶은 달걀 흰자를 넣으면 삶은 달걀 흰자가 녹아 흐물흐물해지고 용액이 뿌옇게 흐려집니다.

11　산성 용액은 달걀 껍데기와 대리석 조각을 녹이고, 염기성 용액은 삶은 달걀 흰자와 두부를 녹입니다.

12　산성 물질이 대리석과 반응하면 대리석이 녹기 때문에 서울 원각사지 십층 석탑에 유리 보호 장치를 한 것입니다.

13　산성 용액에 염기성 용액을 넣을수록 산성이 점점 약해집니다. 묽은 염산은 산성 용액이기 때문에 염기성 용액인 묽은 수산화 나트륨 용액을 넣을수록 산성이 점점 약해집니다.

14　삼각 플라스크 속 용액의 색깔이 푸른색 계열의 색깔에서 붉은색 계열의 색깔로 변하는 것을 통해 염기성 용액에 산성 용액을 넣어 염기성이 점점 약해지는 것을 알 수 있습니다.

15　자주색 양배추 지시약을 묽은 염산에 넣으면 처음에는 붉은색입니다. 이 용액에 염기성 용액인 묽은 수산화 나트륨 용액을 조금씩 더 넣으면 삼각 플라스크 속의 용액은 산성의 성질을 점차 잃고 염기성의 성질을 갖게 됩니다.

16　묽은 수산화 나트륨 용액에 묽은 염산을 떨어뜨려 염기성이 약해진 산성 용액입니다. 산성 용액에 대리석 조각을 넣으면 대리석 조각 표면에 기포가 발생하고 대리석 조각이 녹습니다.

17　푸른색 리트머스 종이를 붉은색으로 변하게 하고, 붉은색 리트머스 종이의 색깔을 변하지 않게 하는 것으로 보아 요구르트는 산성 용액이라는 것을 알 수 있습니다.

18　염기성 용액은 페놀프탈레인 용액의 색깔을 붉은색으로 변하게 합니다.

19　제산제와 표백제는 염기성 용액입니다.

▲ 제산제

20　용액을 먹어 보고 용액의 성질을 분류하는 것은 바르지 않은 행동입니다.

3회 단원 평가 기출

132~134쪽

1 ① **2** ④ **3** 투명한가? **4** ⑤ **5** ② **6** 염기성 용액 **7** 풀이 참조 **8** 용액을 분류한 결과가 같다. **9** ㉠ **10** ③ **11** ② **12** ② **13** (1) ㉣ (2) ㉠ **14** ㉢ **15** ④ **16** ㉠ 염기성 ㉡ 산성 **17** (1) 붉은색으로 변한다. (2) 변화가 없다. (3) 변화가 없다. **18** ② **19** (1) 염기성 (2) 산성 **20** (1) 염 (2) 산 (3) 염

풀이

1 식초는 투명하지만, 레몬즙은 불투명합니다.

2 ① 사이다와 석회수는 투명합니다.
② 유리 세정제는 투명하고 레몬즙은 불투명합니다.
③ 석회수와 묽은 수산화 나트륨 용액은 냄새가 나지 않습니다.
⑤ 묽은 염산과 묽은 수산화 나트륨 용액은 흔들어도 거품이 3초 이상 유지되지 않습니다.

3 식초, 유리 세정제, 사이다, 석회수, 묽은 염산, 묽은 수산화 나트륨 용액은 투명합니다.

4 산성 용액은 푸른색 리트머스 종이를 붉은색으로 변하게 합니다. 식초, 사이다, 묽은 염산, 오렌지 주스는 산성 용액이고, 묽은 수산화 나트륨 용액은 염기성 용액입니다.

5 페놀프탈레인 용액은 염기성 용액에 떨어뜨렸을 때 붉은색으로 변하는 지시약입니다. 산성 용액에 페놀프탈레인 용액을 떨어뜨리면 변화가 없습니다.

6 염기성 용액은 붉은색 리트머스 종이를 푸른색으로 변하게 하고, 페놀프탈레인 용액의 색깔을 붉은색으로 변하게 합니다. 산성 용액은 붉은색 리트머스 종이와 페놀프탈레인 용액의 색깔을 변하지 않게 합니다.

7 자주색 양배추 지시약은 산성 용액에서는 붉은색 계열의 색깔로 변하고, 염기성 용액에서는 푸른색이나 노란색 계열의 색깔로 변합니다.

산성 용액	염기성 용액
㉠, ㉡, ㉣, ㉆	㉢, ㉤, ㉥, ㉧

8 지시약으로 용액을 산성 용액과 염기성 용액으로 분류할 수 있습니다.

9 산성 용액은 달걀 껍데기와 대리석 조각을 녹입니다.

10 묽은 염산에 삶은 달걀 흰자를 넣으면 변화가 없습니다.

▲ 묽은 염산에 삶은 달걀 흰자를 넣었을 때

11 염기성 용액에 두부를 넣으면 두부가 녹아 흐물흐물해지고 용액이 뿌옇게 흐려집니다. 레몬즙, 사이다, 이온 음료, 묽은 염산은 산성 용액이기 때문에 두부를 넣으면 변화가 없습니다.

12 대리석 조각 표면에 기포가 발생하고 대리석이 녹은 것으로 보아 대리석 조각을 산성 용액에 넣은 것입니다.

13 처음에 노란색이었던 묽은 수산화 나트륨 용액이 묽은 염산을 넣을수록 청록색, 보라색을 거쳐 붉은색으로 변합니다.

14 처음에 붉은색이었던 용액이 분홍색, 보라색을 거쳐 점차 청록색으로 변했습니다. 점차 붉은색 계열의 색깔에서 푸른색 계열의 색깔로 변했습니다.

15 자주색 양배추 지시약이 푸른색 계열로 변했기 때문에 염기성이 강한 용액입니다. 묽은 염산을 계속 넣으면 산성이 강한 용액으로 변해 용액의 색깔이 붉은색으로 변합니다.

16 섞은 용액 속에 있는 산성을 띠는 물질과 염기성을 띠는 물질이 서로 짝을 맞추면서 각각의 성질을 잃어버리기 때문입니다.

17 요구르트는 푸른색 리트머스 종이를 붉은색으로 변하게 하고, 붉은색 리트머스 종이와 페놀프탈레인 용액의 색깔을 변하지 않게 하기 때문에 산성 용액인 것을 알 수 있습니다.

18 물에 녹인 치약은 붉은색 리트머스 종이를 푸른색으로 변하게 하고, 페놀프탈레인 용액의 색깔을 붉은색으로 변하게 하는 염기성 용액입니다. 식초, 요구르트, 묽은 염산, 오렌지 주스는 산성 용액입니다.

19 산성인 변기용 세제가 염기성인 변기의 때를 없애는 데 도움을 줍니다.

20 속 쓰릴 때 먹는 제산제는 염기성, 식초는 산성, 욕실을 청소하는 표백제는 염기성입니다.

1 ②　2 ②　3 ⒟ 무색이고 투명한 용액은 쉽게 구분되지 않아서 분류하기 어렵다.　4 ①　5 ⑤　6 비커에 자주색 양배추가 잠길 정도로 뜨거운 물을 넣는다.　7 ③　8 ①　9 자주색 양배추 지시약이 푸른색이나 노란색 계열의 색깔로 변한다.　10 ⑤　11 ④　12 ②, ④　13 ①　14 ④　15 ①　16 산성 용액인 염산에 염기성을 띤 소석회를 뿌리면 산성의 성질이 약해지기 때문이다.　17 ④　18 ④　19 ㉠ 산성 ㉡ 염기성　20 ㉠ 염기성 ㉡ 염기성 ㉢ 산성

풀이 ▶

1 사이다, 묽은 염산은 무색이고 투명하며, 냄새가 납니다. 흔들었을 때 거품이 3초 이상 유지되지 않습니다.

2 ㉠에는 식초, 레몬즙, 유리 세정제, 사이다, 빨랫비누 물, 묽은 염산이 들어갈 수 있고, ㉡에는 석회수, 묽은 수산화 나트륨 용액이 들어갈 수 있습니다.

3 용액의 냄새를 맡기 어려워 분류하기 어려운 경우도 있습니다.

4 ② 붉은색 리트머스 종이를 푸른색으로 변하게 하는 용액은 염기성 용액입니다.
③ 푸른색 리트머스 종이를 붉은색으로 변하게 하는 용액은 산성 용액입니다.
④ 페놀프탈레인 용액의 색깔을 붉은색으로 변하게 하는 용액은 염기성 용액입니다.

5 염기성 용액은 붉은색 리트머스 종이를 푸른색으로 변하게 하고, 푸른색 리트머스 종이는 변하지 않게 합니다.

6 뜨거운 물을 넣어 자주색 양배추가 가지고 있는 색깔을 우려냅니다. 자주색 양배추를 잘게 잘라 믹서에 넣고 간 뒤 천 또는 거름망에 걸러서도 만들 수 있습니다.

7 유리 세정제는 염기성 용액이므로 자주색 양배추 지시약이 푸른색으로 변합니다.

8 자주색 양배추 지시약을 붉은색 계열의 색깔로 변하게 하는 용액은 산성 용액입니다. 산성 용액은 페놀프탈레인 용액의 색깔을 변하지 않게 합니다.

9 염기성 용액의 성질에 대한 설명입니다. 염기성 용액에서는 자주색 양배추 지시약이 푸른색이나 노란색 계열의 색깔로 변합니다.

10 푸른색 리트머스 종이를 붉은색으로 변하게 하는 용액은 산성 용액입니다. 산성 용액에 달걀 껍데기를 넣으면 달걀 껍데기에 기포가 발생하고 달걀 껍데기가 녹습니다.

11 염기성 용액에 삶은 달걀 흰자와 두부를 넣으면 흐물흐물해지고, 용액이 뿌옇게 흐려집니다. 염기성 용액에는 석회수, 묽은 수산화 나트륨 용액, 빨랫비누 물, 유리 세정제 등이 있습니다.

12 빗물이나 새의 배설물은 산성 물질이기 때문에 대리석으로 된 원각사지 십층 석탑을 훼손시킬 수 있습니다.

13 묽은 염산에 묽은 수산화 나트륨 용액을 계속 넣을수록 염기성이 점점 강해지기 때문에 점차 붉은색 계열의 색깔에서 푸른색 계열의 색깔로 변합니다.

14 용액의 색깔이 붉은색으로 점점 변하는 모습을 통해 산성이 점점 강해지는 것을 알 수 있습니다. 자주색 양배추 지시약은 산성 용액에서는 붉은색 계열의 색깔로 변하고, 염기성 용액에서는 푸른색이나 노란색 계열의 색깔로 변하기 때문입니다.

15 붉은색으로 변한 용액은 산성이 강합니다. 산성 용액에 삶은 달걀 흰자를 넣어도 변화가 없습니다. 산성 용액에 달걀 껍데기, 대리석 조각 등을 넣으면 기포가 발생하고 녹는 변화가 생깁니다.

16 산성 용액에 염기성 용액을 넣을수록 산성이 점점 약해지고, 염기성 용액에 산성 용액을 넣을수록 염기성이 점점 약해집니다.

17 물에 녹인 치약은 염기성 용액이므로 푸른색 리트머스 종이에 묻히면 변화가 없습니다.

18 농작물의 수확이 끝나고 나면 논과 밭이 산성으로 변하기 때문에 염기성인 석회를 뿌리면 토양의 산성이 약해집니다.

19 변기용 세제는 산성 용액으로 염기성인 변기의 때를 없애는 데 이용합니다. 욕실을 청소할 때 이용하는 표백제는 염기성 용액으로 산성인 욕실의 때를 없애

는 데 이용합니다.
20 자주색 양배추로 만든 천연 지시약은 산성 용액에서는 붉은색 계열의 색깔, 염기성 용액에서는 노란색이나 푸른색 계열의 색깔로 변합니다.

1 풀이 참조　**2** 풀이 참조　**3** 풀이 참조, 산성 용액은 대리석 조각을 녹이기 때문에 대리석으로 만들어진 서울 원각사지 십층 석탑은 산성을 띤 빗물에 훼손되지 않도록 유리 보호 장치를 했다.　**4** 요구르트를 마시면 입안이 산성 환경이 되는데, 염기성인 치약으로 양치질을 하면 입안의 산성 환경을 없애 세균 활동을 막을 수 있기 때문이다.

풀이

1

구분	리트머스 종이와 페놀프탈레인 용액의 변화
산성 용액	푸른색 리트머스 종이를 붉은색으로 변하게 하고, 페놀프탈레인 용액의 색깔을 변하지 않게 한다.
염기성 용액	붉은색 리트머스 종이를 푸른색으로 변하게 하고, 페놀프탈레인 용액의 색깔을 붉은색으로 변하게 한다.

리트머스 종이와 페놀프탈레인 용액의 색깔 변화로 산성과 염기성 용액으로 분류할 수 있습니다.

상	산성 용액과 염기성 용액에서 리트머스 종이와 페놀프탈레인 용액의 변화를 바르게 서술하였습니다.
중	산성 용액과 염기성 용액에서 리트머스 종이와 페놀프탈레인 용액의 변화를 서술하였지만 충분하지 않습니다.
하	산성 용액과 염기성 용액에서 리트머스 종이와 페놀프탈레인 용액의 변화를 서술하지 못했습니다.

2

산성 용액	• 식초, 레몬즙, 사이다, 묽은 염산 • 붉은색 계열의 색깔로 변한다.
염기성 용액	• 유리 세정제, 빨랫비누 물, 석회수, 묽은 수산화 나트륨 용액 • 푸른색이나 노란색 계열의 색깔로 변한다.

식초, 레몬즙, 사이다, 묽은 염산은 산성 용액이고, 유리 세정제, 빨랫비누 물, 석회수, 묽은 수산화 나트륨 용액은 염기성 용액입니다.

상	산성 용액과 염기성 용액에서 자주색 양배추 지시약의 색깔 변화를 바르게 서술하였습니다.
중	산성 용액과 염기성 용액에서 자주색 양배추 지시약의 색깔 변화를 서술하였지만 충분하지 않습니다.
하	산성 용액과 염기성 용액에서 자주색 양배추 지시약의 색깔 변화를 서술하지 못했습니다.

3

구분	달걀 껍데기	삶은 달걀 흰자	대리석 조각	두부
묽은 염산	기포가 발생하고 껍데기가 녹는다.	변화가 없다.	기포가 발생하고 대리석이 녹는다.	변화가 없다.
묽은 수산화 나트륨 용액	변화가 없다.	흐물흐물해지고, 뿌옇게 흐려진다.	변화가 없다.	흐물흐물해지고, 뿌옇게 흐려진다.

서울 원각사지 십층 석탑은 대리석이기 때문에 산성을 띤 빗물에 훼손될 수 있어 유리 보호 장치를 했습니다.

상	묽은 염산과 묽은 수산화 나트륨 용액에 여러 가지 물질을 넣었을 때의 결과와 서울 원각사지 십층 석탑에 유리 보호 장치를 한 까닭을 바르게 서술하였습니다.
중	묽은 염산과 묽은 수산화 나트륨 용액에 여러 가지 물질을 넣었을 때의 결과는 서술하였지만 이 결과를 이용하여 서울 원각사지 십층 석탑에 유리 보호 장치를 한 까닭을 서술하지 못했습니다.
하	묽은 염산과 묽은 수산화 나트륨 용액에 여러 가지 물질을 넣었을 때의 결과와 서울 원각사지 십층 석탑에 유리 보호 장치를 한 까닭을 모두 서술하지 못했습니다.

4 요구르트를 마시면 입안이 산성 환경이 되어 충치를 일으키는 세균이 활발히 활동을 하지만, 염기성인 치약으로 양치질을 하면 입안의 산성 물질을 없애 세균의 활동을 억제하므로 양치질을 해야 합니다.

상	요구르트를 먹고 양치질을 해야 하는 까닭을 주어진 용어를 사용하여 바르게 서술하였습니다.
중	요구르트를 먹고 양치질을 해야 하는 까닭을 주어진 용어를 사용하여 서술하였지만 충분하지 않습니다.
하	요구르트를 먹고 양치질을 해야 하는 까닭을 주어진 용어를 사용하여 서술하지 못했습니다.

1회 100점 예상문제
142~144쪽

1 ② 2 ③, ④ 3 (1) 예 페트병에 넣은 모래의 양이 같다. (2) 예 페트병에서 모래를 덜어 낸다. 4 ②
5 ③ 6 공기, 물 7 ⑤ 8 ③ 9 재경 10 ③
11 예 서식지 환경과 털 색깔이 비슷하면 적에게서 몸을 숨기거나 먹잇감에 접근하기 유리하다. 12 ③, ⑤ 13 ② 14 (1) 낮은 습도 (2) 높은 습도 15 ②
16 안개 17 ① 18 지면 위 공기 19 풀이 참조
20 ③

풀이

3 모래시계로 측정한 시간이 1분보다 길 때는 페트병에 넣은 모래의 양이 많은 것이고, 1분보다 짧을 때는 페트병에 넣은 모래의 양이 적은 것입니다.

4 발표 자료를 만들 때에는 탐구를 하여 만든 것, 발생한 문제점과 개선 과정 등을 특히 잘 드러낼 수 있도록 합니다.

7 양분을 얻는 방법에 따라 생물 요소를 생산자, 소비자, 분해자로 분류합니다.

8 벼 → 메뚜기 → 개구리 → 뱀 → 매로 먹이 사슬을 연결할 수 있습니다.

9 생산자인 벼의 수는 2차 소비자인 개구리의 수보다 더 많습니다.

11 사막에 사는 여우들은 상아색 털로 덮여 있고, 귀가 큽니다.

12 자동차나 공장의 매연은 대기 오염의 원인입니다.

15 집기병 안이 뿌옇게 흐려집니다. 따뜻한 수증기가 조각 얼음때문에 차가워져 응결하기 때문입니다.

17 눈은 얼음 알갱이의 크기가 커지면서 무거워져 떨어질 때 녹지 않은 채로 떨어지는 것입니다.

18 9시 무렵부터 18시 무렵까지 지면과 수면 위 공기의 온도는 지면과 수면 온도에 영향을 받아 점차 변할 것이기 때문입니다.

19

2회 100점 예상문제
145~147쪽

1 ④, ⑤ 2 만드는 순서를 정한다. 3 ⑤ 4 ④
5 ④ 6 (1) – ㉡ (2) – ㉠ 7 ④ 8 생산자(벼)
9 ⑤ 10 ④ 11 가늘고 길쭉한 생김새를 통해 나뭇가지가 많은 환경에서 적에게서 몸을 숨기기 유리하게 적응되었다. 12 ①, ② 13 ⑤ 14 (1) ○
15 ⑤ 16 ㉠ 17 보라 18 ③, ⑤ 19 ⑤ 20 ③

풀이

1 모래시계는 모래가 모두 떨어지는 데 걸리는 시간이 일정한 것을 이용해 시간을 측정합니다.

2 탐구 계획은 탐구 문제 해결 방법 정하기 → 탐구 계획 세우기 → 탐구 계획 발표하기 순서로 합니다.

4 '준비물을 어떻게 준비할지 의논했나요?'라는 내용은 탐구 계획이 탐구 문제를 해결하기에 적절한지 확인해 볼 때 필요한 내용입니다.

5 물, 흙, 온도, 공기는 비생물 요소이고, 여우는 생물 요소입니다. 생물 요소는 살아 있는 것이고 비생물 요소는 살아 있지 않은 것입니다.

7 개구리는 2차 소비자입니다. 개구리가 사라지면 개구리를 먹는 뱀과 매는 다른 먹이를 먹을 수 있으므로 생물들이 멸종되지 않습니다.

8 생태 피라미드에서 가장 아래쪽에 위치한 생산자(벼)의 수가 가장 많습니다.

10 건조한 환경에 적응된 선인장은 물의 손실을 줄이기 위하여 잎이 가시로 되어 있고, 굵은 줄기에 물을 저장합니다.

11 대벌레의 몸은 가늘고 길쭉해 나뭇가지와 구별이 어렵습니다.

13 건습구 습도계는 알코올 온도계 두 개를 사용하여 습도를 측정하는 기구입니다.

14 (1)은 이슬 발생을 알아보기 위한 실험이고, (2)는 안개 발생을 알아보기 위한 실험입니다.

16 일정한 부피에 공기 알갱이가 더 많아 무거운 것을 고기압이라고 합니다.

18 낮에는 육지가 바다보다 온도가 높으므로 육지 위는 저기압, 바다 위는 고기압이 되어 바람이 바다에서 육지로 붑니다.

20 ①과 ⑤는 높음 단계, ②와 ④는 보통 단계일 때 대응 요령입니다.

3회 100점 예상문제

148~150쪽

1 ②, ④   2 할머니는 1초 동안 1 m를 이동했다.   3 풀이 참조   4 ⑩ 결승선까지 달리는 데 가장 짧은 시간이 걸린 친구를 찾는다.   5 초시계   6 ⊙ 긴 ⓛ 짧은   7 ⑤   8 ①   9 ④   10 ④   11 ④   12 ②   13 단비   14 ④   15 ③   16 염기성   17 ①   18 재경   19 (1) ◯   20 ⑤

풀이

2 자전거는 1초 동안 2 m를 이동했고, 자동차는 1초 동안 7 m를 이동했습니다.

3

빠르기가 변하는 운동을 하는 물체	빠르기가 일정한 운동을 하는 물체
롤러코스터, 비행기, 컬링 스톤	자동계단, 자동길, 케이블카

4 일정한 거리를 이동하는 데 짧은 시간이 걸린 물체가 긴 시간이 걸린 물체보다 더 빠릅니다.

5 초시계는 시간 기록을 측정하기 위해 사용합니다.

7 60 km/h는 1시간 동안 60 km를 이동한 물체의 속력입니다.

9 버스가 정류장에 도착할 때까지 인도에서 기다립니다.

10 우리 학교 안내 지도를 만드는 것이기 때문에 학교와 관련이 있는 교문, 현관, 연못, 체육관 등이 주요 장소로 알맞습니다.

12 식초, 레몬즙, 유리 세정제, 빨랫비누 물은 색깔이 있습니다.

13 유리 세정제는 염기성 용액이기 때문에 페놀프탈레인 용액의 색깔을 붉은색으로 변하게 합니다.

14 자주색 양배추 지시약은 산성 용액에서는 붉은색 계열의 색깔로 변하고, 염기성 용액에서는 푸른색이나 노란색 계열의 색깔로 변합니다.

16 염기성 용액에 삶은 달걀 흰자를 넣으면 흐물흐물해지고 뿌옇게 흐려집니다.

18 묽은 염산과 자주색 양배추 지시약이 들어 있는 삼각 플라스크에 염기성인 묽은 수산화 나트륨 용액을 계속 넣으면 붉은색이었던 색깔이 분홍색 → 보라색 → 청록색으로 변합니다.

20 생선의 비린내는 염기성이므로 산성인 식초를 이용하여 도마를 닦아 내면 비린내가 나지 않습니다.

4회 100점 예상문제

151쪽~153쪽

1 ②, ④   2 ⑩ 신호등, 도로 표지판   3 풀이 참조   4 (1) 변 (2) 일 (3) 일 (4) 변   5 남성욱   6 일정한 거리를 이동하는 데 걸린 시간이 짧은 물체가 걸린 시간이 긴 물체보다 빠르다.   7 ⑤   8 ①, ④   9 ②   10 ⓛ   11 ⑤   12 ②   13 ⑩ 모두 색깔이 없고 투명한 용액이기 때문에 분류하기 어렵다.   14 ⊙, ⓛ   15 ⓒ   16 ⑤   17 ③   18 ⑤   19 ⑤   20 ⑩ 비트, 장미꽃

풀이

2 도로의 사람과 자동차처럼 물체의 위치가 시간이 지남에 따라 변할 때 물체가 운동한다고 합니다.

3

운동한 물체	운동하지 않은 물체
자전거, 자동차, 할머니	남자아이, 나무, 신호등, 도로 표지판, 건물

5 같은 출발선에서 출발 신호에 따라 동시에 출발했을 때 결승선까지 이동하는 데 걸린 시간이 가장 짧은 사람이 가장 빠릅니다.

6 수영 경기에서는 결승선에 먼저 도착한 선수가 나중에 도착한 선수보다 일정한 거리를 이동하는 데 걸린 시간이 더 짧습니다.

8 4 m/s는 1초 동안에 4 m를 이동한 물체의 속력입니다.

9 (자동차의 속력)=400 km÷5 h=80 km/h, (기차의 속력)=360 km÷3 h=120 km/h

12 레몬즙은 연한 노란색이고 불투명합니다. 냄새가 나고 흔들었을 때 거품이 3초 이상 유지되지 않습니다.

14 푸른색 리트머스 종이를 붉은색으로 변하게 하고, 붉은색 리트머스 종이는 색깔 변화가 없는 것으로 보아 ⊙과 ⓛ 용액이 비슷한 성질을 가지고 있을 것이라고 예상할 수 있습니다.

15 붉은색 리트머스 종이를 푸른색으로 변하게 하는 용액은 페놀프탈레인 용액의 색깔을 붉은색으로 변하게 합니다.(염기성 용액)

17 닭 가슴살은 주요 구성 성분이 두부, 삶은 달걀 흰자와 같이 단백질이므로 염기성 용액과 만나면 녹아서 흐물흐물해집니다.

19 삼각 플라스크에 넣는 묽은 수산화 나트륨 용액의 양이 늘어날수록 색깔은 붉은색 → 분홍색 → 보라색 → 청록색으로 변합니다.

정답과 풀이

1 탐구 기간   2 ④   3 ①   4 벼 → 메뚜기 → 개구리 → 매   5 ③   6 햇빛   7 예 가시를 통해 밤을 먹으려고 하는 적에게서 밤을 보호하기 유리하게 적응되었다.   8 (1) 높 (2) 낮 (3) 낮   9 ④   10 ① 11 ⓒ   12 자전거, 자동차, 할머니에 ○표   13 동준 14 대경   15 (1) 시내버스 (2) 60 km/h   16 ⓒ, 과속 방지 턱   17 ①   18 ①   19 ④   20 ②

풀이

1 탐구 계획서에는 탐구 기간, 탐구 장소, 준비물, 탐구 순서, 역할 분담, 주의할 점 등이 들어가야 합니다.

3 벼와 이끼는 생산자이고, 참새는 소비자입니다.

4 먹이 사슬은 생태계에서 생물 먹이 관계가 사슬처럼 연결되어 있는 것을 말합니다.

6 햇빛은 물, 온도와 함께 생물이 살아가는 데 꼭 필요한 비생물 요소입니다.

7 밤송이는 가시를 통해 밤을 먹으려고 하는 적에게서 밤을 보호하기 유리합니다.

8 높은 습도는 곰팡이가 잘 피게 하고 빨래가 잘 마르지 않게 하며 음식물이 쉽게 부패하게 합니다.

10 두 지점이 기압차가 생기면 공기는 고기압에서 저기압으로 이동합니다. 이와 같이 기압 차로 공기가 이동하는 것을 바람이라고 합니다.

12 1초 동안 운동한 물체는 자전거, 자동차, 할머니입니다. 물체의 위치가 시간이 지남에 따라 변할 때 물체가 운동한다고 합니다.

14 일정한 시간 동안 긴 거리를 이동한 사람이 짧은 거리를 이동한 사람보다 빠릅니다.

15 배의 속력은 40 km/h이고, 시내버스의 속력은 60 km/h이므로 시내버스의 속력이 더 큽니다.

16 ㉠은 안전띠, ㉡은 에어백, ㉣은 어린이 보호 구역 표지판입니다.

18 식초와 묽은 염산은 모두 산성 용액이기 때문에 자주색 양배추 지시약을 떨어뜨리면 붉은색 계열의 색깔로 변합니다.

19 산성 용액에 대리석 조각을 넣으면 표면에서 기포가 발생하고, 시간이 지남에 따라 크기가 작아집니다.

20 속이 쓰린 까닭은 위속의 위산이 위벽을 자극하기 때문입니다. 위산은 산성이므로 성질이 반대인 염기성 물질(제산제)을 먹어 산성의 성질을 약하게 만듭니다.

1 전자저울   2 ⓒ ㉠ ㉡   3 공기와 물에 ×표   4 (1) – ㉡ (2) – ⓒ (3) – ㉠   5 예 어느 한 종류의 먹이가 부족해지더라도 다른 먹이를 먹고 살 수 있으므로 여러 생물들이 함께 살아가기에 유리하다.   6 ① 7 ⑤   8 수증기   9 ②   10 ③   11 ④   12 모래 13 ③   14 ③   15 자동차, 기차   16 육십 킬로미터 퍼 아워, 시속 육십 킬로미터   17 예 신호등의 초록불이 켜지면 잠시 기다린 다음 자동차가 오지 않는 것을 확인한 다음 횡단보도를 건넌다.   18 ②   19 ④   20 상근

풀이

2 탐구 결과를 발표할 때는 먼저 발표 방법을 정하고 발표 자료를 만든 다음 탐구 결과를 발표합니다.

5 생태계에서 여러 개의 먹이 사슬이 얽혀 그물처럼 연결되어 있는 것을 먹이 그물이라고 합니다.

6 다람쥐는 겨울잠을 자는 생활 방식을 통해 몸에 저장된 양분을 천천히 사용하여 추운 겨울을 지내기 유리합니다.

8 습도가 높고, 컵에 들어 있는 물과 외부의 온도 차가 클 때 물방울이 많이 맺힙니다.

10 바닷가에서 낮에 모래를 밟으면 뜨거운 까닭은 모래가 바닷물보다 빨리 데워지기 때문입니다.

12 모래가 물보다 빨리 데워집니다. 물 위 공기는 온도가 낮아 고기압이 되고, 모래 위 공기는 온도가 높아 저기압이 되어 향 연기는 물 쪽에서 모래 쪽으로 이동합니다.

13 물체의 운동은 물체가 이동하는 데 걸린 시간과 이동 거리로 나타냅니다.

16 60 km/h는 1시간 동안 60 km를 이동한 물체의 속력입니다.

17 횡단보도에서 신호등에 초록불이 켜지자마자 건너는 것은 위험합니다.

18 식초, 레몬즙, 묽은 염산은 산성 용액이고, 묽은 수산화 나트륨 용액, 유리 세정제, 빨랫비누 물은 염기성 용액입니다.

19 페놀프탈레인 용액의 색깔을 붉은색으로 변하게 하는 용액은 염기성 용액입니다. 식초, 사이다. 레몬즙, 묽은 염산은 산성 용액입니다.

변형 국배판 / 1~6학년 / 학기별

★ 디자인을 참신하게 하여 학습 효율성을 높였습니다.

★ 단원 평가에 완벽하게 대비할 수 있도록 전 범위를 수록하였습니다.

★ 교과 내용과 관련된 사진 자료 등을 풍부하게 실어 학습에 흥미를 느낄 수 있도록 하였습니다.

★ 수준 높은 서술형 문제를 실었습니다.

정답과 풀이

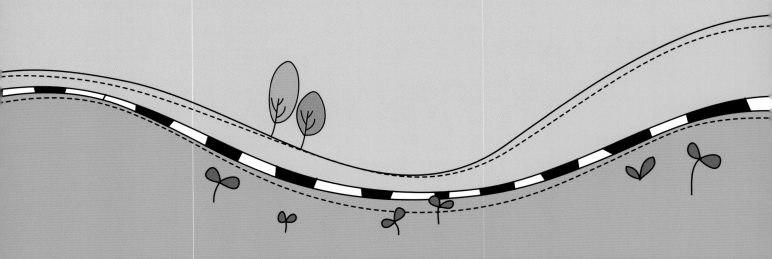